国家社科基金
GUOJIA SHEKE JIJIN HOUQI ZIZHU XIANGMU
后期资助项目

二语会话语用非流利研究

A Study on Pragmatic Disfluency in Second Language Conversations

卢加伟　著

科学出版社

北　京

内 容 简 介

本书首次提出语用非流利的概念，认为语用非流利是交际者为了达到特定的交际目的或出于语用因素（如礼貌、面子等）而产出的非流利现象，是为了更恰当、合适地表达自己而采用的策略。然后遵循话语语用学研究范式，结合语境、面子（礼貌）等传统语用学理论，搭建语用非流利的分析框架，以会话分析为研究方法，从语用非流利标记形式、语用非流利类别和语用非流利功能三方面，详细探讨了中国英语学习者二语会话语用非流利的使用情况，探讨了语用非流利与二语水平、语用能力之间的关系。

本书的读者对象为硕士、博士研究生，也适合对语用学和二语语用学感兴趣的语言研究者。

图书在版编目（CIP）数据

二语会话语用非流利研究/卢加伟著. —北京：科学出版社，2023.6
国家社科基金后期资助项目
ISBN 978-7-03-075104-1

Ⅰ. ①二… Ⅱ. ①卢… Ⅲ. ①第二语言-口语-语言学习-教学研究 Ⅳ. ①H003

中国国家版本馆 CIP 数据核字（2023）第 042621 号

责任编辑：张　宁　贾雪玲 / 责任校对：贾伟娟
责任印制：吴兆东 / 封面设计：蓝正设计

科学出版社 出版
北京东黄城根北街 16 号
邮政编码：100717
http://www.sciencep.com
北京厚诚则铭印刷科技有限公司印刷
科学出版社发行　各地新华书店经销
*
2023 年 6 月第 一 版　开本：720×1000　1/16
2024 年 11 月第二次印刷　印张：17 1/4
字数：342 000

定价：128.00 元
（如有印装质量问题，我社负责调换）

国家社科基金后期资助项目
出版说明

　　后期资助项目是国家社科基金设立的一类重要项目，旨在鼓励广大社科研究者潜心治学，支持基础研究多出优秀成果。它是经过严格评审，从接近完成的科研成果中遴选立项的。为扩大后期资助项目的影响，更好地推动学术发展，促进成果转化，全国哲学社会科学工作办公室按照"统一设计、统一标识、统一版式、形成系列"的总体要求，组织出版国家社科基金后期资助项目成果。

全国哲学社会科学工作办公室

序

记得与加伟博士第一次相见，是在被誉为"人间天堂"的苏州。2010年4月，我去苏州参加第四届中国第二语言习得研究学术研讨会。在会议的最后一天，我刚办理完退房手续，准备离会，一位个头不高但精气神十足的小伙子走到我面前同我打招呼，并送了我一本书，说是他的著作，请我指教。会后，他又给我写了一封电子邮件，表达了想要跟我读博士的意愿。于是，我便开始关注这位略显腼腆的小伙子。次年，他脱颖而出，顺利考入南京大学，进入南大语用学大家庭，从此开启了我俩的师生缘。

卢加伟硕士阶段就读于原中国人民解放军外国语学院（现中国人民解放军战略支援部队信息工程大学洛阳校区），师从语用学家潘永樑教授，接受过非常系统的外国语言学及应用语言学专业训练，他送给我的那本书便是佐证。在南京大学读博期间，他勤奋好学，不仅系统地学习了当代语言学尤其是语用学的相关理论，还积极利用南京大学优秀的教学资源，旁听了哲学、心理学、计算科学等跨学科课程，得到了南京大学许多专家学者的指导和启迪，为以后的发展打下了坚实的基础。他还经常参与我的一些科研项目和著作、教材的编写，研究能力不断增强。他对语言现象的敏感、对语用学理论的理解以及对学术研究的执着，给我留下了深刻的印象。其间，他曾一度身患小恙，但在师长、朋友和家人的帮助下，克服了各种困难，在三年内完成学业并顺利通过了博士学位论文答辩。特别令我欣慰的是，毕业之后，卢加伟博士仍然保持着旺盛的学术热情，持续不断地进行着学术研究。他基于其博士毕业论文，成功获得国家社科基金后期资助项目立项，并发表多篇高水平学术论文。此外，在行政方面，他也乐于奉献，为单位事业发展倾注心力。

呈现在读者面前的这本书，正是基于上述国家社科基金后期资助项目结项成果而完成的。在该书中，加伟博士结合语境、面子（礼貌）等传统语用学理论，以会话分析法为研究方法，介绍了语用非流利的标记形式、类别和语用功能，探讨了中国英语学习者二语会话语用非流利的使用情况以及其与二语水平、语用能力之间的关系。我认为，加伟在该书中的研究至少具有以下三大亮点。

（1）为口语产出中的非流利现象研究引入了语用学视角，尝试提出了语用非流利的概念。言语非流利是正常话语产出中的语流中断或拖延的各种现象的统称。大多数非流利现象都反映了言语计划压力，处理负荷被认为是导致非流利的主要原因之一。学术界普遍认为，对于外语学习者来说，大量非流利现象的出现往往被看成是一种消极现象，是二语水平欠佳的表现。然而，加伟博士基于充足的案例，看到了这一看法的片面性，认为应辩证地看待这一现象。他发现，非流利现象并不都是言语困难所致，相反，这些非流利现象在交际中还能发挥一定的积极功能，如引人注意、引起听众的回应等，因此，非流利现象也可能是交际者为了达到特定的交际目的或出于语用因素（如礼貌、面子等）而使用的一种语用策略。

（2）将语用非流利看作语用能力评估的内容之一，认为恰当使用语用非流利标记是语用能力的一种体现，同时对语用能力的内涵提出了新的解读，制定了系统的评估方案，并对语用非流利与二语语用能力发展的关系进行了实证研究，从理论和实践层面丰富了二语语用学的研究内容。

（3）该书遵循了话语语用学研究范式，体现了语用学研究方法的新进展，在最大程度上做到了分析的客观性，提升了研究结论的可信度。

该书探讨的二语学习者口语会话中的语用非流利现象，在二语语用领域和二语语言习得都是一个全新的话题。加伟博士将非流利研究从纯语言视角转到了语用视角、从关注非流利导致的问题（消极作用）到聚焦非流利作为一种语用策略（积极作用），实现了研究视角的转换，为未来非流利的研究提供了可供借鉴的理论与实践框架，对二语语用学和外语教学具有积极的理论和实践意义。

韩愈曰："业精于勤，荒于嬉；行成于思，毁于随。"此等教诲，与包括加伟博士在内的所有南大语用人共勉。期待加伟博士以此新著为起点，在学术研究的新征程上再创佳绩。

陈新仁

2022 年于南京

前　言

　　言语非流利（speech disfluency）是正常话语产出中的语流中断或拖延的各种现象的统称。大多数非流利现象都反映了言语计划压力，处理负荷（processing load）被认为是导致非流利的主要原因之一。尤其是对于外语学习者来说，大量非流利现象的出现往往被看成是一种消极现象，是二语水平欠佳的表现。近期研究发现，非流利现象并不都是言语困难所致，它还具有一定的交际功能，一般以达到引人注意的效果或引起听话人的回应为目的。非流利现象实际上是语用问题。

　　本书遵循话语语用学（discursive pragmatics）研究范式，结合语境、面子（礼貌）等传统语用学理论，搭建语用非流利研究的话语语用学分析框架，以会话分析（conversation analysis，CA）为研究方法，从语用非流利（pragmatic disfluency）标记形式、语用非流利类别和语用非流利功能三方面，详细探讨了中国英语学习者二语会话语用非流利的使用情况以及语用非流利与二语水平、语用能力之间的关系。

　　本书的突出特色和主要建树包括如下内容。

　　（1）首次提出语用非流利的概念及其分类。语用非流利是交际者为了达到特定的交际目的或出于语用因素（如礼貌、面子等）而产出的非流利现象，是为了更恰当、合适地表达自己所采用的策略。从实现方式上看，语用非流利与一般话语非流利一致，分为纯语流延迟和话语修正两大类；从产生原因上看，语用非流利分为困难型和策略型两大类。识别语用非流利至少满足两个语用特征：①交际者产出语用非流利之前具有相关语境认知以及语用意识；②其产出的语用非流利标记具有一定的交际功能。

　　（2）引介了话语语用学研究范式。话语语用学强调交际者之间的互动，会话的序列结构和时间特征构成了内部序列语境，意义和语境都是在行为互动中由参与者共同构建的。话语语用学是基于话语或会话片段进行分析的，它关注的是话轮前后的语境信息。话语语用学研究范式的会话分析注重会话行为的所有细节，因为这些细节都有可能传递重要的信息内容，或者具有重要的语用意义。

　　（3）定量考察了中国英语学习者二语会话行为中语用非流利的表现形

式与使用特征，探讨了中国英语学习者二语会话中出现的语用非流利的交际功能以及二语水平对语用非流利使用的影响，并在话语语用学研究范式下重新界定语用能力及其评估框架，定性论证和定量讨论了语用非流利与二语语用发展的关系。

本书的学术和应用价值包括如下几点。

（1）对各种零散的非流利现象进行了系统考察，并依据语言使用的内容与方式将其区分为信息非流利（informational disfluency）、语言非流利（linguistic disfluency）和语用非流利三种类别。这一区分超越了语言符号本身，使得语言的工具性特征和交际功能更加凸显，有利于研究者更加深入地探讨非流利现象。

（2）提出了语用非流利的概念。本书对语用非流利的系统考察使得对非流利的研究不再局限于纯粹的形式描述，而是上升到了语言应用方式和功能层次。

（3）将语用非流利看作语用能力评估的内容之一，认为恰当使用语用非流利标记是语用能力的一种体现，同时对语用非流利与二语语用能力发展的关系也进行了实证研究，从理论和实践层面丰富了中介语语用学（interlanguage pragmatics，ILP）的研究内容。

本书得以成功出版，首先要感谢我的博士生导师陈新仁教授的指导和培养。陈老师前沿而精髓的学术造诣、严谨勤奋的治学风格、国际化的学科视野、对科研的热情和"乐在其中"的精神都深深地感染和影响了我。无论是在读博士期间还是毕业之后独立从事教学科研，陈老师的关心与教诲从未断线。他那积极乐观的生活态度、对待学生的耐心宽容更是为我树立了"师者，传道、授业、解惑"的榜样。导师的教诲，春风化雨，终生难忘！

感谢南京大学外国语学院温馨的学习氛围以及诸位老师的悉心教导。丁言仁教授幽默风趣的研究方法研讨、张韧教授严肃认真的语言学理论讲授、庄倩博士生动活泼的日语授课为我博士阶段的学习打下了坚实的基础。王海啸教授、陈桦教授、徐昉教授、魏向清教授、王文宇博士以及南京师范大学的马广惠教授参加了我的博士论文开题报告会和预答辩，提出了很多建设性的意见和建议，让我受益匪浅。在国家社科基金后期资助项目申报、结项和本书的出版过程中，我得到了浙江外国语大学洪岗教授，广东外语外贸大学冉永平教授，湖南大学刘正光教授，南开大学张文忠教授、李民教授，北京航空航天大学任伟教授，东南大学姜占好教授，河南大学刘泽权教授，哈尔滨工程大学毛延生教授，四川外国语大学段玲俐教授等师友的指导与鼓励，在此一并感谢。

感谢和我一起奋斗的各位同窗同门对我的论文选题提出的中肯建议，更忘不了你们在生活中带给我的欢声笑语；感谢河南科技大学外国语学院的领导和老师为我的国家社科基金后期资助项目的立项、结项以及本书的出版给予的各方面的支持和帮助，特别感谢外国语学院院长张喆教授为我的工作和学习提供的便利条件。

最后，我要衷心感谢我的家人，他们的理解与支持给了我稳定的学习与工作环境。特别感谢我的妻子张晓莉！多年来，她既要完成学校的教学任务，又要照顾和教育孩子，但却无怨无悔。她的宽容与大度给了我前进的动力。

本书是在我的博士毕业论文基础之上修改、完善而成的，并获得国家社科基金后期资助项目资助（项目编号：17FYY022）。虽然我对整体框架、研究内容与方法等进行了优化调整，但也不可避免地会有纰漏之处，诚望各位读者批评指正。

目　　录

绪　言

众所周知，日常会话是一个快速的口语交际过程，交际者没有充分的时间来安排和组织交际话语，因而为了更准确地传达自己的意图，说话人在会话过程中会不断地监控、核查自己刚刚产出的话语。如果监控机制发现话语产出过程中出现问题，说话人就会进行相应的调整，这些调整必然在话语产出过程中留下痕迹（李民，2011a）。停顿（pause）、重复（repetition，RT）、修正（repair，RP）等现象既是话语产出过程中话语调整的产物，同时也是话语调整常用的手段。不过，值得关注的是，这些现象的出现客观上使得交际会话表现出了形式上的不顺畅。话语产出过程中出现的这些现象受到了病理学、心理学、社会学、语言学等领域研究者的关注，他们将这些现象称为非流利性（disfluency），并认为这是自然言语产出的重要特征之一。

1. 母语非流利与二语非流利

除去口吃（stuttering）等病理性语言失调症外，正常人的母语日常言语中有 6%～10% 的话语包含停顿、重复、修正等非流利现象（Fox Tree，1993；马冬梅，2012）。如例（0-1）为正常英语本族语者产出的会话话语，其中也出现了多次停顿、重复以及自我修正（self-repair）等现象。可见，对于本族语者来讲，即使其话语中出现了较多的非流利现象，人们也可以理解其话语意义，很少有人会质疑他们的语言能力或语用能力。

（0-1）Um no I uh I don't know I find the Ro- Romans anyway very I don't know there's a (…) they they live through their senses more than the British do in a way and uh I find I f- f- I think that's fine for a holiday but for any length I think it would start getting (…) uh I'd just start feeling an outsider you know. No I need a I need a certain depth of community which (…) which I didn't see even in Siena which is a small (…) place um there's still the same um um there's still that atmosphere.（Lickley，1994：1）[①]

但是，在二语习得（second language acquisition，SLA）领域，流利性通常是判定二语学习者口语交际能力的一项重要指标，是二语学习成功与否的极其重要的外显标志（常云，2008；陈平文，2008）。因此，对于外语学习者来说，大量非流利现象的出现往往被看成是一种消极现象，是二语水平欠佳的表现。如在英语口语教学或测试中，我们经常可以听到诸如例（0-2）发生在中国英语学习者之间的对话。

（0-2）【昨天是全国高考开考日，今天在英语角上，同学们谈起了自己高考时的情景。】[②]

　　S16: Ahn, yesterday, the first day of the college entrance examination, er (...), so do you remember when you took part in the, er, examination?

　　S17: (2.54) En, yes. I remember that day is very hot, and I er (...) I I felt er very er very sick. Er (...) and I remember en I took part in the exam at my own senior high school. And er (...) we were, all of us wore the school uniform and (...) to prove that I'm the, I was the student at the school. And er (...) the teachers are, were also our school teachers. Er (...) so, er (...) but we did not cheat. @@@ Er (...) er just I feel very er (...)

　　S16: Comfortable?

　　S17: yeah, yeah comfortable and, and er (...) and very familiar with the environment.

　　S18: So am I. Er (...) so, so were I. Er (…) I took the examination in

---

① 英语本族语者的例句部分来自相关文献（例末标有出处），部分来自圣芭芭拉美国英语口语语料库（Santa Barbara Corpus of Spoken American English，SBCSAE），为了行文便利，笔者做了相应调整；中国英语学习者的例句主要来自笔者通过录音获得的语料（例句前含有相关语境信息，例末标有代码，详见附录三），少部分来自中国英语学习者专业四级口语语料库（例句标有详细来源）。需要说明的是，录音语料为学习者真实会话录音的转写文本，为了保证语料的真实性，笔者并未对其中出现的语法错误进行修正。

② 第一，本书例子为每章单独标号。有时为了便于讨论的针对性，可能会对同一例子做不同标注或其他方面的微调，例子也不是完全一模一样。但在同一章中只做一次标号。第二，在英语角进行录音是笔者收集语料的方式之一。为保证话语的真实性，录音之前参与者并不知情，之后征得他们同意才应用到本书中。有关语料来源的详细说明请见 2.3.1 节。

my own school too and er (...) I sat beside the window er (...) as
well. Er (...) only the only thing,

S17: Yeah.

S18: Er (...) the only thing I remember is, is,

　　　 that day is very very hot, is really very hot.

（G1-10F-SS-1）

例（0-2）为研究者在某高校英语角上所录制的一段对话。很多人的第一感觉可能就是这几位同学的口语水平不太高，因为他们表达磕磕绊绊，不是十分顺畅，中间出现了多处沉默（silence）、填充语（filler）、重复、插话、修正等现象。

一般认为，较少停顿、能一次性完成话语表达等是流利口语的标准。研究表明，中国英语学习者和英语本族语者在流利的程度上存在巨大差异，如马冬梅（2012）发现，非流利现象在二语学习者中的表现更为明显：中国英语学习者的口语非流利（简单型、并列型和复合型非流利）总频率是一语者的 2.76 倍，二语学习者非流利的具体形式（停顿、填充、重复和修正）频率是一语者的 4.09 倍。

这样一来，对于二语学习者来说，非流利现象的出现似乎构成了一个矛盾体：一方面，非流利现象在本族语者话语中大量存在并被接受；另一方面，流利性通常是判断二语学习者二语口语水平的重要指标之一，表达不流利一般被认为是外语水平不高的体现。那么，对于二语学习者来说，其二语话语中非流利现象的存在到底是积极的还是消极的？是说明二语学习者习得了目的语本族语者非流利现象后的应用，还是表明他们目的语水平不高？

普遍认为，"在二语学习过程中，非流利性是影响口语能力发展的重要因素，也是二语学习者需要克服的主要问题之一"（高莹等，2014：63）。诚然，某一外语学习者的会话话语中如果有较多的非流利现象，极有可能说明该学习者外语水平较低。但是，非流利现象的出现并不总是意味着说话人语言表达能力不强，而有可能具有特殊的意义，如相关研究表明，停顿、重复等可以缓解言语计划压力，为交际者赢得正确和合适产出的时间（Chafe，1980；Clark & Wasow，1998；Fox et al.，1996；张文忠，2000，2002；缪海燕，2009；张琪，2010；权立宏，2012；陈浩，2013）。有学者甚至认为，某些语境下的非流利现象甚至是说话人的一种交际策略，具有特定的交际功能（Shriberg，1996；Rieger，2003；Bortfeld et al.，2001；Wong，2004；Carroll，2004；Tavakoli & Skehan，2005；权立宏，2012）。这一观点可从例（0-2）中 S16 一开始就产出的 ahn 中得到支持：若从纯语言学的角度来看，这只是一个没有任何词汇意义的语音填充；不过，ahn 在这里却具有特殊的意义，起到提醒交际对方注意、启动话轮的作用。有研究者认为，笑声和填充停顿（filled pause，FP）是人类话语表达的社交线索。识别和理解这些现象能够为揭示说话人的意图和情感状态提供重要信息（Wagner et al.，2013）。二语学习者如果想达到目的语本族语者的水平，也应该达到本族语者的非流利水平，比如适时的犹豫以及合理的话语错误与修正（Lickley，2015）。

2. 信息非流利、语言非流利和语用非流利

可见，任何一种语言现象的出现都有其道理（Kasper，2006），既然在母语中非流利是一种自然现象，那么在二语中也应有其存在的理由。为此，我们推断，这些非流利现象出现的原因可能有以下几种：①不知道要说什么，即思维表达遇到了困难；②知道要说什么，但遇到了语言表达问题，无法产出正确话语；③故意为之，从而更适切、恰当地传递信息、情感、意图。

弄清楚非流利现象出现的原因对二语习得具有重要的意义：对于那些消极的、由困难引起的非流利，要想办法消除障碍，涉及语言本身的，可以仔细考察非流利现象提示的语言使用特征，为学习者提供反面案例；对于那些积极的、有助于交际进行的非流利，更应该深入探讨其策略方式与具体的交际功能，为学习者提供正面案例。

语言是人类交流的工具，语言使用涉及表达的内容与方式，即用什么样的语言传递什么样的信息，通俗地讲，就是说什么和怎么说。语言使用的主要功能或默认功能就是传递信息。有些非流利现象就是交际者在表达观点、传递相关信息时因思维突然中断或更改信息内容而出现的，我们称之为信息非流利。这对应上述导致非流利现象的第一种原因。

通常情况下，语言使用涉及两个维度：正确地使用语言和恰当地使用语言。语言表达正确是语言使用的基本要求，有时候，交际者为了提取和产出正确的语言形式会出现暂时的犹豫、停顿、修正等现象，我们称之为语言非流利。这对应上述导致非流利现象的第二种原因。有时候，仅仅是语言表达正确还不够，交际者为了达到特定的交际目的，如表示礼貌、维护对方面子等，会将犹豫、停顿、填充语等非流利现象当作一种策略资源，

此时产出的非流利现象，我们称之为语用非流利①。这对应上述导致非流利现象的第三种原因。

目前，国内外非流利研究关注的多为语言非流利现象。研究者结合语音、词汇、句法等语言层面，对各种非流利现象的表现形式进行了详细的描述，并认为大多数非流利现象都反映了言语计划压力，提示了言语产出困难（Clark & Wasow，1998；陈浩，2013），是一种消极的语言现象。但同时，也有少部分研究或多或少地讨论了非流利现象的交际功能，认为非流利有时候也可以对交际进程起到积极的促进作用（卢加伟，2015a）。但尚未见从语用的角度考察非流利现象的系统研究。

鉴于非流利现象存在的合理性，本书有理由假定：①语用层面的非流利现象更多的是一种策略资源，可以起到多种交际功能。②非流利现象的出现与学习者的二语水平与二语语用能力有着密切关系。

本书将结合大量自然语料，利用会话分析对这些假定进行验证。

3. 几点思考

上述语言现象与相关问题引发了如下几点思考。

（1）作为话语非流利的两种类别，语用非流利与语言非流利有何区别与联系？从上述例子来看，语言非流利多为交际者被动产出，且多具有消极意义；语用非流利则是交际者主动产出，似乎有益于交际的进行。前者客观性较强，而后者更具主观性。

（2）二语学习者是否也能合理使用一些话语标记来提示语用非流利？在二语会话中，学习者往往会使用一些非流利形式来提示语言困难或信息变动。那么，他们是否也会合理运用一些话语标记形式来实现语用非流利以执行会话组织调整、维护面子等功能？或者，他们出现语用非流利时是否合理使用了话语标记来提示？

（3）语用非流利的出现是否与二语水平等因素相关？

（4）二语语用非流利对语用能力的发展有何意义？语用非流利的出现会消极地影响中国英语学习者二语语用能力的发展，还是如美国英语本族语者那样，这些非流利本身就是一种策略资源，能够促进中国英语学习者会话组织调整能力的提高，从而有助于其语用能力的发展？

---

① 信息非流利、语言非流利与语用非流利的概念系本书笔者首次提出，其依据是语言使用涉及的维度，主要体现在用什么样的话语传递什么样的信息。这三者之间既有区别又有联系，并非非此即彼的关系。本书会在随后的章节中对这些概念进行详细阐述，但由于文献支撑较少，有待于在今后的研究中进一步修正。

"目前，国外非流利研究已形成如火如荼的形势，但我国非流利研究，特别是二语非流利研究仍属于未开垦的处女地。"（马冬梅，2012：34）本书拟在考察真实发生的二语会话语料的基础上，遵循话语语用学研究范式，总结中国英语学习者口语产出中语用非流利的基本特征，分析其交际功能，并探讨其与二语水平、语用能力等之间的关系，揭示语用非流利的出现对二语习得、外语教学与研究的意义，促进中国英语学习者二语能力的全面发展。

第1章　言语非流利研究概述

研究者很早就开始关注诸如犹豫、语误、插入感叹词等非流利现象（Maclay & Osgood，1959；Fromkin，1988；James，1973），勒韦（Levelt，1983）对言语修正进行了开拓性的研究。但真正以非流利的名义对各种非流利现象进行系统研究也只是从 20 世纪末才开始。福克斯特里（Fox Tree，1993）的博士学位论文首次探讨了对言语非流利的理解，利克利（Lickley，1994）的博士学位论文则第一次就采用非流利这个概念来统称各种非流利现象并进行了论证，施里伯格（Shriberg，1994）的博士学位论文就如何对非流利产出进行系统的可比研究提出了初步的理论框架。这三篇博士学位论文为非流利研究从零散走向系统奠定了重要基础。本章将首先介绍前人研究对非流利的界定与分类，然后综述二语中各种非流利形式的研究，挖出这些研究中涉及的非流利出现的原因及功能，讨论影响非流利出现的几个可能因素，最后提出非流利研究的学科视角，论证本书从语用视角关注非流利现象的合理性。

1.1　言语非流利的界定

根据《语言与语言学词典》（*Routledge Dictionary of Language and Linguistics*）（Bussmann，1996），言语非流利，简称非流利，指任何形式的语流中断现象。它有两种情况：一是言语障碍（speech impairment/ lalopathy），是指由于先天生理或后天病理原因导致的言语失调，无法产出较为流利的话语，如口吃、失语症（aphasia）等，对这类现象的研究主要集中在医学（包括病理语言学）、心理学领域；二是自然语言连续话语中出现的停顿、重复、修正等现象，主要集中在语言学、社会学以及心理学领域。本书所指的非流利为后者，即正常话语产出中的语流中断或拖延的各种现象的统称。

言语非流利是正常的话语现象。试想一下：是否有人能够不管传递信息的对错而不假思索地产出顺畅的语流，既不停下来看看自己的话语是否有误，也不管自己所用的单词和发音是否准确，会话过程中也没有人打断或受到干扰，而只顾自己的话语是否流利？也许有，但那只是个案或特例，并非正常话语现象。在正常话语中，每 100 个词中，大约会有 6 个非流利表达。话语越长，非流利现象越多（Bortfeld et al.，2001；Lickley，2015）。鉴于此，非流利现象出现在二语学习者的话语中也是一种正常的现象。但相较于母语而言，二语中的非流利现象频次更高，需要我们分情况讨论。下面首先来看前人研究对于非流利的界定。

综观对非流利的各种界定，主要有以下几个视角。

（1）从外在形式的角度对非流利进行界定。这是最常见的、现象列举式的非流利界定方式。几乎所有研究都认为非流利是一种语流中断现象，它们的界定中都含有停顿、重复和修正三种形式（Lickley，2015）。除此三者外，不同的研究还有其他不同的非流利表现形式。如有学者将开始失误和插入叹词归入非流利范畴（Fromkin，1988），有的界定中还包括替换、插入、删除、编辑语、不完整单词以及特殊话语标记语（Shriberg，1994），也有研究者认为拖腔、缩减、错误发音等也是非流利的表现（Bell et al.，2000）。这一界定方式可以非常直观地明白什么是非流利，但它并不能穷尽所有的非流利现象。

（2）从表征类别的角度对非流利进行界定。约翰斯顿（Johnston，1959）认为非流利包括故意拖延（包括单词重复、词组重复、插入感叹词）和提前完成（包括词段重复、拖腔、词中打断、原构想放弃和词组改换）两种。希克（Hieke，1981）区分了拖延和修正两类非流利，前者包括填充和未填充停顿、前瞻性重复和拖腔；后者包括错误开始、回顾性重复。曾（Tseng，2003）在台湾地区汉语口语对话语料库的建设中，将非流利分为四大类：语流中断（沉默、停顿、短停顿），词语修补［重新开始（restart）、重复、显性修补、编辑语、错误、词段］，不完整句法结构（不适当用法、被对方打断、句子中断），语助词和感叹词。这一界定方式试图总结出各种非流利表征的特点，并对纷繁复杂的各种非流利现象进行归类。相对于第一种界定，此种界定更加合理。不过，这一界定仍然属于形式表征的范畴，并没有涉及非流利的内容或本质特征。

（3）从话语特征的视角对非流利进行界定。菲尔莫尔（Fillmore，1979）认为流利语言产出的判断标准不外乎语言产出的快速性、连贯性、信息性、语法准确性、语用合适性及语言创造性。因此，非流利的话语特征更加值得研究者关注。

利克利（Lickley，1994）从句法特征的视角区分了两类非流利：一种是不影响话语句法连贯性的非流利，包括无声停顿（unfilled pause，UFP）、音节延长以及填充停顿；另一种是增加了词汇或其他成分的非流利，但必须将这些非流利现象移除才能获得话语的成功解析，包括重复和错误启动。杨军（2004）认为非流利指的是在时定、韵律和语序等方面明显区别于流利话语的口语产出。马冬梅（2012）指出，非流利是言语产出过程中，说话人非故意的，在速率、韵律、词语序列上有标记的部分，包括各种非流利停顿、重复、填充语和自我修正以及这几种形式的组合和套嵌。

可见，对非流利的界定有不同的角度，不同的研究者有不同的界定内容。上述三个视角分别从外在形式、表征类别和话语特征对非流利进行了界定。三种界定各有优缺点。语言是信息传递调节的主要工具之一，正确、流利的话语有助于信息及时、准确地传递。研究发现有三大因素影响着流利/非流利：时定、韵律、语言。语言问题，即言语产出的正确性和恰当性是流利性不可或缺的一个方面。就交际语境和交际者预期而言，如何保证产出符合当前交际的话语至关重要，甚至超过时定和韵律。并且，话语是非流利现象产生的依托。因此，我们不仅要从形式上，更要从本质上（如产生目的或原因等）对非流利进行合理的界定，尤其是要凸显非流利所体现的话语特征。

1.2　言语非流利标记

非流利主要表现为时定上的延迟和话语上的修正两大类。前者主要包括无声停顿、重复、话语填充等；后者有删除、插入、替换等。这些形式的出现往往提示或意味着话语的非流利，因此，本书将这些形式称为非流利标记。

1.2.1　非流利延迟标记

延迟（也称犹豫、迟疑）指话轮内部或话轮转换处出现的停顿、重复等现象，其中，停顿包括无声停顿和填充停顿两种（Lickley，1994；Eklund，2004；Schnadt，2009；马冬梅，2012）。

1.2.1.1　停顿

1. 无声停顿

在自然交际中，交际者有正常的呼吸需要，平均而言，英语自发语言中大约 40% 是停顿。戈德曼-艾斯勒（Goldman-Eisler，1968）通过研究发现，人们在描述图画时大约每隔五个单词就会出现一次无声停顿；在自然会话中，说话人的连续话语中平均每隔七至八个单词便出现一次无声停顿。但如果停顿过多或停顿位置不当，就会阻碍交际的自然顺畅进行，导致口语的非流利产出。本书研究非流利性"停顿"，即发生在口语交际中，时间过长、影响言语表达流利性的停顿。希克等（Hieke et al.，1983）提出以 130 毫秒为下限，130 毫秒以下处理比较困难。也有些研究把分句或句间的停顿定为 300 毫秒（Raupach，1980；张文忠，2000；张文忠和吴旭东，2001；缪海燕，2009）。戈德曼-艾斯勒提出以 250 毫秒作为划分停顿的标准下限，这一标准被许多研究者沿用。超出这些标准则为非流利无声停顿或沉默。

二语中对无声停顿的研究主要考察学习者话语中停顿的位置。研究表明，位于边界处的停顿为合理停顿，其他位置的停顿尤其是主要句法结构内部的停顿则被认为是不合理停顿（Chafe，1980；Pawley & Syder，2000）。钱伯斯（Chambers，1997）指出，口语流利并不简单指语速快，而是指停顿的次数或时间更少，并且在适当的位置停顿，而二语学习者在二语口语产出中经常不恰当地停顿，从而导致言语不自然和不流利。相关研究表明，本族语者与流利的二语学习者的停顿倾向于出现在句末、分句边界和句内可分割成分之间，而非流利的二语学习者的停顿大多在句内，有的甚至在动词短语内部（Deschamps，1980；Riggenbach，1991；Freed，2000；Wood，2001）。高莹和樊宇（2011）从分析叙述中的停顿现象入手比较中美大学生的口语表达的差异，他们发现：美国大学生善于使用停顿策略，停顿现象多发生在句子与句子之间或主句与从句之间；中国大学生不仅很少使用停顿策略，且停顿位置除句子（从句）之间外，更多发生于句子中间。对停顿位置处语言特点的定性分析表明，有效的停顿策略和语块教学有助于增强口语流利性。

另外，频繁的无声停顿也被认为是停顿的不恰当表现形式。有研究发现，非流利的英语学习者无声停顿（长时间沉默）的频率高于流利的英语学习者（Riggenbach，1991）。

2. 填充停顿

填充停顿指说话人在停顿的间隙插入 mm、um、mhm、erm、ah、uh、er、well、you know 之类的填充语。研究者将其分为实义填充词和非实义填充词两类，前者是具有一定语言意义的词汇，如 well、I mean 等；后者主要是一些无词汇意义的语音填充，如 mm、um、er、ah 等。

有学者指出，流利的英语学习者倾向于使用更多的实义填充词（如well、I mean、I think 等）进行停顿，而非流利的英语学习者则较多使用非实义填充词（如 en、mm、oh、er 等）或以沉默方式进行停顿（Riggenbach，1991）。一项有关独白语言的研究也发现，话语流利者较多地使用填充词和套语（Ejzenberg，2000），这证实了上述观点。周爱洁（2002）认为在构想下一步的话语内容或构想如何表达头脑中已有内容的时候，中国英语学习者更多的是采用非实义填充词。戴朝晖（2011）利用语料库研究发现，中国学生汉英口译中最常用的有声停顿词包含 er 和 em 等，未使用诸如 I mean、well 之类的标记语。李民和陈新仁（2007a）的研究发现，中国英语专业学生明显很少使用 well 的语用功能，而更加习惯使用其他方式延缓话语表达，如停顿填充语 er、erm 等与汉语中"嗯"等对应的声音符号。陈浩（2013）发现，中国学习者英语口语语料库（Chinese Learner Spoken English Corpus，COLSEC）中出现的填充语主要有 er、erm、mm、em、en、ern、eh 等。过多使用非实义填充词反映出中国英语学习者缺乏实际运用交际策略，尤其是"停顿填补策略"的意识。在英语课堂教学中，"停顿填补策略"被认为是重要的交际策略之一，它强调使用实义填充词来进行停顿，掌握这一策略有助于提高学习者的口语流利性。

1.2.1.2　重复

本书所说的重复为非流利性重复（disfluent repetition），主要指各重复部分在同一句中，直接相连的（有时中间有停顿）一字不差的重复，多数文献的界定都不包括说话人为了明白、强调或符合韵律而产出的重复，也不包括语篇上下文指称性重复。

重复的类别与形式。重复可分为自我重复与他人重复。自我重复是指说话人在言语产出过程中对词语、短语乃至句子进行的重复，而他人重复则是交际对方重复前一发话人的话语。重复从形式上总体可分为两大类：一词重复和多词重复。最常见的重复是二位重复，如 the the，也可以是完整的音、音节、词段、词组、词串甚至句的二位重复（Perrin et al.，2003；Rieger，2003；Bada，2010；陈立平，2005），如"I don't think so. I don't think so."。希克（Hieke，1981）将停顿性重复区分为前瞻性重复（搜寻词汇）和回顾性重复（连续原来的话语）。通常前瞻性重复不伴随无声停顿，但有时伴随填充停顿；回顾性重复的前面总是有停顿。克拉克和瓦索（Clark & Wasow，1998）指出，说话人倾向于重复主要结构单位的最左边的词。重复的可能性与句法结构的复杂性直接相关。比伯等（Biber et al.，1999）以美国朗文口语和书面英语语料库（Longman Spoken and Written English Corpus）为基础，统计了不同词类在每百万词中重复的频率。结果表明，各个词类的重复趋势从大到小排列分别为代词、所有格限定词、定冠词、连词、介词和系动词 is。另有研究表明，非流利重复的前面或后面经常伴随着停顿、填充停顿（uh、um）或编辑词（well、I mean、like 等）；后面接有停顿的重复项延续时间上较长，但该停顿的长短并不影响前面重复项的长短（Shriberg & Stolcke，1996）。还有研究发现，英语本族语者大量使用功能词特别是主格人称代词作为重复起始词（Fox et al.，2010）。

重复在二语口语非流利性研究中具有重要价值，是判断学习者二语口语交际能力的一项必要指标（权立宏，2012）。陈立平和濮建忠（2007）在基于语料库的大学生英语口语自我修正研究中把重复称为相同信息修正，并划分出 4 种类型的重复修正。他们对语料的统计表明，"以一个单词的重复修正为最多"，总体而言，"平均每 25 个词就有一个相同信息修正"。一项二语重复研究发现，英语学习者更多地将动词、代词和介词作为重复起始词，而法语学习者则更多地将代词、限定词和动词作为重复起始词（Bada，2010）。权立宏（2012）采用了国际英语学习者语料库（International Corpus of Learner English，ICLE）的中国子库和英语本族语者口语语料库，探讨中国英语学习者和英语本族语者在自我重复的形式（一词重复与多词重复）和功能（填充与自我修补）上的异同，同时重点分析了重复起始词的使用异同。结果显示：在形式层次上，中国英语学习者比英语本族语者使用更多的自我重复；中国英语学习者和英语本族语者均大量使用主格人称代词作为重复起始词；中国英语学习者使用较多的动词作为重复起始词。陈浩（2013）从 COLSEC 语料库中提取了中国英语学习者口语产出中的多种重复数据。结果发现，中国英语学习者在口语中产出了大量虚词，其数量远远高于实词。主格人称代词的重复趋势最强，其次为各种类型的限定词，然后是介词、连词、系动词和情态动词，宾格代词和反身代词几乎不出现。主格人称代词和连词重复频率的总和占了虚词重复频率的大部分，而这两个词类总是位于句首。名词短语越复杂，短语前面定冠词重复的可能性越大。在中国英语学习者的口语产出中，重复和各种类型的填充语大量共现。词内重复尤其是多音节词词内重复频率较高。

1.2.2   二语中的修正研究

修正指交际者对已发出话语进行删除、修改等现象，一般区分为自我修正和他人修正（other-initiated repair）。自我修正是说话人在监测到自己的话语错误后采取的一种自我纠正行为，是会话修补的主要表现形式。他人修正往往出现在话轮中或紧挨前一发话者的最后话轮，常伴随打断、插入等会话行为。

1.2.2.1 自我修正

自我修正被认为是"纠正错误，搜索词语，犹豫停顿，词汇型、准词汇型或非词汇型的填充语，立即改变词汇，错误开始和立即重复"（Rieger，2000：11），此定义几乎包含所有非流利类型，也几乎等同于非流利的概念。但很明显，这是两个不同的概念。近期的分类体系采用的是替换、插入、删除等，不包括伴随这些修正的停顿、重复和填充语。

自我修正的句法结构和词汇结构的作用得到了较为深入的研究。一项实验研究表明，某个词被打断是言语修正的明确信号（Nakatani & Hirschberg，1994）。利克利等（Lickley et al.，1991）的实验研究表明，编辑语作为即将发生的言语修正的信号，其作用并不像欣德尔（Hindle，1983）所建议的那么显著；实际上，韵律信息可能起着更突出的作用（杨军，2004）。范·海斯特（van Hest，1996）的研究发现，语音错误被察觉和修正的速度最快，其次为词汇错误，最慢的是不恰当用语。勒韦（Levelt，1983，1989）根据说话人的动机区分了五类言语修正：D 修正（说话人改变主意决定说些与当前正说的意旨不同的话）、A 修正（恰当性修正，使话语表达更适合语境）、E 修正（错误修正，包括发音错误的修正）、C 修正（隐性修正，特征是表层句法结构没有改变，如停顿、重复等）、R 修正（其他修正）。古德温（Goodwin，1981）指出自我修正的高层次功能，一方面是在对话者未表现出对说话人话语的接收时，提请对话者接收；另一方面是为了当前话轮修正中的所有信息被恰当地接收。

对二语自我修正的研究显示，说话人的语言监控机制对词汇错误特别敏感。一项对 75 名儿童的二语自我修正的研究发现，50%的纠正来自词汇修正，这个比例远远高于其他任何修正（其中形态修正占 20%，句法修正占 12%，语义修正占 15%，音位修正占 3%）（Fathman，1980）。另有一项对 12 名德国大学生的研究结果也发现了类似的分布结构：词汇修正占 73%，音位修正占 13%，句法和语义修正占 13%（Lennon，1984）。范·海斯特（van Hest，1996）的大型研究揭示了另一种情形：恰当修正（用恰当的表达方式替代当前表达方式以消除歧义、使表达更加精确或保持前后连贯，包括恰当句法和时体修正）占 39.7%，错误修正（纠正当前表达方式中的词汇、句法和语音方面的错误）占 22.4%，不同修正（用不同的信息替换当前信息）占 10.1%，其余为隐性修正和混合性修正。

研究者在对二语中监察与自我修正策略进行研究时发现，外语初学者在话轮开始处失误明显较多，自我修正频率也较高（Kormos，1999；Carroll，2000，2004）。这是由于启动一个话轮或引发一个话题所需要付出的认知处理较多，导致压力增大。陈立平和濮建忠（2007）发现，大学生英语口语中自我修正的频率相当高，但相同信息修正和语言错误修正所占比例最高，而不同事实修正和恰当修正所占比例甚少。权立宏（2010）对中国大学生英语会话中的回指修补进行了考察，发现大学生在英语口语回指修补上自我重复所占比例最高，重组和插入策略所占比例很少。这反映出大学生在语言信息加工和语言在线处理方面能力的特点，而且他们在回指起始词使用上与本族语者有明显差异。

1.2.2.2 他人修正

他人修正主要出现在会话的他人话轮中。当前话轮中的听话人在理解说话人话语时遇到困难，通常会发出修正启动（repair initiation）暗示，说话人若意识到这一点，就会启动修正，促进相互理解，保证会话的进行。若说话人没有意识到这一点，听话人可能会抢过话轮，启动他人修正，以便会话顺利发展。他人修正最能反映交际的互动性，但是二语中的他人修正研究稀少。本书将从话语语用学的角度对二语会话中的他人修正做详细考察。

1.3　言语非流利的产生原因

普遍认为，非流利现象主要由言语困难所致，是应对言语计划压力的产物。然而近期研究发现，非流利现象并不都是因为处理负荷过重产生的，还有可能是交际者故意为之，多见于对话和讨论中，以引起听话人注意或传递特殊信息、情感等。

1.3.1　言语计划压力

自 20 世纪 50 年代开始，很多研究都认为非流利是与言语失误相关的，是言语计划和言语形成过程中遇到不断增强的处理负荷所致，涉及句法、语义、认知、心理等多种因素。后来，研究者意识到这些非流利现象不一定会导致言语失误，不应成为批判的对象。相反地，"通过研究非流利，我们可以在一定程度上了解不同的话语产出条件下，面临不同的产出压力，说话人如何进行言语计划实现口语产出。这是进行非流利研究的基本意义所在"（杨军，2004：283）。

例如，停顿就反映了说话人在构想话语内容和言语表达方式时可能遇到了言语计划困难（Chafe，1980；张文忠，2000，2002）。在这两方面遇到了困难，造成言语计划压力，导致停顿现象的出现。停顿一方面可能是发生困难的标志，另一方面又在一定程度上起到缓解在线处理压力的作用。缪海燕（2009）的研究结果表明，学习者使用的非流利停顿大多属于言语计划性停顿。她发现，学习者语言水平越低，其言语产出困难越集中在二语口语产出的第一阶段，即观念形成阶段，学习者似乎需要花更多的时间和精力去构建交际目标/意图和检索完成交际目标/意图所需的信息。张琪（2010）发现，非流利填充语具有延缓回答、给自己争取思考时间的作用。

重复主要具有拖延作用（Fox et al.，1996；Rieger，2003），是为了获得更多言语处理时间（Goodwin，1981）。希克（Hieke，1981）认为重复具有拖延和修补两大功能，并具体称之为前瞻性重复和回顾性重复。前者表示说话人为了填充言语计划中的停顿而做的填充性重复，后者指纠正语误作用的修补性重复。二语中的重复也是缓解言语计划压力的一种主要方式。比伯等（Biber et al.，1999）认为言语计划压力比较大的地方，容易产生重复。他们还认为，说话人重复产出同一语言成分直到话语能持续下去是一种策略，用于在话语中获取表达的时间。吴（Wu，1994）对中国英语学习者的研究认为，重复起到争取构想时间、让构想前说出的话在大脑里留下记忆和使最后说出的 T 单位（T-Unit）显得完整的作用。何莲珍和刘荣君（2004）认为，重复是一种交际策略，将考生的重复语言输出归因于"赢得时间策略"。权立宏（2012）发现，重复具有拖延语流和赢得时间的功能。在会话中，词的重复可以用来争取会话的话轮。在非母语使用者的日常交际中，重复往往反映了文化差异引起的高度不确定性，还可以表达一种试探。克拉克和瓦索（Clark & Wasow，1998）通过对电话通话录音语料库（Switchboard Corpus）和伦敦—隆德英语口语语料库（London-Lund Corpus of Spoken English，LLC）中重复语料的分析研究，认为重复语的出现与言语计划产出的困难和复杂性有关。陈浩（2013）对中国英语学习者口语中的重复研究验证了克拉克和瓦索的假设。

1.3.2　作为一种交际策略

施里伯格（Shriberg，1996）在对话语开头出现的填充语的研究中提出了非流利现象出现的另外一种可能——为了完成交际的协同互动。她发现，话语填充频率与句子的长短无关，因此可能不会像其他非流利现象那样与话语计划负荷有关系。话语填充语起到的可能是交际功能：使交际者能更好地协同互动、管理话轮或者调节双方心理状态等。博特费尔特等（Bortfeld et al.，2001）也认为让听话人知道说话人在话语表达上遇到了麻烦，可能是一种会话互动协作策略。在会话中，非流利起着一定的语篇管理功能，可以用来争取会话的话轮，是一种"互动资源"（Egbert，1997；Wong，2004；Carroll，2004），对会话互动有着积极的助推作用。

停顿的交际功能多见于对话和讨论中，一般以达到引人注目的效果或引起听话人的回应为目的。也就是说，停顿具有一定的会话组织调整功能，如在话轮开始时引起听话人的注意，控制话轮或指示话轮。例如，李民和陈新仁（2007a）认为，话语填充语 well 的交际功能包括信息传递调节、会话组织调整、人际意图三个方面。就信息传递调节而言，well 可以提示话语信息的修正；从会话组织调整来看，well 可以充当话语起始标记、话语分割标记、话语延缓标记等；从人际意图的角度看，well 可以用来缓和即将表达的负面信息给对方带来的面子威胁。重复也可以达到交际的目的：获得听话人的关注（Goodwin，1981），延缓言语输出或推迟可能出现的话轮转换相关处以便守住话轮（Sacks，1974）。权立宏（2012）发现，重复可以是一种会话修补策略，其功能主要体现为拖延语流、守住话轮和赢得时间。

1.4　言语非流利的相关影响因素

在言语交际中，认知、社会和情景因素都会对话语的产出有着重要影响，有时这些因素还会共同作用于话语的产出。非流利现象的频率会因语料类型的不同而不同。我们很难确定有哪些具体的因素在影响非流利现象的出现，因为语料收集的环境不一样，如任务不一样，说话人不一样等。

1.4.1　性别、年龄等社交因素

近年来，语言使用的性别差异研究开始渗透到二语习得领域。人们开始关注不同性别学习者的二语语言现象是否如母语那样存在差异。施里伯格（Shriberg，1996）的研究表明，男性产出的填充语要比女性多，而在其他形式的非流利的使用上则没有性别差异。陈立平等（2005）考察了中国非英语专业大学生在自我修正和修正标记语使用上的性别差异。研究结果显示，男生的隐性修正行为多于女生，但无显著差异；女生的显性修正行

为和修正标记语的使用显著多于男生。这样的研究结果在一定程度上反映出男女两性在使用会话策略上的不同及其外语学习水平的差距。研究还发现，导致学习者在非流利的使用上的性别差异还可能与他们不同的语言水平相关。女生在口语表达中显示出比男生更强的显性纠错能力，并且男女生最大的差异体现在恰当修正方面。除此之外，与内容密切相关的信息修正也表现出女生高于男生的趋势。对修正标记语使用的调查结果也表明，女生的英语口语运用能力显著高于男生，更接近本族语者的语言水平。

年龄是影响话语处理与产出的另一重要因素。有研究发现，年纪大的人非流利现象（包括重复、修正和填充语）出现的频率较高（Albert，1980；Schow et al.，1978）；但有的研究并未发现非流利（只有重复）使用与年龄差异的关系（Shewan & Henderson，1988）。王晓燕（2007）对一组具有相似英语水平但年龄差异较大的英语学习者的会话修补模式、修补失误源的分布和修补标记语的使用进行了实证研究。结果发现：不同年龄段的英语学习者口语中自我修补的频率都相当高，但在重复修补上，年龄偏小的英语学习者案例显著多于年龄较长者；年龄偏小的英语学习者他人修补频数显然高于年龄偏大的英语学习者；年龄偏小的英语学习者会话修补更侧重简单的语言知识修补，而年龄偏大的英语学习者则倾向于语义修补；不同年龄段的英语学习者在修补标记语的使用上既有共同点，也具有一定差异，年龄偏小的英语学习者对修补标记语的使用相对较少，且只集中于几种修补语，说明她们对会话策略和口语表达技能的掌握比较薄弱。

1.4.2　话题、话语类型等语用语言因素

会话的话题或谈话的内容对非流利现象的产生有着极大的影响。不熟悉的或比较复杂的话题可能会导致更多的言语计划负荷，从而出现更多的非流利现象。有学者研究表明，人文社会科学的话语中出现的非流利填充语比晦涩的自然科学理论研究讲座中的还多，其中关于人文科学话题的非流利填充语最多（Schachter et al.，1994）。这一结果并非说话人的个体差异所致，因为当他们就同一话题讨论时并没有表现出个体差异。该研究认为，在讨论社科类话题时，说话人脑中有很多可供选择的表达，而他们在决定需要采用哪种表达时就可能出现非流利填充语。在自然科学理论研究的话题中所涉及的表达比较单一、固定，说话人不会因为选择哪种表达而犹豫不决（Schachter et al.，1994）。

不同类型的话语中非流利现象出现的频率与类别也不同。奥维亚特

（Oviatt，1995）发现，电话会话（telephone conversation）中的非流利现象多于面对面的交谈，每 100 个词中有 5.50～8.83 个非流利现象。这是因为，在面对面的交谈中，眼神接触或其他可视线索可以帮助说话人传达相关的交际信息，如想继续说话，话语表达遇到困难等，致使非流利现象减少。在电话会话中，这些信息的传达就要以非流利话语的方式表达出来。会话中的非流利现象要比独白中的非流利现象更多。在该研究中，会话中的非流利为每 100 个词中有 5.50～8.83 个，而独白中是每 100 个词中有 3.60 个。另外，人-人对话和人-机对话中的非流利频率也不同。施里伯格（Shriberg，1996）发现，人-人对话比人-机对话使用更多的重复、删除、填充语。她认为，这些类型的非流利有助于人们协调会话交流。

1.4.3　学习者二语水平

语言水平对停顿的发生有着一定的影响。伦农（Lennon，1990）对 4 名德国英语学习者进行了跟踪调查，结果表明随着语言水平的提高，其中 3 名学习者在英语口语产出中用于停顿的时间平均下降了 25%。缪海燕（2009)考察了不同英语水平的中国英语学习者在二语口语非流利产出中停顿的使用特征。研究结果表明：随着语言水平的提高，中国英语学习者的停顿频率下降，停顿时间变短，但是停顿位置分布并未发生显著变化；中国英语学习者在二语口语产出的过程中把大部分时间仍花在计划在线言语产出上；随着语言水平的提高，中国英语学习者的言语计划困难减少，但是词汇提取和语言形态层面的困难相应增多。

研究还显示，自我修正的分布结构同说话人的语言能力或语言水平息息相关。虽然从总体上讲自我纠正的频数似乎不受二语水平的影响，但随着语言技能的提高，高级学习者无意识、自动驾驭语言知识的能力提高，低级的词汇、语法和语音等语言错误纠正减少，他们的注意力转向纠正较高级的语篇、语用错误。杨柳群（2002）探讨了英语水平对英语学生口误自我修正行为的影响。结果显示，英语水平的差异对学生的修正类型有显著影响，高水平组的学生倾向于内容修正和恰当性语用修正，而低水平组的学生倾向于错误修正和不同修正。何莲珍和刘荣君（2004）基于语料库的大学生交际策略研究却发现，口语水平对自我修正的影响并不显著，但口语水平越高的中国英语学习者使用自我修正策略的比例越高。

1.5　言语非流利研究的学科视角

前文提到，非流利性是自然语言产出的重要特征之一，日常口语中大约 10% 的话语含有各种各样的非流利现象。一般认为，口语非流利产出是言语计划和言语形成过程中遇到问题所致，涉及句法、语义、语境、心理等多种因素，研究者从句法学、音韵学、社会语言学、语用学等多学科、多视角对非流利现象做了大量研究，取得了丰硕的成果。

1.5.1　句法学视角

句法分析的稳定性较高，所以相当多的研究尝试运用现有句法理论分析非流利，或增加新的句法规则以使非流利纳入流利性话语语法解释的范围。有学者尝试以语法单位的大小，即句、词组、词、词素、音节、音素等来划分非流利（Bock，1991）。亦有学者提出了将非流利恢复为合乎句法的结构的基本策略（Carbonell & Hayes，1983）。勒韦（Levelt，1983）提出了运用句法完整性规则来分析言语修正。欣德尔（Hindle，1983）运用句法分析手段对重新开始(restart)等非流利现象进行了卓有成效的研究。徐林荔和孙蓝（2008）在现有研究成果的基础上，从对非流利现象理解的定性研究入手，就听话人理解自然言语中普遍存在的非流利性现象的句法构建过程进行了梳理。这一视角关注的多为非流利的形式、出现的位置和频率等，少量研究伴有对非流利功能的探讨。

1.5.2　音韵学视角

有学者研究表明，非流利在音韵方面与流利话语存在区别。一个常见的例子是 a 和 the 在非流利中往往被发成[ey]和[dh iy]，这通常是悬搁话语以应付产出问题的标记。声学特征有助于识别填充停顿和重复等非流利；发生在句法边界处的填充停顿比发生在句法单位内的填充停顿持续更久，静默时间更长，并在停顿的发起点表现出较高的基频（O'Shaughnessy，1993）。利克利（Lickley，1994）指出，音韵信息在非流利的检测和处理中起着重要作用，可以用来区分流利话语和非流利话语。施里伯格和利克利（Shriberg & Lickley，1992）指出，伴随有急速下降的基频的非常短促的填充停顿往往是言语修正的标记；伴随有极高基频的填充停顿则是重新开始的信号。

1.5.3　社会语言学视角

社会语言学对非流利现象的关注主要体现在性别、年龄等因素对非流利现象出现的影响。博特费尔特等（Bortfeld et al.，2001）的研究发现，年龄较大的人产出非流利现象（重复、填充停顿等）的频率高于中年人和年轻人。他们认为，年龄较大的人容易出现提取困难。填充停顿不仅说明年龄较大的人遇到了单词提取困难，还可能是他们向交际对方求助的一种暗示。施里伯格（Shriberg，1996）的研究发现，男性产出的填充停顿多于女性，但在其他形式的非流利产出频率上与女性相似。她推测，男性使用较多填充停顿的目的可能是尽量维持话语权。博特费尔特等（Bortfeld et al.，2001）以及陈立平等（2005）也发现，男性产出非流利现象（填充停顿、重复）的频率高于女性。

1.5.4　语用学视角

语用学视角将非流利现象看成是一种语用策略，涉及说话人和听话人双方的互动。克拉克和瓦索（Clark & Wasow，1998）认为，非流利是说话人的一种语用工具（pragmatic tool），是说话人故意采取的一种策略，用以向听话人暗示自己即将产出一组话语。梅纳特（Mehnert，1998）更辩称，非流利实际上是一个语用问题（pragmatic issue），因为在缺乏流利话语的过程中，非流利本身既是一种信息，又可以为说话人和听话人提供互动。它可以减轻谈话的紧张气氛，传递说话人下一步行动的信息，或传递说话人的思想和思维过程，如说话人正在思考什么或者正在寻找表达下一话语的词汇等。这一思想为本书提出语用非流利的概念提供了文献支撑。

非流利语用学视角的另一层面就是考察各种非流利形式的语用功能。仅有詹姆斯（James，1973）对 oh 和 uh 这样的插入感叹词的语用功能进行了专项研究；奥尔伍德等（Allwood et al.，1990）从语用的角度，对包括多种非流利的"言语管理现象"进行了非常全面的探讨。1.3.2 节所述的非流利作为一种交际策略就属于非流利研究的语用学视角。

对本节综述有两点说明：一是本部分非流利学科视角的有关研究与非流利产生原因的研究有所重合，因为不同的学科对非流利的产生原因有不同的解释；二是本部分涉及的主要是母语中的非流利研究，但对二语非流利研究也有启示。

目前，非流利研究已经形成了一种跨学科、多视角的局面。非流利的出现是一个复杂的言语产出过程，需要从不同视角、不同学科来系统考察其产出的复杂机制。本书采取梅纳特的观点，认为非流利现象本质上属于语用问题，拟从语用学视角考察二语会话中的非流利现象，因为上述句法学、音韵学、社会语言学等对非流利的研究都与语用学有着密切的联系。"语用学已经从一个'江湖郎中'式的语言学分支发展成一个生机勃勃、五彩缤纷的语言学研究领域，并涌现出各种分支学科，展示了语用学研究的强大发展势头和巨大潜力。"（陈新仁等，2013b：11）

1.6　言语非流利研究评价

以上我们从非流利的界定与分类、非流利的形式研究、非流利的产生原因及影响因素等角度对相关研究进行了回顾。可以看出，对非流利的研究取得了一定成果，尤其是在非流利的形式表征上，研究者进行了深入的考察。但是，对任何一种语言现象的研究都不应仅仅停留在话语形式上，而应挖掘形式背后更深层的交际本质。

（1）研究者结合语音、词汇、句法等语言层面，对二语中出现的各种非流利现象的形式表征进行了详细的描述，并尝试对这些现象进行分类。但对这些非流利现象的考察大部分都只停留在语言层面，即语言非流利，对语用层面的非流利现象则鲜有涉及，如在很多非流利的界定中，都将说话人的故意非流利排除在外。语言的使用总是发生在一定的语境中，任何一种非流利现象的出现都有其道理，除了语言本身的因素外，还涉及很多其他语言之外的语境因素。因此，对语用非流利的考察更能反映语言应用的真实情况。

（2）大部分研究都将非流利现象的出现与二语语言能力挂钩，而没有把非流利与二语语用能力挂钩。很多研究认为，各种非流利现象都反映了言语计划压力，是语言或思维的困难性所致，是为了缓解在线处理压力，同时也反映了说话人的二语水平不高。非流利现象的出现固然可以反映出二语语言水平的情况，但也应该能反映出二语语用水平的高低，因为很多研究表明非流利是一种赢得时间策略，具有话轮管理的功能，也就是说，非流利还可以是一种交际策略。另外，有研究表明，中国英语学习者非流利现象出现的频率相当高，这一方面说明他们的语言监控意识比较强，对语言正确性比较重视；但另一方面也说明他们过于重视语言形式，轻视交际内容，反映出学生的交际能力比较薄弱（陈立平和濮建忠，2007）。但几乎鲜有研究关注非流利现象的积极意义，对其会话组织功能、人际功能等可以反映中国英语学习者语用能力的非流利缺乏探讨或探讨不够深入。

另外，没能从互动的角度讨论交际者是如何在不同的语境中实现各种交际功能。非流利研究的不同视角分析的语料大都是孤立的语篇，使得研究者很难发现非流利产生的互动性因素，即非流利的出现不是因为说话人自己，而是处于交际对方的考量。传统语用学视角关注的也主要是会话本身的结构特征，很少将交际者之间的（言语）互动考虑在内。

（3）从方法论的角度来看，很少有研究是在非流利的名义下进行的，大部分都只是对非流利的某一个形式表征进行一定程度的描写，然后分析其产生的原因和对教学的启示，并没有具体的理论框架可循。我们认为，非流利作为一个较为系统的语言现象，应该有属于自己的理论与分析框架。我们不能"眉毛胡子一把抓"，将所有的非流利现象都一一讨论；也不能只考察形式表征，使得对非流利的研究犹如无根浮萍。我们应该总结这些非流利现象的基本特征，找出其背后反映的语言本质。本书拟将话语语用学和语用能力作为非流利研究的理论框架，探讨语用非流利的使用对中国英语学习者二语诂用能力发展的影响。

（4）有少部分研究者关注了语言水平对二语学习者非流利现象产生的影响。研究结果表明，英语水平的差异对学生的修正类型有显著影响，高水平的学生倾向于内容修正和恰当性语用修正，而低水平的学生倾向于错误修正和不同修正（Lennon，1990；杨柳群，2002）。那么，二语水平对语用非流利的影响有哪些表现？

整体来看，之前的学者针对某一种非流利现象的形式、原因等进行了细致、深入的考察，并取得了一定的研究成果。但作为非流利的不同表现形式，这些现象之间必有共同的特征，具有相似的原因。因此，有必要对非流利进行系统考察，并从出现原因的角度对其形式、影响因素等进行探讨。

1.7   本书的研究设想

本书认为，系统研究各种非流利现象，找出它们共同的使用特征，可以为我们更加深入地研究某一特定非流利标记提供坚实的理论与实践指导，并对外语学习者和外语教育者掌握和教授这些非流利标记有着实际的启发意义。并且，先前研究大多属于语言非流利研究。语用非流利更能体现非流利的功能性特征，对于二语学习者来说，研究其语用非流利的使用情况，有望对其语用能力的发展产生积极意义。

为此，本书拟在以下几方面做一些尝试。

（1）系统考察各种非流利现象，梳理并整合其中涉及语用层面的研究结论。

本书拟对各种零散的非流利现象进行系统考察，并依据语言使用的内容与方式，即用什么样的语言传递什么样的信息，将其区分为信息非流利、语言非流利和语用非流利三种类别。由于语言非流利和语用非流利都有相应的信息功能，而信息非流利则不涉及语言和语用问题，只关注传递什么样的信息，因此，本书重点关注与话语相关的语言非流利与语用非流利，其中语用非流利为主要研究对象。需要说明的是，语言非流利与语用非流利之间是互为融合、相互渗透与相互影响的，即语用非流利中也会涉及语言问题，二者合称为语用语言问题，因此我们不再强调语用非流利与语言非流利之间的差异，只是将研究视角聚焦在语用非流利上。

（2）尝试系统考察语用非流利现象。本书遵循话语语用学研究范式，通过会话分析，从表现形式、产生原因、交际功能以及相关影响因素等维度对中国英语学习者二语会话中的语用非流利现象做详细考察。

本书拟将经典语用学理论如语境、礼貌理论等与话语语用学基本思想相结合，充实和细化话语语用学的研究内容与研究方法，并用来指导对语用非流利现象的研究。话语语用学强调交际双方的互动性，语境存在于话语内部，礼貌与否要看交际同伴的感知与回应。但这一思想操作性不强，研究者很难把握灵活、多变的交际过程，更不用说交际者的想法。因此，本书在分析中仍然借助语境、礼貌理论等的分析要素，但将这些要素与话语本身相结合，从交际双方话语的回应来推测他们对语境和礼貌的感知结果，并对部分受试进行事后访谈，确定研究者分析的客观性。语用学研究的话语范式仍处于初级阶段，卡斯珀（Kasper，2006）只是概括地提出了话语语用学的基本思想及分析原则，既没有具体的研究对象，也没有清晰、完整的操作框架。本书将语用非流利作为研究对象，利用会话分析方法，讨论了语用非流利话语的使用特征、出现原因与影响因素，为话语语用学研究语言现象提供初步的、可供借鉴的分析框架。

（3）探讨语用非流利现象与二语语用能力之间的关系。本书拟将语用非流利看作语用能力评估的标准之一，即认为恰当使用语用非流利标记是语用能力的一种体现，并用具体语料加以分析验证。

本书依据的是陈新仁（2008，2009）的语用能力分析框架，并从语用非流利形式表征、语用流利度和语用非流利产生原因的角度论证语用非流利是如何体现语用语言能力、社交语用能力、语用认知能力和语篇组织能力的。

　　从形式上看，非流利现象可能会起到消极作用，导致交际失败。中国英语学习者话语中如果出现非流利现象往往被认为语言表达能力不强，甚至是交际能力不强。但会话分析及二语习得的相关研究表明，非流利现象有时候还起到赢得时间、连贯语篇、维持话轮的作用，是会话组织调整能力的一种体现而且会话组织调整能力是语用能力的重要组成部分(陈新仁，2009)。权立宏（2011）也认为，能否在言语交际中正确使用各种修补策略（此处的修补策略几乎涵盖所有非流利形式），是判断中国英语学习者二语语用能力的一个重要指标。本书对语用非流利的系统考察将会使我们对语用能力的理解更进一步，有助于丰富语用能力的内涵。

　　本书将以话语语用学研究范式为理论框架，以会话分析为研究方法，结合传统语用学理论如语境、面子（礼貌）等，从标记、类别和功能三方面，系统考查中国英语学习者二语会话语用非流利的使用情况，讨论二语语言水平等对二语会话语用非流利出现的影响，并用定性和定量相结合的分析方法，论证语用非流利与语用能力之间的关系。

第 2 章　语用非流利：界定、识别与标注

语用非流利与其他非流利有着一样的外在表现形式，主要涉及无声停顿、语音填充、话语填充、重复、删除、插入以及替换等。这些非流利现象看似杂乱无章，似乎会对二语会话交际产生消极的影响。但深入分析表明，这些非流利现象可以分成不同的类别，具有相应的交际功能。

2.1　语用非流利的界定

正如我们在前言中提到的那样，有时交际者为了表示礼貌、维护对方面子等，会有意识地使用停顿、重复等非流利现象来缓和交际关系，此时产出的非流利现象被当作一种交际策略，我们称之为语用非流利。换句话说，语用非流利是交际者为了达到特定的交际目的或出于语用因素（如礼貌、面子等）而产出的非流利现象，是为了更恰当、合适地表达自己而采用的策略。

为了更好地理解语用非流利的基本特征，下面我们举例说明信息非流利、语言非流利和语用非流利的联系与区别。

信息非流利指交际者在表达观点、传递信息时因思维突然遇阻或更改信息内容而出现的延时或修正现象。

（2-1）【Lynne 正在和客人聊她上课练习钉马掌时的情况。】

  1 Lynne: And so we have our instructor right there,

  2　　　　and we asked a million questions, (…) all the time I mean,

  3　　　　(H) he e- --he just runs around, everywhere (…) you know.

  4　　　　(...) (SWALLOW) so it's % -- (...)

→ 5　　　　(H) (...) But uh, (2.3) what was I gonna say?

  6　　　　(...) (TSK) % Oh, and it's really tiring though.

（SBC001）

例（2-1）为美国英语本族语者语料。Lynne 说上课的时候她们总是有很多问题问老师，老师也到处走动回答同学们的提问。她在第 4 行本来是

要发表一番感慨的，可却出现了一时思路中断，不知道要说什么了。这从第 5 行 Lynne 的自言自语 what was I gonna say 可以看出。因此，第 5 行的填充词 uh 以及 2.3 秒无声停顿为信息非流利。

信息非流利在中国英语学习者二语会话中较为常见，经常会出现不知道说什么的情况，有时某一句还没有完结突然产出另一个几乎没有任何关联的句子。

（2-2）【两位同学正在讨论暑假计划。】

  1 A: Hello, Vivi, er, what are you going to do on this summer vacation?

  2 B: Er, I want to work in a big company, what about you?

  3 A: Oh, I want to do some voluntary work for society.

  4 B: Why? I think it is er, I ... I want to earn some money during this summer vacation to

  5   ... to support my parents, what's about your concerning?

  6 A: Oh, I think there are so many old people and poor people need our help, and I, I, en,

  7   and I am devote myself to the society, so I want to do some voluntary work, and,

  8   but I don't think, er ... you needn't er earns, ... earn money earlier.

  9 B: Maybe, but I think after I graduating from er, co ... colle... college, I can

  10   ... can earn some money to support ourselves, not to ... get money from my parents.

  11   Then I can do ... I can do some volunteer work for socie ... society.

（选自中国英语专业四级考试口语语料库 2006 年第 9 组任务 3）

例（2-2）出现了填充语（er、oh、en）、重复（I, I, and I; to ... to; co ... colle ... college ...; can ... can; I can do ... I can do; socie ... society）、停顿及修正（earns, ... earn）等非流利现象。其中，第 4 句中的非流利标记 er 为信息性的，前半部分 B 本想发表对 A 想做志愿者的看法，但填充停顿 er 表明 B 似乎遇到了思维困难，不知如何评价，于是出现信息修正，B 通过 I ... I 和 to ... to 重复转而提供了新信息，即自己想暑假挣钱贴补家里。由于信息非流利主要是由说话人的思维困难造成的，与语言本身的关系不大（即使有，我们也无法确切得知），因此，信息非流利并不是本书关注的对象。

语言非流利指交际者由于语言困难或为了语言表达正确而出现的非流利现象，它可能出现在语言本体系统的各个层面，如语音、词汇、句法、语义等。例（2-2）第 8 句中的 you needn't er earns, … earn money earlier 和第 9 行中的 co … colle … college 以及第 11 行 socie … society 为语言非流利，在前者中，通过无声停顿与自我修正，说话人调整了自己的语言表达，使其符合语法规则；在后两者中，说话人通过词内重复最终想起了单词的正确发音。

语用非流利是交际者由于考虑面子、礼貌等语用因素而出现的非流利现象，是为了更恰当、合适地表达自己而采用的策略。

（2-3）【这是发生在某咖啡馆的一段对话。】

> 1 A: Here is some coffee.
>
> 2 B: Oh, fantastic (…) er (…) is there any sugar?
>
> 3 A: Sugar (…) yes, of course (…) here you are.
>
> 4 B: Thanks (…) er (…)
>
> 5 A: What's the matter now?
>
> 6 B: Er (…) are there any chocolate biscuits?
>
> 7 A: No, there aren't.
>
> 8 B: Oh … .

例（2-3）为美国英语本族语者日常会话语料。第 2、4、6 行的 er 以及无声停顿前后语言表达正确且流畅自然。可以看到，到 fantastic 就完成了一个 A 提供-B 接受的话轮。随后 B 通过填充停顿 er 重启一个请求话轮，A 重复 sugar 加以确认，并提供 sugar，B 感谢，至此请求-接受/提供-致谢话轮结束。但是，B 随后又用了一个填充停顿 er 以及一个较长时间的无声停顿，那么 B 的意思到底是什么呢？是不是他不知道该说什么了？此时 A 意识到 B 可能还有所要求，于是就问 What's the matter now。B 随后又通过填充停顿提出了另一个要求 are there any chocolate biscuits。可见，B 在第 4 行中的填充停顿加无声停顿并非思维遇到了障碍，而是顾及面子，觉得连续提要求似乎有点过分，因此没有主动提出随后的第二个请求话轮，而是以填充停顿的方式将话轮启动权交给对方。在例（2-3）中，第 2、4、6 行的填充停顿 er、无声停顿以及第 3 行 sugar 的重复均为语用非流利。由此看出，语用非流利具有会话组织调整以及维护面子的功能，是交际者故意为之。

2.2　语用非流利的分类

本书参考希克（Hieke，1981）、利克利（Lickley，1994）、曾（Tseng，2003）以及马冬梅（2012）等的分类，并结合相关语料，从非流利的实现方式和产生原因两个维度对其进行分类。由于语用非流利也属于话语非流利的范畴，与其他非流利现象有着相同的外在表征，下面的分类既是一般话语非流利表现形式的类别，也是语用非流利外在表现形式的类别。

2.2.1　基于实现方式的语用非流利

本书将非流利的各种表现形式如停顿、重复、插入等称为非流利标记。需要说明的是，某种非流利标记既可以提示信息非流利，也可以提示语言非流利，还可以提示语用非流利，研究者只能通过上下文分析非流利出现的原因或可能产生的交际效果来判断属于哪种非流利类别。

从实现方式上来看，非流利是交际者在产出话语时出现的话语延迟和话语修正现象。根据语流延迟对话语序列的影响程度，我们将非流利区分为纯语流延迟和话语修正两大类。如果非流利的出现只是影响了已发话语正常出现的时间而不涉及该话语句法结构的变化，则这些非流利属于纯语流延迟类语用非流利；如果非流利的出现改变了说话人已发话语的句法结构，则属于话语修正类语用非流利。

从文献和本书语料来看，纯语流延迟类语用非流利主要通过无声停顿、语音填充、话语填充、重复等实现；话语修正类语用非流利主要通过删除、插入、替换等方式实现。我们将这些具体的实现形式称为语用非流利标记（图 2-1）。

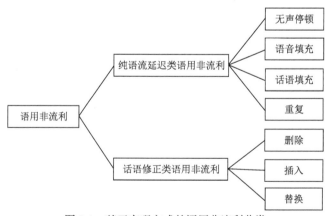

图 2-1　基于实现方式的语用非流利分类

对于基于实现方式的非流利界定与分类，有几点需要说明。

首先，非流利的基本特征就是语流延迟。所谓语流延迟，是指任何妨碍已发话语正常句法序列的情况。从本质上讲，话语修正也是一种语流延迟现象，因为不管随后话语是已发话语的延续还是另起的新话语，对之前话语做出修正实际上阻碍了原话语的语流。本书为了比较的方便，重点突出了语流延迟话语修正的特征。

其次，两种类型的非流利经常结合出现。一般情况下，纯语流延迟类语用非流利可以单独出现，而话语修正类语用非流利往往会伴随有纯语流延迟类语用非流利。本书所做的区分只是为了更好地对非流利现象进行考察。

最后，在会话互动交际中，纯语流延迟或话语修正可能是交际一方自己实施的，也可能是交际对方实施的。因此，这两类非流利标记都有自我和他人两个维度，即自我延迟和他人延迟、自我修正和他人修正。本书在随后讨论中不做具体区分，只是在强调会话互动时会有所论及。

2.2.2 基于产生原因的语用非流利

从内容或本质上来看，话语非流利是交际者在传递信息过程中遇到了语言或语用表达障碍，抑或是交际者为了实现特定意图而产出的语流延迟现象。从非流利现象涉及的话语维度来看，话语非流利可以分为信息非流利、语言非流利和语用非流利三大类（图 2-2）。

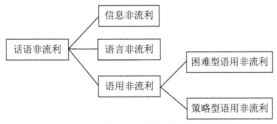

图 2-2 基于产生原因的语用非流利分类

虽然基于实现方式和基于内容是两种不同的分类方式，但两者之间关系密切。基于实现方式的分类是非流利的外在表现形式，而基于内容的分类是非流利的内在原因，前者是后者的基础。因此，信息非流利、语言非流利和语用非流利三者有着相同的表现形式（图 2-1）。本书重点讨论与话语相关的语言非流利和语用非流利，其中语用非流利为主要研究对象[①]。

---

① 信息非流利、语言非流利与语用非流利是笔者为了研究视角的方便做出的区分。实际上，这三者之间的关系密切，你中有我，我中有你，并不能做绝对区分，即使本书主要考察的语用非流利，也有可能涉及信息非流利和语言非流利。

结合现有文献对话语非流利的讨论以及对本书收集的中国英语学习者会话语料以及对参与者访谈语料的分析，我们发现，语用非流利产生的原因包括中国英语学习者遇到了语用困难和将其作为语用策略两种。因此，语用非流利可以分为困难型语用非流利（diffcult pragmatic disfluency，DPD）和策略型语用非流利（strategic pragmatic disfluency strategy，SPD）。"困难"与"策略"这一区分可以尝试解决非流利是否应该包括故意非流利这一问题。无论是语言非流利还是语用非流利，都可能是产出困难所致。此时的非流利显然不是交际者故意为之，而是被动产出。但有时候非流利也可能是交际者故意为之，或为了获得时间、整理思路，或为了修正先前语言错误，或为了话语组织，或为了达到特殊的交际目的等。这时，非流利就是一种交际策略。对于正常的母语交际者而言，由困难导致的非流利固然存在，但故意非流利的可能性更大。对于二语学习者来说，两种情况可能同时存在，但困难型语用非流利的出现频率更高。

困难型语用非流利指交际中遇到了语用困难，不知如何表达而被动产出的非流利现象；策略型语用非流利是为了更恰当、合适地表达自己而采用的策略，是交际者主动为之。不管是被动还是主动，困难型语用非流利和策略型语用非流利都是说话人在语用意识作用下的产出。同语言非流利一样，困难型语用非流利多为交际者被动产出，可能会导致交际失误。策略型语用非流利在话语交际，尤其是在会话交际中可能会起着重要的言语管理功能，对交际成功具有积极的意义。对于二语学习者来说，如何采用恰当的策略避免或克服交际中的困难，达到成功交际的目的，尤为重要。

2.3　本书语料来源

本书拟从语用非流利的视角探讨中国英语学习者二语语用能力的习得情况，所用语料为会话语料，因中介语语用学从本质上具有对比的性质（Kasper，1992；Bardovi-Harlig & Salsbury，2004），本书语料来源包括两部分：美国英语本族语者会话语料和中国英语学习者会话语料。本书对相关示例的讨论采用话语语用学的会话分析，强调会话的序列结构，关注字里行间语用意义的生成，并使用访谈语料加以验证，以保证分析的客观性。因此，在讨论某一具体问题时，将尽可能地根据原文语料提供较为完整的会话语境。

2.3.1 美国英语本族语者会话语料

本书以美国英语本族语者会话中的语用非流利现象为参照，考察中国英语学习者二语会话中语用非流利的使用情况，所用的参照语料来源于 SBCSAE，详见表 2-1。

表 2-1 美国英语本族语者会话语料

编号	会话时长	会话类型	会话地点	会话参与者
SBC001	25 分 16 秒	日常闲谈	家庭	Lynne：女，学生；Lenore：女，客人；Doris：女，Lynne 的母亲
SBC002	23 分 57 秒	日常闲谈	家庭	Harold：男；Jamie：女，两者为夫妻关系；Miles：男，医生；Pete：男，大学生
SBC006	27 分 15 秒	日常闲谈	家庭	Lenore：女；Alina：女，两者为堂姐妹
SBC010	15 分 40 秒	商务会话	办公室	Brad：男；Phil：男，两者为某社团的董事会成员
SBC016	22 分 11 秒	销售会话	商场	Tammy：女，顾客；Brad：男，销售员
SBC017	20 分 18 秒	话题讨论	教室	Michael：男；Jim：男，两者为朋友关系
SBC022	13 分 55 秒	课堂会话	训练场	Lance：男，学员；Randy：男，教练
SBC028	25 分 17 秒	电话闲谈	电话	Jill：女；Jeff：男，两者为夫妻关系
SBC029	26 分 59 秒	商务会话	家庭	Seth：男，安装、销售空调人员；Larry：男，顾客
SBC046	15 分 06 秒	医患会话	医院	Darren：男，病患；Reed：男，医生

SBCSAE 由加州大学圣芭芭拉分校语言学系杜波依斯（Du Bois）牵头创建，目前已完成 4 部分，共 60 组对话，约 24.9 万个字符，时长为 24 小时。该语料库所录语料主要为即时面对面会话（spontaneous face-to-face conversation），还包括电话会话、课堂讲座（classroom lecture）、布道（sermon）等。说话人来源于美国不同的职业、地区、社会阶层，并充分考虑了性别、年龄、教育背景等因素，能够代表当前美国日常会话的实际情况[①]。

为最大限度地发掘出英语中语用非流利的表现特征及交际功能，本书选取其中 10 组作为参照语料进行分析，会话类型涉及日常闲谈、商务会话、课堂会话、电话闲谈等，每组会话持续 13～28 分钟不等，时长共约 216 分钟，涉及说话人 24 名，包括两人对话、多人讨论等。去除时间、说话人、

---

① 有关 SBCSAE 的详细信息，请访问以下链接：http://www.linguistics.ucsb.edu/research/santa-barbara-corpus。

场景描述〔如笑声（laughter）、关门声、叹气〕等标识后，所选语料共
56 794 个字符。

2.3.2 中国英语学习者会话语料

中国英语学习者会话语料来源于南京两所高校和河南洛阳一所高校的
英语专业一年级和三年级本科生即时面对面会话与课堂讨论录音以及他们
同老师之间互动的电话录音。这些录音事先征得了相关老师和同学的同意。

为了尽可能地与美国英语本族语者语料中出现的会话类型接近，本书所
录制的中国英语学习者的会话活动类型有师生对话（邀请或请求老师参与学
生活动），同学间课堂讨论（讨论日常学习、校园活动等），英语角交谈（涉
及各种话题如回忆往事、谈论天气）等。为了与美国英语本族语者会话语料
具有最大限度的可比性，本书没有特意设计实验活动，所录制的会话均来源
于学生的正常生活及教学活动，力求发现中国语境下最真实的会话实践。

本书共收集 34 段对话，每段对话 3～20 分钟不等，总时长约 155 分
钟，共产出 17 041 个字符，涉及 78 名英语专业本科生，其中男生 19 名，
女生 59 名。详细情况请见表 2-2。

表 2-2　中国英语学习者会话语料

年级	参与人数（名）	会话数量（个）	会话时长	字符数（个）
一年级	46	21	78 分 47 秒	9169
三年级	32	13	75 分 32 秒	7872
总计	78	34	154 分 19 秒	17 041

另外，本书选取一年级第二学期的中国英语学习者作为低水平二语学
习者，三年级第二学期的中国英语学习者作为高水平二语学习者。虽然并
不能排除一年级的个别学习者的二语水平高于三年级的整体水平或个别三
年级学习者的二语水平低于一年级的总体水平的现象，但一般来说，三年
级学习者的二语水平普遍高于一年级学习者，这符合正常的教育结果。为
了更加确切地体现出两组学习者之间的水平差异，本书挑选的一年级学习
者的第一学期的口语成绩在各自班级中为中等，而三年级学习者的第一学
期的口语成绩在各自班级中为上等①。

---

① 需要说明的是，本书没对参与会话的中国英语学习者进行专门的口语测试，依据的是各组
第一学期的期末考试成绩。另外，由于参与者来自三所不同的学校，并没有统一的标准，可
能会对结果产生些许影响。

2.3.3　访谈语料

为了帮助判定语用非流利，研究者对上述参与会话语料录制的中国英语学习者一一进行了访谈，就所收集到的语料中出现的所有非流利现象进行提问。访谈内容主要包括诸如下列问题："你在这为什么停了一下/为什么用了 er、oh、en 等/为什么重复先前的话语？""你觉得你停顿了这一下是因为想不起来那个单词了吗？""你是为了找到更加合适的表达吗？""你是故意停顿的还是无意识的？""你觉得这换成其他的表达方式行不行？""你是不是因为他是老师才这样说？""这是你习惯性的 er、en 吗？"等。这些访谈也做了录音，作为研究者判断语用非流利的重要辅助语料。

需要说明的是，有 9 名参与者由于时间安排等各种原因未能参加面对面访谈。随后研究者以电子邮件的方式将转写好的会话文本发给这 9 名同学，请他们在标有非流利标记的地方说出这样使用的原因。虽然无法进一步了解他们产出非流利标记的确切原因，但结合其他参与者的访谈，研究者也可以做出相对真实的判断。

2.4　语用非流利的识别

与语言非流利一样，语用非流利也属于言语非流利的一种，但它着重强调非流利的语用特征。在详细考察中国英语学习者二语会话中各类语用非流利情况出现之前，我们有必要对语言非流利与语用非流利之间的关系做一简要讨论，以进一步明确本书语用非流利所涉及的范围，为随后的识别与标注提供相应依据。

2.4.1　语用非流利与语言非流利的关系

如前文所述，语言非流利是说话人为了产出正确的二语词汇或句法形式而出现的语流延迟或话语修正现象。从话语产出的角度看，大多数语言非流利现象都反映了言语计划压力，提示了言语产出遇到了困难，往往被认为是中国英语学习者语言水平欠佳的表现，是一种消极的语言现象。语言非流利可能出现在语言系统的各个层面，如语音、词汇、句法、语义等。

（2-4）He she is mm suffering surfing the net the net.

（陈立平和濮建忠，2007：60）

例（2-4）短短的一句话中就出现了填充语、重复和修正三种非流利标记，使整个句子出现了明显的语流延迟现象。suffering 和 surfing 在语义上相差甚远，表达不同的信息，联系后面的 the net 可以看出此处的修正应该不是词汇修正，而是纯粹的语音修正。此处的语音修正不属于口误，是标准的话语修正类非流利标记。另外，从 mm 和 the net the net 可以判定出本句的说话人英语水平应该不高。

(2-5) I think mm if you want to get succe successful career it mm whether you are gradu mm graduate student or not is not the most important thing.

（陈立平和濮建忠，2007：58）

语音修正或词汇修正还可以体现在相同的信息上面。在例（2-5）中，succc successful 和 gradu mm graduate 都属于语音修正或词内重复现象。这两个词为四级常用词汇，说话人出现类似的非流利现象，说明该学习者词汇掌握不牢固。

(2-6) But I think hel … people help each other will … who help each other will get more through that way.

（陈立平和濮建忠，2007：60）

例（2-6）出现了无声停顿和话语修正现象，属于句法修正。说话人要表达的完整英文是"But I think people who help each other will get more through that way."，但可能由于说话人的句法水平不高，一时无法提取出定语从句的正确用法，于是出现了两处无声停顿和两次话语修正，影响了整个话语的连贯性。

语用非流利是说话人在具有相关语用意识的前提下，为交际的顺利进行而产出的、具有一定交际功能的语流延迟或话语修正。语用非流利是语用努力的体现，是为了更恰当、合适地传递信息、表情达意而采用的策略。语用非流利是交际者有意为之，带有极强的目的性，通常会产生明显的语用效果。

(2-7) And all the sorrows mn … just just fly away … just gone with the wind, I think.

（陈立平和濮建忠，2007：59）

在例（2-7）中，说话人所要表达的意思十分明确"所有的悲伤都没有了"，just fly away 完全可以准确地表达出这层意思。但是，说话人随后将其替换为 just gone with the wind，"所有的悲伤都已随风而逝"，使说话人要传递的意思听起来更有诗情画意，更加形象、生动，让听话人体会到使用 just fly away 所没有的额外意味。gone with the wind 这一修辞表达恰当地传递出了说话人的情感、态度。

这里我们主要想探讨一下语言非流利和语用非流利的关系。两者都是语言使用过程中出现的话语非流利现象，它们具有完全相同的形式表征。也就是说，不管是语言非流利还是语用非流利，都是通过各种标记形式实现，包括停顿、打断、重复、重叠、删除、插入、替换等。因此，两者的差异并不体现在实现方式上。

语言非流利和语用非流利都有相应的信息功能。不同的是，语言非流利是为了信息内容的准确，而语用非流利是为了信息传递调节方式的恰当。

从产生原因的角度来看，语言非流利多是由语言困难引起的，它的出现有可能说明中国英语学习者的二语水平不高，但并不意味着这些现象就是消极的。恰恰相反，正是非流利的使用，使得说话人有了足够的时间可以理清思绪、提取出正确的语言形式，从而准确地传递相关信息、表达自己的思想。从这个角度来说，语言非流利也是一种交际策略，不过与语用非流利不同的是，语言非流利作为一种话语策略，并不是说话人主动的行为，而是在交际即时压力下被动的产出。

可见，语言非流利与语用非流利的一大不同点在于，前者是说话人被动的行为，而后者是说话人主动的产出。与语言非流利并非总是消极的相类似，语用非流利虽然是交际者有意识的产出，却并不一定说明它就一定是积极的。语用非流利也可能意味着说话人的语用水平不高，不具备相关知识或遇到了语用提取困难，说话人为了赢得时间、选择恰当的表达方法而使用了各种非流利标记。

从语言应用的功能角度来看，语言非流利的使用主要体现在拖延语流、赢得时间，使得说话人的话语表达正确、无误。语用非流利的使用除了具有上述两大功能外，还有话轮管理、人际关系调理等交际功能。语言非流利的使用只是为了话语表达的准确性，传递话语本身所具有的意义，而语用非流利的使用除了传递话语本身的意义之外，还暗含说话人的主观意图。

实际上，语言非流利与语用非流利的界限并不是那么清晰。两者你中有我，我中有你，相互渗透与相互影响，有时很难区分。尤其是对语用非流利而言，其中也有很多因语言表达提取困难而导致的语用问题。请看例（2-8）。

（2-8）【S48（Anny）是一名学生，想请老师 T2（Qiao）担任即将举行的英语演讲比赛的评委，下面是电话接通后两人的部分对话。】

  1 S48: (4.29)

  2 T2: Hello.

  3 S48: (1.4) Hello. (H) (3.28)

  4 T2: Who is calling?

  5 S48: (1.9) It's Anny, from Anny.

  6 T2: Oh, hello Anny, how are you doing Anny?

  7 S48: Er, oh, (3.12), er (…).

  8 T2: Hello, Anny, thank you for calling. So how can I help you?

  9 S48: (1.4) Er well I wonder if you could do me a favor?

  10 T2: (…) Yeah, sure. So what's it about?

（G3-2T-TS-2）

  在例（2-8）中，当 T2 用惯用表达 how are you doing 再次同 S48 打招呼时，S48 似乎不知所措，其话语中出现了一连串的非流利标记（第 7 行）。事后访谈得知，S48 并非不知道随后的回应最好是 I'm fine, thank you 之类。但 S48 由于一时紧张，根本就没有意识到这一点，"我一直在想，这个[请老师当裁判]，怎么跟老师说"。从这个角度看，第 9 行的填充停顿同第 7 行的停顿一起，说明 S48 遇到了话语表达提取困难：最终提取出来的请求套式 well I wonder if you could do me a favor 属于语言形式，此处的非流利现象可以归入语言非流利；但由于这一表达考虑了交际者的身份、权势（power，P）等语境因素，属于委婉的请求方式，此处的非流利现象更倾向于语用非流利。

  因此，我们并不对两者做非此即彼的界定，只是将考察的重点放在由语用因素产生的非流利上。也就是说，本书的语用非流利既包括完全由语用因素产生的非流利，也包括因考虑语用因素在提取（选择）语言形式时产出的非流利现象。

2.4.2　语用非流利的识别标准

  本书首次提出语用非流利这一概念，尝试以语用特征为主要标准，同时结合序列、音韵等特征，从会话的动态性特征的角度对其进行界定，并提出识别语用非流利的标准。下面，本书从语用特征、韵律特征和序列特征三方面阐述语用非流利的识别标准。

（1）语用特征。既然是语用非流利，具有一定的语用特征是最主要的识别标准。"语用"的含义是指话语的产出具有意图性，话语的理解依靠语境并受语用意识的调控。语用非流利至少有两个语用特征：交际者产出语用非流利之前具有相关语境认知以及语用意识，其产出的语用非流利标记具有一定的交际功能。

语境是语用学的核心概念，语用学就是研究话语在使用中的语境意义，或话语在特定语境条件下的交际意义，包括意义的产生与理解，也包括交际中语言形式或策略的恰当选择与使用。成功的交际离不开环境与情境等语境因素，以及一般的推理能力（冉永平，2006），而语用非流利既可以提示相关语境信息，也可以为推理提供依据。

（2-9）【Tammy 刚从某商店买过一件商品，现在她想再买一台新的卡式录音机，Brad 是销售员。以下是 Tammy 又一次来到商店后与 Brad 的对话。】

  1 Tammy: ... Well .. u=m,

  2   ... (TSK) ... I= .. wanted to say I'm really happy with the stuff= ... I got now,

  3   ... [@@]

  4 Brad: [Good].

  5   [2Good2].

  6 Tammy: [2(H) <X And I'm X>2] really basically I'm back for a tape deck.

  7 Brad: ... Oh ok[3ay3].

（SBC016）

Tammy 一进店就实施了一个恭维言语行为"我得说我对在咱这刚买的东西非常满意"，这让售货员 Brad 有点不明所以，重复使用两个 Good，并不是典型的恭维回应语。此处的重复是一种随意的附和，暗示不理解 Tammy 说话的意图是什么。显然，Tammy 通过 Brad 的这一非流利现象推断出对方想让她直接说出真实的意图，于是第 6 行 Tammy 说自己是想买一台卡式录音机。此时 Brad 才推断出 Tammy 恭维的目的是想从他那里了解并购买一台卡式录音机，而且还想跟他套近乎，也许想获得更便宜的价格，于是第 7 行，Brad 又使用了一个填充停顿 Oh 和一个拖腔 ok[3ay3]，告诉 Tammy 他明白了她的意思。从 Tammy 的视角看，她以填充语 well、u=m 开始对话，以引起店员注意。但她并没有一开始就表达出自己的意图，而是先表示了一下自己对刚才在该店买的东西的赞赏之意（虽然这个表扬显得有点言不由衷，因为她没有具体说明买的是什么，而且之后还有两声干笑），第 6 行才说出自己的真正目的。很明显，Tammy 非常清楚如何才能有效地达到自己的交际目的：通过赞扬对方的商品让对方意识到自己是该店的老顾客，而且对该店的商品十分满意，构建出一个积极的语境线索，暗示以下购物极有可能达成交易，使得店员会卖力地给自己做好介绍。可见，在交际过程中，当说话人用间接委婉的方式表达自己的意图时，通常会使用语用非流利标记，给对方提供相应的语境线索使之能够推理出说话人的语用意图①。

语用意识是语用非流利的前提。语用意识指交际者对语言使用的规则和交际意图的实现有着清晰、深刻的认识（卢加伟，2013b）。语言使用的规则既包括语言结构规则，也包括社交语境知识。当然，这种认识并不一定代表交际者就一定要具有某种语用知识，即使他没有这种知识，只要知道在某种情况下应该使用哪种知识就可以认为他具有相应的语用意识。

请看例（2-8）。该对话的一个显著特征就是 S48 的无声停顿特别多，时长也很长。这固然与电话交际本身的特点有关系，但通过访谈发现，与交际者自身也有很大关系。受试者说，她一开始就很紧张，一直在想该怎么说。"听了刚才的录音我才发现，老师问我 how are you doing 我居然没有回应。因为我脑子里一直在想，请别人做什么事英语该咋说，好像学过，但一紧张又忘了，所以……嘿嘿。"这是受试者对第 7 行的填充停顿 er、oh 以及 3.12 秒无声停顿所做的解释。因此，我们断定这是困难型语用非流利。交际者当时具有清晰的语用意识，知道此时应该选用英语中的请求表达法，她为此做出了语用努力，但结果并不理想。不过，在老师 T2 的提醒下，S48 在第 9 行产出了一句非常恰当的请求表达法。当然，这也可能是中国英语学习者为了产出完整的语言形式而出现的停顿现象，说明语用非流利和语言非流利在某些层面上可能会重合，详见上一小节的讨论。

我们注意到，在电话交际中，无声停顿非常普遍，尤其是在双方话语

---

① 由于无法对参与者进行直接访谈，本书只能邀请两位英语本族语者对语料中交际者的语用意识通过上下文语境进行推测，包括对语用非流利的判断也是通过此种方式。第 4 章将对此问题作进一步探讨。

转化时。大多数受试者都说这些停顿不是他们故意的，而是由于看不到对方的面部表情在确认对方是否完成话语。因此，对这些无声停顿要做专门处理。至于第 1 行的无声停顿，受试者给出的理由是她不确定对方是否接通了电话，因此，无法判定为非流利现象。在第 3 行中，S48 在应答完之后有了一个长达 3.28 秒的无声停顿。正常情况下，S48 应该说出自己打电话的目的。受试者随后说"我当时很紧张，怎么也想不起来说什么了"。可以看出，当时说话人处于心理紧张的状态中，3.28 秒的无声停顿不可能是其有意识的停顿，因此说话人不具有二语语用意识，那么无声停顿不能断定为语用非流利。

具有某种交际功能是判断语用非流利的主要标准之一。语用非流利的出现并不是单纯地调整后续话语，而是具有特定的意义，是为了语言之外的目的。它可以调整命题内容，也可以传达人际意义，还可以实施会话组织调整等。

（2-10）【说话人在讲述对自己影响最深的一位家庭成员，她在回忆有关母亲的往事。】

> … my mum, mm, did a business, but she failed in the business, she, mm, she lost a lot of money, and one day I saw her crying, but I don't know why because she didn't told me. And after several years later, about one or two, no about four years later, I know the truth.
>
> （COLSEC 010055）

说话人为了使自己表达的信息完整、准确，一再对所经历年限进行修正，从 several 到 one or two 再到 four，这不仅仅是对数字语言的修正，而是为了表达自己没有及早得知母亲情况的愧疚之情。

（2-11）【Jamie 正在和 Harold、Pete 等人谈论自己的女邻居。因为该邻居经常对孩子大喊大叫，所以 Jamie 对她非常反感。在之前的谈话中，Harold 觉得该邻居看起来比较胖，于是问她是不是怀孕了，这是之后发生的对话。】

1 Jamie:　　[She's] pregnant.
2　　　　　　She's totally pregnant.
3 Harold:　　Oh.
4 Jamie:　　(0.3) It's not (0.2) eating too much,

5	she's pregnant.
6 Harold:	So=,
7	I guess,
8	(1.2) I mean thi- this- thi- this just happened?
9	Or,
10 Jamie:	We're gonna have babies crying.
11	(0.5) [in the middle of the night].
12 Harold:	[(GROAN)]
13	(1.1) Well it's no worse than her screaming at em,
14	is it?
15 Pete:	(1.0) Yeah but now you'll have both.

（SBC002）

此段对话讲一步表明了对该邻居的反感。Jamie 一直在重复 she's pregnant，并且在第 11 行用 0.5 秒钟的停顿对第 10 行的信息进行了增补性修正，意在说明半夜孩子哭给他们带来的麻烦可能更大，这从 Harold 第 7、8、9 行的修正（I guess、I mean 以及 or）和重复（thi- this- thi- this just happened）以及第 13 行的话语中可以看出。另外，Harold 的 GROAN 以及随后的 1.1 秒的停顿都说明他们意识到了自己遇到了怎样的麻烦，第 15 行 Pete 的话一语中的。以上重复、修正、停顿等均为语用非流利，表达了说话人的厌恶、反感以及无可奈何等消极情绪。

语用非流利的另一大功能是实施会话组织调整，体现会话的互动性特征。如在例（2-9）中，Tammy 以非流利填充语 well、u=m 来引出整个会话，并组织第一个话轮，而 Brad 通过 Tammy 的语调意识到她的话语还未完结，于是用重复 Good 的方式将话语权自然地交还给 Tammy。

非流利现象出现在话语最后除了交接话轮的作用外，还可能含有自己表达遇到困难请求帮助之意，如例（2-12）。

（2-12）A: and number 12 is, uh, …
　　　　B: chair.
　　　　A: with the chair, right.

（Bortfeld et al.，2001：126）

本段简短的对话充分体现出了语用非流利的互动功能：当交际的一方遇到困难时，可以用停顿、填充语、重复等非流利标记来暗示另一方，要么帮助自己完成话语，要么将话轮权接过。一般情况下，当交际的另一方意识到这一点时，都会主动地帮助对方完成话语的组织。

如果非流利的出现只是为了纠正某个语言上的错误，如语音、词汇以及句法修正，则不是语用非流利。

（2-13）In my picture a boy have just received has just received a money order maybe from his parents from the countryside.

（陈立平和濮建忠，2007：60）

例（2-13）中说话人在完成了 have just received 之后意识到自己犯了语法错误，违背了谓语动词应与主语单数第三人称一致的句法规则，随后进行了修正，改为 has just received，此时的非流利自我修正为语言非流利，而非语用非流利。

（2）韵律特征。语用非流利是暂时性的语流中断，因此具有一定的韵律特征：必须标明自己的话语还未完结，或者等待完结。它的非流利标记既可以用升调表示，也可以用急速语调，甚至用极慢速语调或者拖腔来表示，但一般不用降调。如果非流利标记是以降调的形式出现的，那么它就可能不是语用非流利，说明说话人自动放弃了自己当前的话语。对语用非流利而言，任何语调的变化都含有说话人所要表达的特殊意义，如例（2-14）中第 8 行和第 10 行的两处拖腔就显示出 Alina 对 Cassandra 强烈的厌恶之情。

（2-14）【Alina 十分不喜欢某个阿姨的女儿 Cassandra，她同朋友 Lenore 的谈话中多次表现出了对 Cassandra 的厌恶之情。她提到有一次听说 Cassandra 又来自己家做客时的情景。】

1 Alina: .. (H) So the first thing, I get inside the house, and there's Cassandra,
2　　　　jumping up and down.
3　　　　Jump, jump, jump, jump, jump, jump, jump.
4　　　　<VOX And I grabbed her, and held her [down,
5 Lenore:　　　　　　　　　　　　　　[@@@]
6 Alina:　and I go],
7 Lenore: @@@@
8 Alina:　listen you little p=iss ass, .. this is my house,

9　　　　　and today you are not going to jump.

10　　　　　Today you're gonna act like a h=uman. You got that VOX>?

（SBC006）

（3）序列特征。从话语的序列结构看，语用非流利似乎可以出现在话语的任何位置。它可以出现在整个会话的起始处，也可以出现在某一话轮的起始、转换、结尾处，还可以出现在单条话语内部。当然，不同的位置可能具有不同的交际功能，详见第 6 章的分析。

需要说明的是，这三类识别标准之间也是相互影响的。对语用非流利而言，韵律特征和序列特征里也包含有一定的语用特征。韵律特征和序列特征可以看成是语用非流利的形式特征，语用特征是语用非流利的内在本质。鉴于本书首次考察语用非流利以及限于目前笔者的研究条件，我们只关注了语用非流利的语用特征，至于语用非流利的韵律特征和序列特征，有待于将来的研究做进一步探讨。

为了尽可能减少研究者主观判断带来的偏误，我们将 20 处识别结果发送给 3 位英语本族语者和 3 位二语语用领域的专家，请他们判断这些识别是否恰当。反馈结果显示，共有 16 处识别毫无异议，只有 4 处值得商榷，最后将最有争议的 1 处去掉，保留 19 处。这说明研究者的判断具有一定的合理性。

2.5　语用非流利的标注

语用非流利识别后，研究者分别对美国英语本族语者会话语料和中国英语学习者会话语料进行标注。标注分为对语用非流利标记的标注、语用非流利原因类别的标注以及语用非流利功能的标注（具体标注代码详见附录二）。标注符号置于非流利标记之后，放在尖括号<>内。首先标注语用非流利的形式标记，然后标注语用非流利的原因类别，最后标注语用非流利功能。当然，这三类标注并没有严格的顺序，几乎是同时进行的。

在对 SBCSAE 相关语料标注时，由于无法对语料中的参与者进行访谈，研究者请两位在南京某重点高校海外教育学院的英语本族语者依据自己的认知意识及语言经历判断是否为语用非流利。这两位英语本族语者从事汉语语言学习，具有相关的语用学知识，并很乐意参与本书的研究。研究者将自己的研究内容尤其是语用非流利的判定标准向两位英语本族语者做了详细介绍，以便他们能够准确、恰当地做出标记，出现两人不能确定或达成一致的非流利现象都被排除在外。

对中国英语学习者会话语料的标记主要依据语用非流利的判定标准，并参考对参与者的访谈所获得的语料进行。标注由笔者本人和四位研究生学生共同完成，出现五人无法达成一致的非流利现象都被排除在外。

2.5.1　对语用非流利标记的标注

本书语料中出现的语用非流利标记有无声停顿、填充停顿、笑声填充（laughter filler，LF）、重复、中断/打断（interruption，IR）、修正等。需要说明的是，我们并未对所有的非流利标记都做标注，只标注语用类型的非流利标记，即语用非流利标记。因此，后文所讨论的各种非流利标记，如无特殊说明，均为语用非流利标记，不再一一表述为语用无声停顿、语用填充停顿、语用笑声填充、语用重复、语用中断/打断、语用修正等[①]。

从语料中发现，虽然同为停顿现象，但无声停顿和填充停顿具有不同的交际功能，因此，我们分开标注。对于无声停顿，考虑到中国英语学习者的语流均较为缓慢，本书将话轮内分句或句间停顿的时长限定为 0.3 秒（即 300 毫秒），话轮间停顿的时长限定为 2 秒。超过此限定时长即为本书所关注的非流利停顿。同时，我们将话轮内 0.3～1 秒的停顿称为非流利无声小停顿，以"（…）"标示；超过 1 秒的称为非流利无声大停顿，并标出具体时长，如"（3.12）"。因为，我们发现，超过 1 秒后，成为语用非流利的可能性远远大于 1 秒之内的无声停顿。因此，我们主要关注停顿时长在 0.3～1 秒的无声小停顿和长于 1 秒的无声大停顿，但标注时均标记为非流利无声停顿。对于填充停顿，也有两种情况：单纯的形式填充（如 er、oh、en、ahn 等）和具有特定意义的话语填充（如 I mean、you know 等），标注时分别标出。然后依据语用非流利的判定标准、上下文语境及访谈语料确定该停顿是否为语用非流利停顿。

请看例（2-15），第 1 行 S48 的 4.29 秒无声停顿并不能标注为语用非流利停顿，因为参与者事后访谈时告诉我们"我不知道老师的电话有没有接通，所以……"；第 3 行 hello 之后的 3.28 秒无声停顿则标注为语用非流利停顿，因为正常情况下，S48 应该向对方说自己是谁，而此处 S48 却沉默不语，"因为我一直在想，这个，怎么跟老师说"，出现了语用困难。第 3 行 1.4 秒的无声停顿以及第 5 行 1.9 秒、第 9 行 1.4 秒的无声停顿为电话交际的正常间隔，不能标注为语用非流利停顿。

---

① 因无论是信息非流利、语言非流利还是语用非流利，其标记暨表现形式都是一样的。因此，本书不宜在其前面贴上语用非流利的标签，故作此说明。

（2-15）【S48（Anny）是一名学生，想请老师 T2（Qiao）担任即将举行的英语演讲比赛的评委，下面是电话接通后两人的部分对话。】[①]

    1 S48: (4.29)

    2 T2: Hello.

    3 S48: (1.4) Hello. (H) (3.28) <UFP>

    4 T2: Who is calling?

    5 S48: (1.9) It's Anny, from Anny.

    6 T2: Oh, hello Anny, how are you doing Anny?

    7 S48: Er, oh, (3.12), er (…) <FP1/UFP/FP1/UFP>

    8 T2: Hello, Anny, thank you for calling. So how can I help you?

    9 S48: (1.4) Er well I wonder if you could do me a favor?

    10 T2: (...) Yeah, sure. So what's it about?

（G3-2T-TS-2）

在一个话轮之后的无声停顿是标注给当前说话人还是下一说话人，要看最后的话语句法结构是否完整以及交际双方话语行为的主动、被动关系。如在例（2-15）中，不管是从打电话还是从实施请求行为的角度来说，电话接通后都应该是 S48 先开启话轮，因此，我们将（4.29）标注给 S48。再如例（2-16）第 6 行中（1.11），很明显，S65 的话语没有完结，因此后面的无声停顿应该标注给她；第 10 行中（2.51）则是因为 S64 提出了一个问题，将话轮权抛给了 S65，故将无声停顿标注给 S65。

（2-16）【S65 获得了英语演讲比赛的冠军，S64 是她的同班同学，前来恭贺并向她请教练习英语口语的方法。】

    1 S64: Congratulations! (…) You won a prize again! I'm so proud of you.

    2 S65: Thank you:.

    3 S64: (…) But actually I'm a little sad.

    4 S65: (…) Why?

    5 S64: @@ <LF><SPD><IP3>

[①] 此例句需做一点说明：由于 Anny 要实施请求言语行为并且是主动打电话一方，因此电话接通后她应首先打招呼并说出自己是谁，故本书做如此转写。还有另外一种情况，就是电话接通后，Qiao 先打招呼并自报家门。但无论哪种情况，例（2-8）中第 1 行 4.29 秒的无声停顿都不是语用非流利停顿。

6 S65: You sad about what? <u>About my (1.11)?</u> <UFP>

7 S64: No, no, no, <RT> (…) because you know <FP2>

8　　my oral English is always poor. I'm so worried about it. I want to improve it,

9　　but (…) I don't know how (…) yeah (…) How do you study English so well?

10 S65: <u>(2.51)</u> <UFP>Can I say it's a gift? <u>@@@</u> <LF><SPD><IP3>

（G3-2F-SS-4）

需要注意的是，如果有两个或两个以上相同的非流利标记相邻，如例（2-15）第 7 行中 er 和 oh 同为填充停顿，且相连，我们只做一次标注。oh 和第 2 个 er 之间有 3.12 秒的无声停顿阻隔，因此，第 2 个 er 单独标注。同样地，3.12 秒的无声大停顿和无声小停顿之间被填充停顿 er 隔开，故分开标注。

另外，有时两种或多种非流利标记同时出现在一处，表达相同的功能，我们根据上下文及语义关系只标注其中一种核心标记。如例（2-17）第 4 行出现了无声停顿和填充停顿两种非流利标记，但通过录音发现，en 的音节时长非常短促，紧跟着 you just，因此我们只标注 1.356 秒为无声停顿，en 就不做标注。又如该例第 5 行出现了填充停顿和重复两种非流利标记，well 只是引出重复的形式手段，此种情况属于填充性重复（Hieke，1981），因此我们将这两者标注为重复。

（2-17）【Lynne 是一名学生，专业是动物学，当被问及今天为何没去练习钉马掌时，她做出如下回答。】

1 Lynne: [2(H) We're not2] gonna do the feet today, I'm gonna wait till like,

2　　early in the morning=,　.. to do those,

3　　cause you- -- I mean you get s=o ti=red.

4　　(H) <u>(1.356)</u> <UFP> n- you just, <u>(1.63)</u> <UFP>,

5　　<u>it takes % -- well, it takes</u> <RT> me longer than most people,

6　　cause you know, I'm not as stro=ng and, (H)

7　　(...) and I'm not as good, as like somebody that would do it (...) all the ti=me.

（SBC001）

2.5.2 对语用非流利原因类别的标注

语用非流利按原因可分为策略型语用非流利和困难型语用非流利两大类。此处对这两类语用非流利的标注主要依据访谈语料。如果受试者说出诸如"我这儿之所以停顿,是因为,我觉得用 well 缓和一下,换个更轻松的话题"则标注为策略型语用非流利,而"这个地方(用 er)是我在想×××该如何表达,但怎么也想不起来"则标注为困难型语用非流利。是困难型语用非流利还是策略型语用非流利,一看受试者自己的感觉,是有意识的还是无意识的。如果是有意识的,则为策略型语用非流利;如果是无意识的,多为困难型语用非流利。二看这些非流利标记的前后话语。如果非流利标记后出现了恰当表达,且中间停顿时长超过 300 毫秒,则为策略型语用非流利;如果非流利标记后没有出现恰当表达或出现的表达不合适,或改变了话题,则为困难型语用非流利。

在例(2-8)第 7 行中,S48 并没有对 T2 的问候做出回应,而是一连使用了三个填充停顿和两个无声停顿。受试者随后说:"我当时只想着如何向老师开口,想着怎么开口比较合适。"如果在 T2 回应前,S48 能够产出合适话语,此句中的停顿非流利应为策略型语用非流利。但 S48 并没有产出合适话语,且停顿时间超过了会话对方的容忍度,因此,第 7 行的停顿现象均为困难型语用非流利。第 9 行的 er 和 well 同为填充停顿,这两个词应是第 7 行 S48 所做语用努力的延续,但其后 S48 产出了一个非常恰当的请求表达"I wonder if you could do me a favor?",因此应标注为一个策略型语用非流利。

2.5.3 对语用非流利功能的标注

在大部分情况下,日常会话中的非流利标记可能主要实施一种交际功能,此种情况我们进行单重标注,如例(2-18)第 4 行的话语填充词 we=ll 就起到了会话组织调整的功能。

(2-18)【Darren 后背受伤,此前曾在 Reed 医生这里看过,今天来复诊。以下是 Darren 开门进入诊所后两人的对话。】

  >ENV: ... ((DOOR_OPENING))

  1 Reed: ... Hey man.

  2 Darren: Hey.

  3 Reed: ... Good to see you, @@

→4   (1.039) ... we=ll, <FP><SPD><CM3>

5   ... I see you went ahead with your plans to do a little skiing there?

6 Darren: .. I did. @@

（SBC046）

作为医生，Reed 和病人 Darren 相互打过招呼后，使用 well 引起对方注意，暗示自己还要继续话轮，并在第 5 行提出了新的话题。well 此处实施的为典型的会话组织调整功能，一方面使自己的话轮得以延续，另一方面又可以让自己顺利掌控谈话话题。

非流利标记的交际功能还可以体现在人际意义层面上，起到强调，表达态度、情感以及体现交际双方的互动理解等作用，如例（2-19）。

（2-19）【Alina 十分不喜欢某个阿姨的女儿 Cassandra，她同朋友 Lenore 的谈话中多次表现出了对 Cassandra 的厌恶之情。她提到有一次听说 Cassandra 又来自己家做客时的情景。】

1 Alina: .. (H) So the first thing, I get inside the house, and there's Cassandra,

2   jumping up and down.

→3 Jump, jump, jump, jump, jump, jump, jump. <RT><SPD><IP1>

4   <VOX And I grabbed her, and held her [down,

5 Lenore: [@@@]

6 Alina: and I go.]

7 Lenore: @@@@

8 Alina: listen you little p=iss ass, .. this is my house,

9   and today you are not going to jump.

10   Today you're gonna act like a h=uman. You got that VOX>?

（SBC006）

Alina 听说 Cassandra 又来自己家做客了，赶紧跑回家，就看到 Cassandra 在里面上蹦下跳，在第 3 行，她重复使用了 7 个 jump（跳）来表达自己的厌恶、愤怒之情，这从第 4、6、8～10 行可以得到验证。因此，此处的 7 个 jump 为语用非流利重复，体现了表达说话人情感的人际功能。

在例（2-20）中，当被问及今天打算干什么的时候，Lynne 似乎还没有什么安排，只说出去走走，随后以填充词 um 保持自己的话轮，表示自己正在想要做点什么，话语表达遇到了困难。此时 Lenore 在第 4 行对 Lynne 的话语进行了打断，并提出了自己的猜测"去看看小马驹？"，同时填补了 Lynne 的话语空白，使得 Just go out and look at the filly 构成一个完整表达。这一打断看似不礼貌，实际上却体现了交际中参与者之间的互动理解。

（2-20）【Lynne 告诉 Lenore 她今天不会去练习钉马掌了，Lenore 随后问她今天打算干什么，Lynne 似乎还没有什么安排。以下是两人的对话。】

    1 Lenore: ... So what--..what were you gonna do out there today.
    2   What other--..what other things <X were you X> gonna--
    3 Lynne: ... (H) Just go out and um, ...
  → 4 Lenore: ... Look at the filly? <INS><SPD><IP2>
    5 Lynne: ... (H) Yeah=. .. (H).. I think more or less (Hx), it's getting
             about, .. so late now.

（SBC001）

需要说明的是，非流利标记与交际功能并不是一一对应的关系。有时，同一种非流利标记在不同的语境中具有不同的交际功能，而不同的非流利标记可以实施相同的交际功能。此时，我们只进行一次标注。如例（2-21）中的无声停顿和修正均实施了恰当表达命题内容的交际功能，例（2-22）第 5 行中无声停顿、填充停顿和笑声填充三者则共同实施了缓和面子威胁的人际功能。

（2-21）【Lynne 是一名学生，专业是动物学。她正在同客人 Lenore 谈论有关上课学钉马掌的情况。】

    1 Lenore: ... So you don't need to go ... borrow equipment from
             anybody to--
    2   (4.098) to do the feet?
    3   (1.054) [Do the hooves] <UFP/REP><SPD><CIP2>?
    4 Lynne: [(H)=] <YWN Well, we're gonna have to find
    5   somewhere to get, (Hx) ... something (Hx) YWN>.

（SBC001）

也许动物学中钉马掌的表达比较生僻，Lenore 花了 4.098 秒的时间才想起来用 do the feet 来表达。此处的无声停顿不能界定为语用非流利停顿，因为很明显，这是 Lenore 利用这段时间来找出"钉马掌"这一词汇的正确表达，这从随后她所做的修正 do the hooves 可以看得出来。随后 1.054 秒的无声停顿可能是 Lenore 认为 do the feet 不是专业表达，只是她在 4.098 秒的尴尬停顿后不得已产出的，紧接着用 1.054 秒的停顿作为延时策略，继续寻找"钉马掌"的恰当说法，随后的 do the hooves 修正了之前的说法。因此，1.054 秒为语用非流利停顿，其功能是为说话人赢得时间，恰当表达随后的命题内容。之后的修正也是语用非流利，其功能是对之前话语做出调整，以便更恰当、准确地传达信息。

（2-22）【Jamie 夫妇和朋友 Miles 饭后闲聊，Miles 谈到他正在学习伦巴达舞，一种贴身热舞，Jamie 觉得很有意思，也想去学，并想和 Miles 成为舞伴。】

    1 Jamie: Do you need a partner?

    2 Miles: ... To go there?

    3 Jamie: .. Yeah.

    4 Miles: .. No.

    5   ... Besides, you ... @ @I @mean if you're a guy, <UFP/LF/FP><SPD><IP3>

    6   .. If -- .. If you're a woman, <RT><SPD><CIP3/IP3>

    7   I mean, <FP><SPD><IP3> those guys'll be all over you.

    8   ... [<X I swear it X>].

（SBC002）

Miles 和 Jamie 夫妇是无话不谈的好朋友，三人之前谈到了伦巴达舞，这是一种源于巴西的拉丁舞，要求两个人紧贴对方，并且不停地同步转动他们的臀部。因此，当 Jamie 要求要和 Miles 成为舞伴一起学习伦巴达舞的时候，他大感尴尬，直接拒绝，随后又试图给出拒绝理由，他本来想说你是个女的，去了不合适，但这样直言又觉得损害了对方的面子，于是便用无声停顿和笑声掩饰来缓和对对方的面子威胁，并用开玩笑的语气说如果 Jamie 是个男的话，可能会带她去。但 Miles 似乎仍觉得不好意思，于是做了第三次修正，用略带恭维的语气说如果是女的去的话，很多男孩可能就会围着你转了。这看似在恭维 Jamie，其实仍然是一种非常委婉的拒绝，因为 Jamie 已经结婚了，而且她的丈夫就在隔壁房间，Jamie 去这种场合显然不合适。此段对话是典型的拒绝言语行为，说话人 Miles 先是直接拒绝，然后一再使用各种语用非流利标记来缓和对听话人 Jamie 的面子伤害。

2.6　数据收集与分析

本书的数据来源主要为两大部分：SBCSAE 和自行录制对等中国英语学习者会话语料。SBCSAE 既有声音文件，也有相应的文本，并已按照会话转写原则①做了相应的标注，因此，研究者只需依照语用非流利的判断标准与流程对该语料进行语用非流利标注。

中国英语学习者会话语料为自行录制，既涉及语音材料的转写，还要对转写文本进行语用非流利标注。研究者使用了语音分析软件 Praat②对所录语音语料进行转写，主要是确定停顿时间、打断位置以及使用非流利时的语音特征。

通过录音收集好语料后，研究者首先邀请河南某大学英语专业的四位研究生对录音材料进行了转写。转写前，研究者对他们进行了会话转写的相关培训，并告知他们研究目的，请他们对语料中间出现的停顿、重复、打断等非流利现象做简单标注。随后研究者对语音和转写材料进行了重新核对，并向四位研究生详细讲解了语用非流利的判定标准与流程，请他们两人一组，结合访谈语料，对 SBCSAE 和中国英语学习者会话语料中的语用非流利类别进行辨识与标注。要求他们尽量达成一致，争议较大的语料做出标记。最后，研究者本人对这两类语料也进行标注，尽量解决四位研究生标记出的有争议的语料，其中有六处无法断定的非流利现象未收入统计数据。

我们首先对收集到的数据进行分类，主要考察言语非流利，信息非流利暂不考察。我们将言语非流利区分为语言非流利和语用非流利两大类。语言非流利是参照语料，只做一级标注；语用非流利是研究语料。我们依据一定的标准对语用非流利进行识别与判定，然后分别对语用非流利标记、语用非流利类别和语用非流利功能进行标注。

语料标注完成后，研究者利用 AntConc 3.2.2 中的 Concordance 功能，按照附录二语料标注代码说明依次提取两个会话语料库中语用非流利标记

---

① 为了与英语本族语者相对比，本书的转录符号主要采用了 SBCSAE 的转录规则，具体可见 Ariel（2008）。

② 该软件既可以当做语音播放程序，也可以选取一段对话进行详细听解，得出具体停顿时长，还能对所选语音进行语调分析，十分符合本书的要求。

的出现频次、语用非流利类别的出现频次以及不同交际功能的使用频次，并将结果录入 SPSS17.0 中，以便制作相关图表直观展示数据情况，分析中国英语学习者与美国英语本族语者在语用非流利使用上的差异。

这里需要对两组数据的对比方式做一说明。因为本书语料来源于日常真实会话，所发现的语用非流利现象虽然具有较高的交际真实性，但这种现象在二语学习者的日常言谈中出现的频次相对较低。因此，为了便于统计分析，我们先依据统计非流利频数的传统做法，计算每 100 个词中出现的非流利标记（Oviatt，1995；Bortfeld et al.，2001；马冬梅，2012）；然后按照语料库语言学的方法，乘以 100 得出每万字中语用非流利标记的个数，即为标准频次。在组内（中国英语学习者内部和美国英语本族语者内部）对比不同语用非流利标记的使用差异时，本书采用了原始频次的百分比计算方法。

由于所得数据均为定类变量，故本书使用了 SPSS 的卡方检验功能。本书的卡方检验分两种情况：SPSS 描述统计中列联表菜单下的卡方检验和非参数检验菜单下的卡方检验。前者主要用于检验中国英语学习者和美国英语本族语者在语用非流利总体（包括各分类的具体频数）与各类语用非流利总体（包括各子类的具体频数）使用特征的差异；后者用于检验两组使用者在某一个具体类别上的差异。由于两组分处不同的样本，且所在样本大小不一，本书使用原始频次转换的各小类总体频次中所占百分比频率进行对比分析。另外，为了行文方便，我们并没有将卡方检验的结果以表格的形式呈现，而是采用了文字描述的方式。

2.7　本　章　小　结

在区分信息非流利、语言非流利和语用非流利的基础上，本章重点介绍了语用非流利的界定与分类、识别与标注，以及数据收集与分析。

本章首先提出了语用非流利的概念。它是交际者为了达到特定的交际目的或出于语用因素（如礼貌、面子等）而产出的非流利现象，是为了更恰当、合适地表达自己而采用的策略。根据语流延迟对话语序列的影响程度，语用非流利可以分为纯语流延迟和话语修正两大类。如果非流利的出现只是影响了已发话语正常出现的时间而不涉及该话语句法结构的变化，则这些非流利属于纯语流延迟类；如果非流利的出现改变了说话人已发话语的句法结构，则属于话语修正类。从非流利的产生原因上，语用非流利可以分为困难型语用非流利和策略型语用非流利。

然后介绍了本书语料来源。本书的语料包括两部分：美国英语本族语者会话语料和中国英语学习者会话语料。前者为参照语料，来源于SBCSAE；后者为研究语料，来源于南京两所高校和河南洛阳一所高校的英语专业一年级和三年级本科生即时面对面会话与课堂讨论录音以及他们同老师之间互动的电话录音。为了帮助判定语用非流利，研究者对上述参与会话语料录制的中国英语学习者一一进行了访谈，就所收集到的语料中出现的所有非流利现象进行提问。

接着从语用特征、韵律特征和序列特征三方面阐述了语用非流利的识别标准。语用非流利至少包括两个语用特征：①具有相关语境知识以及语用意识；②具有特定的交际功能。语用非流利是暂时性的语流中断，因此具有一定的韵律特征：它必须标明自己的话语还未完结，或者等待完结。从话语的序列结构看，语用非流利似乎可以出现在话语的任何位置。它可以出现在整个会话的起始处，出现在某一话轮的起始、转换、结尾处，还可以出现在单条话语内部，不同的位置可能具有不同的交际功能。

语用非流利的标注分为对语用非流利标记的标注、语用非流利类别的标注以及语用非流利功能的标注。对中国英语学习者会话语料的标注主要依据语用非流利的判定标准，参考对参与者的访谈所获得的语料。标注由研究者本人和四位研究生同学共同完成，出现五人无法达成一致的非流利现象都被排除在外。

最后介绍了数据收集与分析的相关情况。语料标注完成后，研究者利用AntConc 3.2.2 中的 Concordance 功能，按附录二中的语料标注代码依次提取两个会话语料库中语用非流利标记的出现频次、语用非流利类别的出现频次以及不同交际功能的使用频次，并将结果录入 SPSS17.0 中，以便制作相关图表和分析中国英语学习者与美国英语本族语者在语用非流利使用上的差异。

第3章 话语语用学：基本主张与分析方法

本章主要介绍语用学研究的话语范式：话语语用学。首先简要介绍语用学研究的话语转向；接着阐述话语语用学的基本主张，包括话语语用学的意义观与语境观；然后介绍话语语用学的分析方法——会话分析；最后给出话语语用学研究范式下语用非流利的分析框架。

3.1 话语语用学的基本主张

在详细介绍话语语用学之前，有一点需要说明。那就是，话语语用学不是语用学的一个分支，也不是一个单一的语用学理论，而是语用学研究的话语范式（discursive approach to pragmatics）。

3.1.1 语用学研究的话语转向

卡斯珀（Kasper，2006：284）在《互动中的言语行为：话语语用学趋势》（"Speech acts in interaction: Towards discursive pragmatics"）一文中明确提出了话语语用学[①]的概念，即"言语行为语用学研究的话语范式"（discursive approach to speech act pragmatics），强调在说话人和听话人的话语互动中考察意义的生成与理解。它产生于对经典言语行为研究的批判中，尤其是中介语语用学有关言语行为习得的研究中。言语行为一直是语用学研究的核心焦点，也是中介语语用学领域考察最多的话题之一，涉及语用学理论观点和研究方法的方方面面。在最初的研究中，研究者通过考察二语学习者某个言语行为中的语义程式（semantic formulas）来分析其语用能力的习得情况，随后研究者开始关注言语行为的序列组织，并强调非话语行为和听话人的作用（Gass & Houck，1999）。他们逐渐意识到，不能孤

---

① 这与《话语语用学》（*Discursive Pragmatics*）（Zienkowski et al.，2011）一书在表述上虽然一样，但又有着本质不同。后者是"语篇的语用研究平台"（platform for the pragmatic study of discourse），关注独白/书面语篇中体现的篇章修辞等。虽然后者也具有互动性特征，但交际的另一方（听话人或读者）处于隐藏或开放状态，交际双方并没有同时出现，互动出现了延迟；在卡斯珀（Kasper，2006）以及本书所说的话语语用学中，交际双方的互动是即时的，并且更多关注口语会话。

立地考察某个语义程式，而应该将它们出现的语境考虑在内，分析互动中的言语行为（speech acts in interaction）。

卡斯珀话语语用学研究范式的思想来源于话语社会学（Bilmes，1986）、话语心理学（Edwards，1997；Edwards & Potter，1992）、共建理论（theory of co-construction）（Jacoby & Ochs，1995）以及共构理论（co-constituting theory）（Arundale，1999，2005）。这些观点都认为"意义和行动不仅是在社交互动中形成的，而且是通过社交互动构建的"（Kasper，2006：284）；语言形式的意义不是一成不变的，研究者应该关注互动中的意义（meaning in interaction）。

3.1.2　话语语用学的"行动"主张

在上述思想的影响下，卡斯珀（Kasper，2006）围绕言语行为研究中的行动（action）、意义（meaning）和语境（context）三个核心概念，回顾了相关研究，并在此基础上阐述了话语语用学的基本思想。

许多研究将言语行为概念化为理性行动（rational action）。理性（rationality）被认为是一种具有目标导向的手段-目的关系（Bilmes，1986）。理性行为者为了满足自己的目的而选择相应的手段，这些手段可以让该行为者以最小的付出获得最有利的交际效果。在这种观点的影响下，社会行动就被看成是一种理性选择的过程。理性行动模式源于支撑社会学和经济学的实用主义哲学，其中最出名的当属马克斯·韦伯（Max Weber）的理论。他认为，社会行动理论主要关注个体行为者的动机与意图，因为它们是行动产生的本质原因（Weber，1968）。

上述理性行动思想直接体现在了两大语用学理论上：赛尔（Searle，1969）的言语行为理论、布朗和莱文森（Brown & Levinson，1987）的礼貌理论。在赛尔的言语行为理论中，施事行为（illocutionary act）就是说话人通过语言手段实现其意图的行为。听话人只要理解了话语传递的意图就理解了话语。言语行为的实施被理论化为一种手段-目的关系，说话人通过语言表达的手段传达命题意图和言外之意。

至于布朗和莱文森礼貌理论的理性基础，卡斯珀（Kasper，2006）认为，他们与韦伯一样使用了一个典型人（model person），同乔姆斯基的理想化本族语者相似，是理想化的语用行动者。该典型人天生就具有理性和面子。所谓理性，指该典型人拥有一套精确的目的-手段的推理模式，即可以根据交际意图选择相应的语言手段。为了在保全面子的同时实施面子威胁行为（face-threatening act，FTA）的目的，该典型人能够从一系列的策略中选择合适的手段。不仅如此，该典型人还能够估量不同的话语方式，从中选择最能满足交际意图的手段。例如在评估面子威胁时，该行为者会根据权势、距离（distance，D）以及强加程度（ranking of imposition，R）等语境因素来估量它们在面子威胁中的权重，并选择相应的礼貌策略。

卡斯珀（Kasper，2006）承认这种将社会行为解释为行动者意图和动机的理论是在历史的长河中形成的，是顺应社会科学实践的产物，具有相应的理论地位。但她指出了理性分析法的一个问题：理性分析法似乎将意图和话语手段简单连接，有时候，理解某种言语行为或获得说话人的意图仅靠某种话语表达并不一定能够成功。她认为，应从活动或整个会话的层次来实施和理解言语行为。随后，她用比尔姆斯（Bilmes，1986）的话引出了言语行为研究的理性范式与话语范式的区别。

广义上讲，言语行为语用学解释的是话语是如何根据其意义而得到回应的；会话分析解释的则是话语意义是如何通过回应获得的。

（Bilmes，1986：132）[①]

也就是说，经典言语行为理论关注的是话语意义本身，无论是说话人还是听话人，都应该根据话语意义来生成和理解交际意图，因为意图与话语是目的与手段的关系。说话人在产出某个话语时其意义已经明确，听话人应根据此话语意义做出回应。话语范式的言语行为研究关注的则是会话活动本身，说话人的话语意义只有在得到听话人的回应后才能够确定。请看例（3-1）。

（3-1）【Shelly 取消了和 Debbie 等人一起旅行的计划。】

　　1 Debbie: =I do' know, jus don't blow off your girlfriends for guy:s, Shel.

　　2 Shelly: De:b. I'm not. h[ow man-] e- when have i. =beside ya-

　　3 Debbie:　　　　　　　[o ka:y　]

（Koshik，2003：52）

如果仅从语言形式上来看，第 1 行可能是一个直接请求策略，其意图

[①] 此段话为原文翻译，"言语行为语用学"在这里指的是经典言语行为理论，即言语行为研究的理性范式；"会话分析"指的是言语行为研究的话语范式，即用会话分析的方法研究言语行为。

是让 Shelly 不要因为和他们一块出去玩而冷落了她的闺蜜们。另外，这句话还有可能传递警告、建议或抱怨等意图。此时，言语行为研究的理性范式就遇到了解释困难。其实，我们通过第 2 行 Shelly 的回应"我没有……我什么时候……"就可以发现，第一句话对 Shelly 来说，根本就没有任何歧义可言：Debbie 是在指责 Shelly "想跟大家一块出去玩而冷落了她的闺蜜们"。也就是说，对第 1 行话语意义的理解可以通过其后的回应获得。

卡斯珀（Kasper，2006）由此认为，在分析互动中的言语行为时不需要再涉及动机、意图或其他心理事件，而应密切关注：①某一行动在序列结构中的位置；②包含该行动的话轮与其最接近的前后话轮是如何构成的。

3.1.3　话语语用学的意义观

语用学通常被界定为是研究特定意义的，如"说话人意义""语境意义""使用中的意义""语境中的意义"等（Kasper，2006：294）。比尔姆斯总结了意义研究的四种范式，分别是说话人意图、规约、使用和回应，前两种合在一起即为人们通常所理解的意义。

> 意图理论认为，话语是表达说话人意图，即说话人真实意义的工具。在规约理论看来，词语的意义是由规约所定的。在使用理论中，某个表达的意义要看它是用在何种语境下、如何被使用的。回应范式……认为，某个表达的意义在于它所引起的回应。将意义的意图范式和规约范式合在一起即为意义的常识观。
>
> （Bilmes，1986：108）

意图＋规约模式与经典言语行为研究非常一致，它们都认为交际者要先有意图，然后再通过语言手段来表达出自己的意图。实际上，"跨文化言语行为实现项目"（Cross-cultural Speech Act Realization Project，CCSARP，Blum-Kulka et al.，1989）提出的言语行为实现策略这一概念表明，说话人先决定实施何种言语行为，然后再配备相应表达资源或实现策略。具体来说，说话人首先决定他们意图传达的言外之意、命题内容和礼貌，然后通过选择恰当的"规约手段"和"规约形式"来"实现"上述语用意图（Kasper，2006：296）。

无论是意图＋规约模式还是经典言语行为研究对意义的理解，都存在类似的问题：仅看话语本身的意义有时无法获得真正的说话人意图。意义的话语范式即意义的回应范式，将意义看成是在言谈序列组织中参与者表现出来的相互理解。也就是说，第二位说话人通过其回应来显示他是如何理解第一位说话人话轮中的行为的；第二位说话人的话轮又为第一位说话人提供了认可或修正对方理解的机会。这样，意义不仅是"社会性的"（而非个体的或简单地合作共建而成的），而且还达到了可说明的主体间性（Kasper，2006）。也就是说，话语的意义不是预先存在的意图，也不是由规约所决定的，而是通过对方的回应获得的。请看例（3-2）。

在例（3-2）中，John 不小心把啤酒洒到了桌子上，于是说了句"不知道吧台后面有没有抹布"。对于这句话，理性主义的言语行为分析范式（包括意义的规约观与意图观）可能有不同的理解：一是正如第 5～6 行 John 所解释的那样，他只是自言自语，可能自己去找酒保要；二是 John 对两位朋友的请求，意使他们帮自己去拿抹布，而当他看到 Nicole 接受了他的请求言语行为，他在第 4～6 行否认了对 Nicole 的请求，因为他觉得在酒吧里对女士提出这样的请求不合适；三是 John 的请求意图就是针对 Nicole 的，不过后来思虑再三觉得不合适，于是否认了自己的请求行为。也就是说，如果仅就话语意义来看，第 1 行的言语行为具有歧义。卡斯珀认为，经典言语行为理论将言语行为的歧义性看成其内在的特征（也正是因为这个特征，很多间接言语行为在政治语篇中都极具说服力）。

（3-2）【Nicole、John 和 Ray 正在酒吧里喝酒，John 把啤酒洒到了桌子上。】

1 John:　I wonder if there is a towel behind the bar.

2 Nicole:　(goes over to the bar and grabs a towel):

3　　　Here you go.

4 John:　Oh thanks! I wasn't actually asking you to get a towel for me.

5　　　I was just thinking aloud about whether there might be a towel

6　　　that I could get from the bartender. But thanks.

（Gibbs，1999：61）

从意义的话语范式或回应范式来看，我们主要关注第 1 行 John 的言语行动之后 Nicole 是如何回应的，就可以获得第 1 行的话语意义。通过第 2 行 Nicole 的非话语行为（走到吧台抓起一块抹布）和第 3 行的话语行为"给你"，我们知道第 1 行的意义应该是一种请求，这是 Nicole 在当前语境下对 John 话语的理解并作出了回应。她的回应又为第 4 行的行为提供了新的语境。在第 4 行中，也就是第 3 个话轮中，John 对 Nicole 的行为表示了感谢，似乎是在认可后者对第 1 行话语意义的理解。但语气词 oh 的使用表示的是一种意想不到的意思，说明后者的理解不太确切。第 4、5 行是会话分析学家所说的"第三人称修补"（third person repair）策略，这是一种互动策略，说话人可以对"误解"进行修正。可见，第 1 行的话语意义并不是预先存在的（即使 John 的自我修正意义是他的本来意图，但没有被 Nicole 捕捉到，那层意义也就体现不出来），而是在 John 和 Nicole 的互动中产生的。

在经典言语行为研究中，意义的规约观被具体化为语义程式概念，或言语行为实现策略（如 Blum-Kulka 等人的 CCSARP）。语义程式是指"一个单词、短语或句子，它满足某个特定的语义标准或策略，其中任何一个或几个可以用来实施待研究的言语行为"（Cohen，1996：265）。Beebe 等人（1990）将拒绝言语行为的语义程式归纳为"直接拒绝"和"间接拒绝"两大类。前者包括施为性程式（如"I refuse."）、非施为性程式（如"No." 或"No, I can't." 等）；后者有表达遗憾或歉意（如"I'm sorry."），提供原因、理由或借口（如"My children will be home that night."）等。其中的任何一种都可以表达拒绝的意义。后来，有研究者又提出了言语行为集的概念，即将语义程式结合起来共同实施某一言语行为（Olshtain & Cohen，1983）。如"I'm sorry, I've already had plans. Maybe next time." 就是由"表达遗憾或歉意＋原因、借口或理由＋提供另一种方法或选择"三种语义程式的集合来共同实施拒绝言语行为（卢加伟，2010）。

语义程式的概念对随后的研究影响深远。有很多研究者从跨文化对比的角度考察了不同语言在请求、抱怨、拒绝、建议等言语行为实现策略上的差异（Taguchi，2009；Trosborg，2010），并被看成是二语语用能力发展的主要指标之一，成为语用教学的重要内容（Taguchi，2011；卢加伟，2013a，2013b；陈新仁等，2013a，2013b）。但是，言语行为语义程式观仍存在一定的缺陷，主要体现在语义程式的编码与分类并没有明确的理论指导，同一言语行为的语义程式分类有 3～17 个不等，而且有的次分类与上一级分类在语义上相互矛盾（Matsumoto，1989）。如在布鲁姆-库尔卡等（Blum-Kulka et al.，1989）的 CCSARP 对道歉的分类中，在主策略"承担责任"（taking on responsibility）之下却含有拒绝承担责任的情况，如有一个次分类为"承认事实但并不承认责任"（admission of fact but not of responsibility）。

话语语用学虽然很少明确讨论意义的规约问题，却也逐渐意识到了语言形式与社会行动和实践之间的规约关系。但是它对语言规约的看法与经典言语行为研究有本质的不同。在经典言语行为研究中，某个言语行为和言语行为集的关系是稳定的、固定的。语义程式是实现言语行为的规约手段，这些抽象的语义结构反过来是通过语言形式规约实现的。这样，情景行为中的语言使用的序列特征就变成了具体的语义程式类别的分布情况。后来也有研究关注言语行为语义程式的序列结构，即在实施同一言语行为时使用多种语义程式，构成一个序列结构，考察这些语义程式之间的排列特征，不过多局限在单个话轮内部（卢加伟，2010）。

　　话语语用学认为，语言资源是可以灵活变化的，某种行动通常可以承载其他特定行为的功能，如 "I'm sorry." 既可以表达道歉，也可以表示婉拒。但它明确坚持自己的分析方式，即将所有的互动行为看成是索引式的，具有一定的序列特征，也就是考察某种特定的行为，不管是语言的、非语言的、有声的、无声的，在其产出之时所实施的功能（Kasper，2006）。互动参与者面临着"为什么现在说这些"（why that now）的问题——为什么行为的某个片段出现在序列结构的这个地方，以及能够从这些线索中推测出什么样的互动信息。因此，分析学家将"为什么现在说这些"的问题作为分析的指导原则（Bilmes，1985）。请看例（3-3）。

（3-3）【病人 Pat 在等看病，而医生 Doc 却来晚了。】

```
1 Doc:    Hello: s[orry I'm running] late.
2 Pat:         [Hi:              ]
3         (…)
4 Doc:    'T's a typical Monday.
5 Pat:    Oh you're not running (late)=
6 Doc:    =(N)ot doin' too ba:d.
7 Pat:    No:::
```

（Robinson，2004：309）

　　按照罗宾逊（Robinson，2004）的分析，当在相邻对（adjacency pair）序列中首先出现了道歉话语，那么其后对方的话轮应该是与道歉相关的回应，典型的道歉-回应程式如下。

```
1 Doc:    Hello: s[orry I'm running] late.
2 Pat:         [Hi: ]. Oh you're not running (late)=
```

　　但在例（3-3）中，医生在第 1 行的道歉并没有得到病人的回应，反而是短暂的沉默。于是他在第 4 行说出了来晚的理由"今天是典型的周一"（言外之意是今天堵车，所以迟到了）。显然，这一努力成功了：病人确实回应了，不是对理由的回应，而是对第 1 行道歉的回应。这里的关键在于"为什么现在出现了道歉理由"：医生只有在他的道歉没有得到回应的情况下才提供了道歉的理由或借口。在罗宾逊的研究中，没有出现一例在明确道歉的情况下还提供原因的情况（Robinson，2004）。道歉理由只有在道歉的序列结构不完整的情况下（没有得到明确回应）才会出现。例（3-3）也表明，即使说话人第 1 行的话语具有道歉意图，但如果没有得到会话参与对方的回应，道歉行为就无法完成。可见，我们应该从整个道歉活动或整个会话序列的角度看待言语行为的实施，而不能只关注单个的语义程式。

　　意义的规约观之所以有问题，就是因为它忽视了情景行为的索引特征（indexical character），尤其是其中的话语序列结构特征。另外，它还忽视了话轮行为中的时间特征。相反地，会话分析研究认为时间特征如停顿、延迟、打断、重叠等，同语言交际资源一样重要。萨克斯（Sacks，1987，1992）认为，互动言谈中的一个基本原则就是"优选结构"（preference organization），如邀请言语行为的优选回应就是感谢。例（3-1）中 Shelly 所实施的是一种优选回应：她对 Debbie 的抱怨直接做出了回应例（3-3）则是典型的非优选回应，在第 3 行出现了延迟回应现象。如前所述，当在相邻对序列中首先出现了道歉话语，那么其后对方的优选回应应该是与道歉相关的回应，否则就是非优选回应。例（3-3）中的沉默，即病人没有对医生的道歉立即做出回应，就是一种非优选回应。在邀请、提供、请求、建议等之后的沉默或停顿往往意味着对这些行动的拒绝（Davidson，1984）。

　　虽然言语行为的语义和语法结构对语用意义的产生有着很大的影响，并且在优选结构中也得到了明显的体现，但是，话轮的序列结构和时间特征，尤其是各种各样的延迟形式对语用意义的产生和理解也很关键，是会话参与者要掌握的交际策略，在分析互动言语行为时要充分考虑这些因素（Kasper，2006）。本书的研究对象，各种各样的非流利现象，在本质上就是语流延迟。因此，对各种各样的非流利现象进行系统研究可以验证并发展话语语用学的基本理念。

3.1.4　话语语用学的语境观

　　语境是言语行为研究的一个关键问题，因为言语行为策略或语义程式的变化通常都会诉诸语境而获得解释。如何将语境理论化以及如何在分析中看待语境也许是语用学、话语分析和社会语言学最为持久的争议。

卡斯珀（Kasper，2006）在前人研究的基础上，总结出了三种语境观。

（1）语境是外在的、客观的社会结构，在互动之外并且先于互动存在。

语境体现在社会行动者的成员关系中，如社会经济地位、年龄、性别以及交际情境的其他维度，如场合的正式程度等。这些语境因素与语言使用有着系统关系，如在社会语言学研究中，交际者和情景变量与某种语言形式共同形成"社会语言结构"（Labov，1972）。通俗地讲，就是什么样的人说什么样的话。研究者通常将语境因素看成自变量，而语言形式为因变量，两者之间是双关关系。但是，多数情况下，社会文化因素通常被看成原因变量，来解释某种语言行为。如果社会语境决定语言行为，那么社会行动者就没有自己的地位了。

不可否认，这种语境决定论在言语行为研究中占据主导地位。如布鲁姆-库尔卡等的 CCSARP 的中心目标就是要：

（1）考察在相同社会制约条件下不同语言某种语言行为实现模式的异同（跨文化变异）。

（2）考察在特定言语社区中社会变量对某种言语行为实现模式的影响（社交语用变异）。

（Blum-Kulka et al.，1989：12）

其中第一个目的语境因素（社会制约条件）与语言形式（语言行为实现模式）之间是双关关系，第二个目标则是一种因果关系，社会变量是导致语言行为实现模式差异的原因。

（2）语境是理性行为者的主观知识，是对语境变量的主观评估或选择。

这种语境观源于社会行动的理性主义理论，在布朗和莱文森的语境观中体现最为明显。他们简洁地指出了社会文化语境观与他们自己的语境观的不同。

只有在行为者认为参与双方都觉得这些变量具有某些价值时，我们才对 D、P 以及 R 感兴趣。因此，这些不是社会学家对 D、P 以及 R 等的评价，而只是行为者对这些评价的假设，假定双方都有这样的假定，至少在一定范围内如此。

（Brown & Levinson，1987：75）

随后，他们进一步假定：

……我们的（评估）模式一定得是至少在某种程度上可以准确地代表认知过程……像 P、D 以及 R 这样的参数必须要具有一定的认知效果，因为它们是各种"策略"的基础。

（Brown & Levinson，1987：81）

因此，在实施面子威胁行为时，理性行为者会计算 P、D 以及 R 的权重，从而选择相应的礼貌策略。随后有些研究在布朗和莱文森的基础上，将语境看成是行为者对社会和情景变量的评估，即社交语用意识评估（Blum-Kulka et al.，1989）。社交语用意识评估主要是交际参与者通过等级量表的方式进行自我报告，然后获得相应数据，分析哪些语境因素在交际中起作用。但是，大多数情况下，尽管他们提到了布朗和莱文森的观点，对社会语境和言语行为实现关系感兴趣的研究者仍通过自己对语境变量的知觉（而非交际参与者）来判断它们的作用，即研究者视角。CCSARP 即是如此：他们先是确定了 P 和 D 的不同变量，然后设计话语填充任务（discourse completion task，DCT）条目来诱发请求和道歉。对于布朗和莱文森（Brown & Levinson，1987）来说，交际参与者之间的关系是在交际情境中建构的，而与社交外部语境没有固定关系。需要说明的是，此处的"建构"是通过参与双方都认为对交际有用的语境因素构建的。很明显，这些语境因素虽然是行为者"主观"选择的，但却是"客观"存在的，或者是"已经"存在的。

（3）语境存在于互动中，通过交际参与者的行为体现出来。

交际参与者通过即时互动行为来展现社会变量和其他处于互动之外的语境因素在何时以及如何与交际参与者产生关联。话语语用学通过两种方式重新界定语境概念：语境即序列环境（与互动-外部社会结构相对）和语境是公开表现出对社会结构的倾向（与研究者对客观社会文化因素的假定或行为者脑中对社会因素的感知相对）。关于语境即序列环境，话语语用学认为互动是双向语境的，话轮既受语境制约又能生成语境（Heritage，1997）。当前话轮是通过前一话轮形成的，同时也会影响后续话轮的形成。也即是说，语境是动态的，是交际参与者共建的。关于语境的社会结构倾向，话语语用学认为宏观结构和社会变量与交际参与者及其过程性影响（procedural consequentiality）之间的关系必须在互动行为的细节中才能表现出来（Schegloff，1991）。也就是说，交际者的话语行为可以明确地显示出其中的社会语境因素。对于两者中任何一种而言，分析者要做的不是假定，而是去证明交际参与者是如何在互动中获得语境的。

从话语语用学的角度来看，礼貌理论中的语境，尤其是言语行为研究中的礼貌语境，既有所夸大，又不够具体。之所以说语境被夸大是因为互动-外部社会变量被假定为在任何情况下都决定了面子威胁行为的形成。至于语境不具体，可以用课堂互动例证。这里并非指任何课堂中发生的互动行为，而是那些涉及或促进机构性教学和学习的活动。在这些活动中，交际参与者面对的并不是像+D、+P［H（Hearer）、S（Speaker）］等抽象的关系变量，而是具体的情景化身份，如老师和学生及其他关系，这些身份是在范畴化的行为中表现出来的，如提问、布置作业、检查作业、开始上课、结束上课等。

话语语用学认为，语境既不存在于客观社会结构外部，也不存在于交际参与者主观感知内部。首先，语境是互动-内部语境（指会话行为本身，包括话语，话语的序列结构、时间结构以及其他非语言因素等）。也就是说，语境是某个行为所处的序列结构，尤其是紧挨某个行为的前后话轮。其次，互动-外部社会结构是否、何时以及如何与互动产生关联是交际者的意愿，并体现在话语中，而非分析者的想法。

通过以上有关行动、意义与语境研究的介绍，我们发现，经典语用学对言语行为的研究带有一定的理性主义色彩，认为语境是预先存在的，语境影响着意义的生成；意图先于话语而存在，意图本身就是言语行为的意义；意义被规约化为一定的语义程式，将意义和话语的关系简单连接。言语行为研究的话语范式（即话语语用学）强调交际者之间的互动，会话的序列结构和时间特征构成了内部序列语境，意义和语境都是在行为互动中由交际参与者共同构建的。卡斯珀号召研究者关注互动的序列结构和时间结构，将言语行为看成是情景化、协作式社会互动中的行为。"……只有当语用意义被看成是交际参与者根据具体语境即时合作共建的，话语语用学才会真正开始。"（Kasper，2006：307）

3.2　话语语用学的分析方法

话语语用学的主要分析方法为会话分析，除了分析语料均为会话活动外，它与传统会话分析考察互动中的言语行为有所不同。

3.2.1 基于话语语用学的会话分析

传统会话分析是一门研究领域，考察的是自然发生的、互动中的言谈，旨在揭示会话序列组织的系统特征、应对这些序列话语的设计方式以及互动中的言谈表现的社会习惯。话语语用学中的会话分析是一种研究方法，它以"为什么现在说这些"为分析指导原则，以会话结构为分析对象，其目的是要通过探索自然会话的顺序结构来解释会话的连贯性，揭示意义是如何在会话序列结构中生成的。

传统会话分析认为，言谈应对都发生在具体的语境下，是交际者在具体的语境下进行交流的产物（Heritage，1984），交际者的话语要顺应相关语境因素。会话分析学家认为，言谈应对最大的结构特征就是它的序列组织。任何一个话语都与前后话语之间存在序列方面的相关性，一个话语的选择必定会受到前面其他话语的影响与制约。话语语用学的会话分析在认可会话的序列组织的基础上，认为言谈应对在受语境影响和顺应语境的同时，还能够通过参与者的话语互动构建新的语境。言谈中每个具体的言语行为或语言选择可能影响它后面的话语，从而影响和制约语境，因为每一个话语同时都是后面话语产生的语境因素之一。所以，每一个话语既是前面的语境所塑造的，也为后面的话语创造了语境（冉永平和张新红，2007）。

传统会话分析强调的互动指的是，意义是由交际双方通过各自话语在一定的语境中共同构建的。此处的互动主要指会话中说话人和听话人之间的互动，同时也包括话语与语境之间的互动。话语语用学的互动增加了话语与话语之间的互动,强调会话组织结构本身对话语意义生成的重要意义。

本书所采用的会话分析虽是会话分析的话语范式，与传统会话分析有所不同，但它是基于传统会话分析的，只不过强调从整个会话活动和会话序列组织的角度展开，并未否定传统会话分析。随后本书不再区分两者的异同，仍以会话分析这一概念作为话语语用学的分析方法。

3.2.2 会话结构

会话结构的研究可以从两方面进行：一是对会话进行整体研究，即会话是怎样开始，怎样结束，其间又是怎样发展的；二是对会话进行局部研究，一次会话活动是由参与者一次接一次的局部发言所构成的，一个参与者和另一个参与者的发言之间有什么联系，如何构成连贯的话语，他们如何进行更迭。对会话局部结构的研究主要涉及话轮转换系统，包括话轮的起始、延续、转换与结束、话题掌控等，还包括打断、重叠、修正等话语手段。

话语语用学认为，停顿、延迟、打断、重叠等是会话序列的时间特征，同语言交际资源一样重要，影响着整个交际进程。另外，话语语用学的会话分析强调交际者之间的互动，包括话语的相互回应以及对交际伙伴认知、心理等的感知，这些互动过程可以通过上述话语手段实现。因此，停顿、打断、修正等非流利标记在会话的局部结构中起着重要作用，并非像传统理解的那样只会影响交际的顺利进行。

本书主要考察会话的局部结构中看似影响话语连贯的非流利标记，但其他局部结构如话轮转换系统、反馈、相邻对等也会有所提及，尤其是话轮转换系统在本书的分析中起着十分重要的作用。因为非流利标记有可能作为话轮转换策略以及反馈方式等。下面我们对这三种特征做一简单介绍。

3.2.2.1　话轮及其转换

话轮是日常会话的基本构造单位，是指在会话过程中，说话人在任意时间内连续说的话语，其结尾以说话人和听话人的角色互换或各方的沉默等为信号作为一个话轮终止的标志。会话的基本特点是参与者轮流说话，每次至少一方，但又不多于一方在说话。互动的一方发出当前话轮，另一方根据这一话轮提供的语境背景信息和社会规约习惯等作出判断、推测，然后发出相关的下一话轮，如此循环直至言谈终止。

在日常生活的会话中短暂的重叠或冷场时有发生，一旦出现这样的情况，参加会话的各方都会按照这条基本规则设法调整和修补。如果在会话中有一人以上同时讲话，总会有人迅速退让。如果在会话过程中出现了暂时的冷场，那么总有人会开口讲话，或通过 err 或 mm 这样的声音表示他打算要说话。

关于话轮转换规则，萨克斯等（Sacks et al., 1974）认为，话轮转换经常出现在会话的转换关联位置（transition relevance place，TRP）上，转换关联位置指的是一个话轮单位（turn unit）中听话人认为可以发生话轮转换的位置，如句子或分句的结尾处。经过对大量的日常会话研究所得，萨克斯等（Sacks et al., 1974）将其归纳为下面两种情况。

（1）在任何话轮的第一转换关联位置上：①如果说话人选定下一个说话人，说话人必须终止谈话，新入选的说话人必须接下去谈话。话轮转换就出现在说话人选完后的第一个转换关联位置上。②如果说话人未选定下一个说话人，会话参与者可以自选，第一个自选者成为下一个说话人。当前说话人也可以（但并非必须）继续谈下去。③如果说话人未选定下一个说话人，会话参与者也未自选，当前说话人可以（但并非必须）继续谈下去。

（2）在任何话轮的第一转换关联位置上（以后的每一个转换关联位置）：如果规则（1）中的①和②均未生效，③生效，那么在以后的各个转换关联位置上规则（1）中的①～③可以循环使用，直至话轮转换发生为止。

3.2.2.2　反馈

会话是发生在两个或两个以上的交际者之间的动态交际过程，交际者在这个过程中不断地改变自己的角色，即他们不断地在说话人和听话人之间进行角色转换。说话人往往要在其话轮内提供与当前话题相关的信息或者提起新的话题；听话人则必须对说话人的言语做出恰当的言语反馈，从而表明自己对会话的积极参与。会话是交际合作的结晶，缺少了任何一方的努力和配合都不可能顺利进行。

言语反馈是听话人在说话人的激发下做出的言语行为。这种反馈具有两个基本功能：一是通过反馈和说话人建立某种一致或共存的关系；二是由于反馈与当时的言语相关从而获得某种局部意义（Goffman，1981）。

话语语用学十分强调交际者之间的互动，交际对方的反馈可以让交际者监控自己的交际行为，并可以从对方那里获得额外的意义，满足自己的心理需求。交际对方也可以借此传达自己的态度、观点等，如交际一方可以通过重复甚至打断另一方的话语来表达自己的疑惑、惊讶、欢喜等情绪状态。

3.2.2.3　相邻对

相邻对被认为是会话分析的一个基本单位，指的是两个谈话者各说一次话所构成的对子。相邻对的两个组成部分之间的关系受"条件相关"（conditional relevance）机制的控制。一个相邻对的第一部分的产生必然会形成某种优选回应，无论对方的反应是"优选的"（preferred）还是"非优选的"（dispreferred），并不影响相邻对构成的完美性，如"问候—问候""提问—回答""陈述—反应""邀请—接受/谢绝""抱怨—否认/道歉""请求—答应/拒绝""提议—接受/拒绝"等。

3.2.3　话语语用学采用会话分析的依据

会话分析能最大限度地再现交际的真实情况，对考察各种语言现象有着独特的优势。

（1）会话分析符合语用学的社会互动主义研究视角。言语交际表现为说话人和听话人相互作用的过程，说话人将交际意图附于言语行为之中，听话人通过对言语行为的分析、推导，达到对隐含信息的理解等，托马斯（Thomas，1995）从话语生成和理解两方面对互动言谈提供解释，强调说话人和听话人之间的互动言谈对意义构建的动态性。

会话分析关注的是社会互动中的两个及两个以上参与者是如何依靠对语言使用的社会语用规则的理解进行推理判断，从而采取相应的话步（move）。它有三个基本假设（Heritage，1984）：①言谈应对是有结构、有组织的，不是杂乱无章的；②交际者的话语受制于语境，同时也影响和创造语境；③研究者不能忽视言谈应对中的任何细节，无论它们看起来是多么无序、偶然或无关。这三个假设从会话组织的内部语境（internal context）和会话的外部语境（external context）两个方面强调了交际的动态性特征，与语用学的互动研究视角相呼应。

（2）会话分析符合言语行为研究的话语语用学趋势。在实际互动中，多数言语行为，如请求、感谢、接受、拒绝等的实现需要参与会话的双方或多方数次的话轮交替，涉及复杂的人际关系调理。对于一方发出的任何一个话步，会话指向的其他参与者都需要对此作出相应的推理、判断，同时依靠对语言使用的社会语用规则的理解产生相关的下一个话步。这种机制被称为"交际行为的双重语境特征"（Heritage，2005：109）。所谓"双重"是指交际活动既是在语境中发展更新的，又同时受语境决定、制约。每个序列中当前的行动都为某一后续行动提供了最直接的语境。在交际活动中，每一个语句都是参与交际的双方或多方共同构建的，并将其放置于某一特定的序列语境中，受言谈互动中话轮的语境制约和语境更新特征的限制。会话分析能在序列语境中研究言语行为交际，充分揭示交际活动的动态性特征，对语用能力的界定有很大的启发意义。

（3）会话分析作为研究方法更能反映语言的真实使用情况。在目前的二语习得研究中，常采用"诱导式"（elicitation）方法收集语料数据，如多项选择、话语填充任务、情景模拟会话等。尽管这些"诱导式"方法可能快速、清晰地表现学生的语用表达，但基于这些数据的分析结果并不能完全真正地反映学生在真实的自然情景下的二语使用情况。

会话分析完全基于自然发生的言谈交际的实际表现，从最基础、最原始的会话数据开始分析，最终发现某一语言行动的系统性模式特征。因此，会话分析与常用的"诱导式"方法相比，能够避免二语学习者对目的语语用、文化的主观理解，凭直觉等想当然的感知方式，从而为二语语用习得研究提供坚实的、实证主义的研究证据。

3.3　话语语用学的运用

语境与礼貌是经典语用学研究的两大主题。话语语用学在传统理论的基础上，对这两个主题进行了新的诠释，增加了会话互动的内涵，这两个主题在语用能力的界定中都有着重要的意义。

语境对语用能力有着重要的作用和决定性，识别语境是语用能力的一个先决条件和组成部分，是有效地表达自己思想的基础。"语用能力的实质是识别语境并在语境下准确地理解别人和表达自己。"（刘绍忠，1997：26）何自然和陈新仁（2004）则首次将语境因素明确列为语用能力的一部分，认为语用能力包括语言表达能力、语言理解能力和语境驾驭能力，三者相互联系，互为依托。

近年来，关于语用能力的定义逐步增加了礼貌表达的内容，认为语用能力还包括实施礼貌功能的能力（Jung，2002；陈新仁，2009），其中对于礼貌的界定基本是以利奇（Leech，1983）的礼貌原则与布朗和莱文森（Brown & Levinson，1978，1987）的面子理论为依据的。

在 3.1 节所述的话语语用学的基本主张中，卡斯珀重点提到了语境和礼貌这两个语用学研究的经典话题，并提出了话语语用学视角下的语境观和礼貌观。这两个概念也是二语语用能力发展研究的关键，因此本书将重点关注这两个话题。

3.3.1　话语语用学在语境研究中的运用

人们普遍认为，语境是语言交际的环境，是对语言理解起着巨大作用的背景知识。我们在 3.1.3 节中提到了语境的三种理解。第一种理解认为，语境是处于交际会话之外的社会文化因素，不管会话是否存在，这些因素始终存在并影响即将发生的会话。第二种理解把与具体某句话相关的实际环境或现实环境和社会情景的各方面当作语境，即从言语交际的具体实际出发来描写语境，如利奇指出，语境就是指说话人与听话人共同拥有的背景知识，这种背景知识对听话人理解说话人说出的具体话语起到积极的推动作用（Leech，1983）。这一观点虽然也认为语境是外在于交际的社会结构，但它已经开始强调语境与交际行为本身的互动，即只有与交际获得相关的信息才能成为语境。第三种理解则认为，语境就是会话序列组织本身，会话中的话语互为语境,甚至是一些非言语的行为也可能成为交际的语境。它还强调会话结构特征还能构建和反映出相关的社会文化结构。可见,这一理解充分体现了语境的互动性特征。

事实上,人们对语境的研究经历了一个由静态观到动态观的过程。静态语境观认为,语境是一个客观存在的静态的既定集合体和被适应对象;语境要素是预先存在于语境中的相互独立的个体;语境对意义,只具有单向的制约作用。动态语境观认为,言语交际中的语境是一个随交际的需要不断被创造的变动体,是一个随交际的展开不断发展的动态系统。它时时处在交际主体的不断选取中,它完全可以被创造。"语境是动态的,它不是静态的概念,从最广泛的意义上说,它是言语交际时不断变动着的环境。交际者在这样的环境里进行言语交际,并且从这样的环境中获得对交际言语的理解。"(Mey,2001:40)语境是在语言使用过程中生成的,在听说者之间的动态交际过程中被创造的,并且随着交际过程的发展而变化(Verschueren,1999)。

作为语境研究的延伸,认知语境充分而集中地体现了语境的动态性与认知性特征。斯珀伯和威尔逊(Sperber & Wilson,2001:39)把语境看成一个心理结构体,认为"它是人们所明白的一系列能感知并推断的事实或假设构成的集合。一个人的总认知语境是由他的认知能力和其所处的物理环境所决定的"。他们认为,人对世界的认识是以概念表征的形式存在于大脑之中,这些概念表征的集合构成思维和理解的认知环境。人们通过经验把相关的具体语境内在化或认知化了,即语境由指称具体事物转变为人们头脑中的认知语境。它不是预设的,而是在理解过程中逐步获得或激活的知识,认知语境的构建必须与语义内容相联系,听话人可以做出各种各样的与话语相关的语境假设,然后通过推理来判断话语与语境假设的最佳关联,取得语境效果,达到交际目的。熊学亮(1999:115)认为"认知语境是人对语言使用的有关知识,是与语言使用有关的、已经概念化或图式化了的知识结构状态"。

话语语用学对语境的理解是双向的、动态的。"会话分析研究者不能不重视语境,也不能认为语境是独立于交际者的活动或是在活动之前就已经决定了的。相反,语境和交际身份是交际者在言谈应对的具体过程中产生、发展、延伸的,语境和交际身份可以在任何时候发生变化。"(Drew & Heritage,1992:2)也就是说,语境不是一成不变的,也未必是一开始就明确的,而是在互动中形成的;话语不仅反映语境的影响,而且也是语境的一部分。

话语语用学的语境观充分反映了语境的动态性特征。交际无时无刻不在变化，话语分分秒秒都在产出，本来是前一话轮的信息转瞬间就变成了后一话轮，语境处于不断变换之中。但是，联结话语意义和序列结构的又是什么？即语境动态形成的原始动因在哪里？此时，交际的社会语境因素的作用就凸显了出来，正是有了外部语境因素的影响，才使得交际者不断变换认知语境。也就是说，交际者还得依赖相关背景知识才能理解话语意义，即动态之中有静态。

可见，无论是静态的语境还是动态的语境，都不是绝对的。我们只能说交际是动态的，语境的形成是动态的。话语语用学认为，语境是某个行为所处的序列结构，尤其是紧挨某个行为的前后话轮。但是，在理解和产出这些话轮时，有时还要依赖已有的其他语境，尤其是在会话的起始处，尚无任何话轮语境可以借鉴，必须靠交际者已知的各种语境知识。可见，把语境仅仅看成是话轮序列过于偏颇。另外，互动-外部社会结构是否、何时以及如何与互动产生关联当然不可能由分析者决定，但也并非总是交际者的意愿。在某些环境下，不管交际者承认与否、愿意与否，相关语境会对他们形成压制，迫使他们必须顺应外部语境。

3.3.2　话语语用学在礼貌研究中的运用

礼貌研究是语用学领域中的焦点话题之一。至今，对礼貌的研究大致经历了三波具有代表性的发展阶段：语言礼貌、人际礼貌和共建礼貌（冉永平和刘平，2021）。第一波主要以莱考夫（Lakoff，1973）的礼貌准则、布朗和莱文森（Brown & Levinson，1987）的面子理论、利奇（Leech，1983）的礼貌原则等为代表，侧重探讨礼貌语言的形式、原则和策略。第二波以伊琳（Eelen，2001）、瓦茨（Watts，2003）和米尔斯（Mills，2003）等的礼貌观为代表，从具体交际语境出发，关注动态变化的人际礼貌，通过交际者的评价与回应判断礼貌与否。第三波则是以康达和豪格（Kádár & Haugh，2013）在其《礼貌新解》（*Understanding Politeness*）一书中倡导的"礼貌作为一种社会实践"为代表，认为礼貌建构了社会实践，与基于道德秩序而产生的评价密切相关，社会行为及意义通过满足这一系列隐性的社会心理期望而获得认可，礼貌最终取决于处在特定社会时间和空间下的交际者对社会行为和意义的评价[①]。

---

① 第一和第二波礼貌研究已得到普遍公认，关于第三波的说法，笔者依据的是礼貌研究专家弗朗西丝卡·巴尔吉耶拉-基亚皮尼（Francesca Bargiela-Chiappini）对《礼貌新解》一书的评价——"他们推动了礼貌研究又一波新的浪潮"，以及钱永红（2014）认为该书是"礼貌研究的新篇章"。冉永平和刘平（2021）进一步明确了礼貌研究的三个阶段。

伊琳（Eelen，2001）旨在对第一波礼貌观点进行评述而出版的《礼貌理论批判》（*A Critique of Politeness Theory*）被普遍认为标志着话语转向的开始。它将语言礼貌研究的注意转向了对交际参与者的关注，为 2000年后大多的礼貌研究奠定了基础（陈新仁等，2013a）。2003 年瓦茨的《礼貌》（*Politeness*）一书明确强调将礼貌置于语篇和交际中研究，进一步巩固了礼貌研究的话语转向。第三波理论在研究方法上充分继承了礼貌研究的话语范式。康达和豪格（Kádár & Haugh，2013）指出，对礼貌或不礼貌的理解源于两个或两个以上的交际参与者在互动交际过程中的共同建构。他们在强调礼貌理解的多角度性和礼貌研究方法的多学科性的基础上，特别强调了礼貌分析的话语互动方法。显然，他们的这一方法论可以让研究者观察到一些微妙多变而又习以为常的礼貌特征（钱永红，2014）。

　　研究者对于礼貌的理解基本上都是基于利奇与布朗和莱文森的礼貌理论。他们认为，交际者在交际中应该遵循一定的礼貌准则，如谦恭与面子等。这些准则有各自不同的语言表现形式和使用特征，如果在特定的场景中交际者不知道或没有使用这些表达方式，就被认为是不礼貌的，会影响交际的进行。也就是说，礼貌是先于具体交际而存在的，是一种外在的语境。

　　随着社会建构主义的兴起，这些理论开始遭到学界的众多批评，其中最新的一个批评是，相关礼貌观带有本质主义，将礼貌看成是某种话语形式的体现，简单地在语言形式与礼貌或面子之间画等号，忽视了礼貌的动态性、复杂性和建构性（Mills，2003；Arundale，2006，2010；Watts，2003；Haugh，2007，2010）。这些理论过于强调礼貌的文化间差异性，忽视了礼貌的个体间差异性。例如，豪斯和卡斯珀（House & Kasper，1981）发现，德国人在请求和抱怨时的表达方式也比美国人直接，但这一研究发现并不能说明每个德国人个体都比美国人个体更直接。卡斯珀（Kasper，2006）认为，布朗和莱文森的礼貌理论还具有理性主义色彩。他们找了一个具有理性和面子的"理想化人物"（idealized model），他拥有优异的推理能力，知道如何通过特定方式达到特定目的。为了既能保全面子又能实施面子威胁行为，理想化人物从有限的策略集中选择能够达此目的的方式。

　　近年来，学界开始重新审视和理解什么是礼貌。伊琳对之前礼貌研究的评述以及瓦茨基于社会建构论提出的礼貌观带来了礼貌研究的话语转向（陈新仁等，2013a）。瓦茨（Watts，2003）区分了礼节行为（politic behavior）和礼貌行为（polite behavior），指出这两种行为都是交际者建构的结果，在交际过程中总是可以磋商的。瓦茨认为，礼貌是在动态话语中浮现的、建构的，而不是特定的语言形式本质上就是礼貌的。他认为，评价礼貌或不礼貌不能离开当前语境，同时，考虑到社会互动是"在线"磋商的，因此礼貌理论需要同时考虑交际双方。可见，话语语用学研究范式注重交际参与者对礼貌的自我感受。

阿伦代尔（Arundale，1999）提出了面子构建理论（face constituting theory），将面子与面子工作解释为交际者在发生交际关系的场景中面对面地进行交流时的动态产物。他构建的交际联合共建模式（conjoint co-constituting model of communication）认为，交际双方在会话中相互制约各自对话语的解读，面子是两个或两个以上交际者在会话中联合共建的交际关系。按照布朗和莱文森的面子理论，调侃被认为是一种损害他人消极面子的一种行为，而豪格运用阿伦代尔的面子构建理论分析了澳大利亚人的玩笑式调侃，认为玩笑式调侃构建了一种友好的交际关系（陈新仁等，2013a）。

3.3.3 本书采用的语境观与礼貌观

本书认为，话语语用学在这两个话题的看法上过于理想化，在研究中欠缺一定的可操作性，如认为语境是互动-内部语境，其中交际"互动"的动态性和交际者"内部"的主观性都没有具体的衡量尺度。因此，不应将传统的语境和礼貌理论抛弃，而是应将两者融合，形成互补，以更好地体现交际的真实性。

首先，应将传统语境的理解包含进来，因为无论是话轮序列的产出还是对已经形成的话轮序列的理解，都摆脱不了外部社交语境和内部认知心理语境。交际者应适时顺应和利用内外各种语境，结合话语序列，顺利完成交际。本书借鉴冉永平和张新红（2007）将言谈互动中的语境分为两类：内部语境和外部语境。内部语境指言谈应对的序列结构在语言上的体现，因为交际中每个话轮的构建都是在充分理解和考虑该话轮之前的言谈应对的基础上进行的，尤其是该话轮之前的那个话轮。因为前面的话轮就是当前话轮的内部语境，会在形式和内容方面影响当前话轮的构建。同样，当前话轮被成功构建之后，也会成为后续话轮的内部语境，也会影响后续话轮的内容和形式。外部语境包括言谈应对过程中所涉及的与交际有关的所有因素，如交际者的种族、年龄、性别、身份、心理等。它们与内部语境一起影响话轮的构建。

其次，应辩证地看待礼貌的动态性。第一波礼貌理论虽被批评带有本质主义和理性主义色彩，但不可否认的是，随后的各种礼貌思想和研究框架都或多或少地受到它们的影响，继承了其中的重要假设或基本概念。第二波礼貌理论强调交际参与者之间的礼貌共建，充分体现了交际的动态性特征。然而这两波礼貌理论似乎走上了相互对立的道路：礼貌要么是预先存在的，与特定的语言形式相关联；要么是在交际过程中建构的，任何语言形式都可以表示礼貌。第二波礼貌研究对第一波的批判似乎过于"革命"，将礼貌从原来的"多种但有限的策略选择"转变为"无限可能的主观感受"。

本书认为，两种礼貌观应该融合在一起，礼貌与否显然并不是分析者或他人决定的，而是交际双方自己的感受，有些看似无礼的言辞在对方听来也许是非常舒心的。但是，在礼貌建构的过程中显然摆脱不了交际者已有的礼貌准则与礼貌语言。本书虽然倾向于礼貌的建构观，但并不否认预存礼貌知识对建构礼貌的影响，因为新的"礼貌"感觉并非凭空而生的，它一定是建立在对以往礼貌知识的理解上。礼貌话语在一定的语境下并不一定礼貌，而有些"粗鲁"的语言在特定语境下却是礼貌的。也就是说，礼貌与否体现在当前会话语境中。在一定的交际情境中，交际者必须遵循社交群体共同认可的思想和行为模式（Kádár & Haugh，2013）。交际一方的感受无论是对交际另一方还是交际第三方来说，虽然在很大程度上都是不可知的，或者说不可测量的，但如果我们将语境扩大，就有可能发现这些主观感受的证据（话语的、非话语的）。

话语语用学研究范式的会话分析注重会话行为的所有细节，因为这些细节都有可能传递重要的信息内容，或者具有重要的语用意义。因此，看似影响会话结构与进程的各种非流利现象，在话语语用学学者看来，可能比那些流利、准确的话语更具魅力。它们一方面是会话内部语境的一部分，另一方面还有可能反映和构建外部语境。礼貌既可以是内部语境，也可以是外部语境，而作为会话中"怪胎"的语用非流利现象对礼貌的生成与理解显然有着重要的意义。同时，语境与礼貌两个概念在语用能力理解中有着重要意义。因此，本书拟通过对二语会话中各种非流利现象的考察，探讨其在语境建构与礼貌理解中的使用特征，以此推断二语学习者语用能力的发展情况。

3.4 话语语用学研究范式下语用非流利的分析框架

本书拟从形式表征、类别、功能、影响因素四个层面对中国英语学习者二语会话中的语用非流利现象进行考察。

语用非流利的形式表征是本书研究的基础与主要内容。在语言非流利研究中，主要关注的就是各种非流利标记，研究者对其做了深入细致的考察。语用非流利的形式表征与语言非流利完全一致，区别在于说话人在产出这些标记时是否带有自己的主观意志。语用非流利的形式表征可以分为纯语流延迟类语用非流利和话语修正类语用非流利两大类，前者主要体现在时定的延长上，后者主要体现在语言结构的变化上。如上节所述，有些语用非流利标记的使用可以反映出中国英语学习者的二语语用水平，如中国英语学习者使用大量的无意义的语音填充，说明其语用语言知识欠缺，语用语言能力较低；话语标记语的恰当使用，说明其语用语言知识丰富，语用语言能力较强。但是，对语用非流利的研究不能仅停留在形式表征上，还应该进一步探讨其背后的本质内容及其相关交际功能。

本书依据产生原因，将语用非流利分为困难型语用非流利和策略型语用非流利。很明显，前者是由于交际者遇到了语用困难而被动产出的语流延迟，后者是交际者为达到特定的目的而主动采取的策略。两者都是说话人有意为之，都是为交际的顺利开展而采取的赢取时间策略。两类非流利的使用可反映其语用能力的强弱。如一般认为，困难型语用非流利的频繁出现说明中国英语学习者的语用能力较弱；策略型语用非流利的恰当使用说明中国英语学习者的语用能力较强。

语用非流利作为一种策略资源，除了可以赢得提取时间的功能外，还可以实施三大交际功能：信息传递调节、会话组织调整和人际关系调理。根据上节对语用能力的描述，这三大交际功能的实施，充分说明语用非流利的使用是中国英语学习者二语语用能力的体现。本书第 7 章将结合大量语料，详细论证两者之间的关系。

影响语用非流利产出的因素与影响语言非流利的因素相似，主要有：学习者个体因素，如年龄、性别、语言水平等；语言语境，如交际话题、话语类型等；社交语境，如社会地位、权势、人际关系等。由于篇幅和语料的限制，本书重点聚焦中国英语学习者语言水平对二语会话中语用非流利使用的影响，将对其他相关影响因素的讨论融入第 7 章语用非流利与二语语用能力发展的关系的分析中。

3.5 本 章 小 节

本章主要介绍语用学研究的话语范式：话语语用学。卡斯珀在《互动中的言语行为：话语语用学趋势》一文中对话语语用学进行了详细的说明，首先指出它是言语行为语用学研究的话语范式，强调在说话人和听话人的话语互动中考察意义的生成与理解。

在话语社会学、话语心理学以及共建理论、共构理论等思想的影响下，卡斯珀（Kasper，2006）围绕言语行为研究中的行动、意义和语境三个核心概念，回顾了相关研究，并在此基础上阐述了话语语用学的基本思想。

话语语用学倡导，在分析互动中的言语行为时不需要再涉及动机、意图或其他心理事件，而应密切关注某一行动在序列结构中的位置以及包含该行动的话轮与其最接近的前后话轮是如何构成的。话语的意义不是预先存在的意图，也不是由规约所决定的，而是通过对方的回应获得的。语境既不存在于客观社会结构外部，也不存在于参与者主观感知内部。一方面，它是互动-内部语境，是某个行为所处的序列结构，尤其是紧挨某个行为的前后话轮；另一方面，互动-外部社会结构是否、何时以及如何与互动产生关联是交际者的意愿，并体现在话语中，而非分析者的想法。

本书采用会话分析方法分析相关语料。在传统会话分析的基础上，话语语用学的会话分析更强调从整个会话活动和会话序列组织的角度展开。

最后本章提出了话语语用学研究范式下语用非流利的分析框架。本书拟从形式表征、类别、功能、影响因素四个层面对中国英语学习者二语会话中的语用非流利现象进行考察。详见以下各章。

第4章 二语会话中语用非流利标记及其使用特征

本章主要采用定量分析法考察中国英语学习者二语会话行为中语用非流利的表现形式与使用特征。以美国英语本族语者会话语料中语用非流利的使用频率为比较对象，重点讨论中国英语学习者会话语料中语用非流利标记的出现情况以及两者的异同。

4.1 中国英语学习者二语会话中语用非流利标记的出现情况

本节考察中国英语学习者二语会话中语用非流利外在形式标记的出现情况。总体写作思路是，先描述各种语用非流利标记的使用频次；然后考察其在美国英语本族语者会话语料中的出现频率，并对典型例子进行分析；接着重点探讨中国英语学习者会话语料中各语用非流利的出现频率，并辅以相应例子；最后总结并对比分析美国英语本族语者和中国英语学习者在非流利标记使用频率上的异同，尝试推断中国英语学习者语用能力的习得情况。对比分为两个角度：两组使用者内部不同非流利标记出现频率的对比和两组使用者之间相同非流利标记出现频率的对比。

4.1.1 中国英语学习者二语会话中语用非流利标记的总体出现情况

从原始使用频次来看，24名英语本族语者在216分钟的会话交谈中，共产出56 794个字符，出现741次语用非流利标记，其中纯语流延迟类601次，话语修正类140次。78名中国英语学习者在155分钟的会话过程中，共产出17 041个字符，出现331次语用非流利标记，其中纯语流延迟类274次，话语修正类57次。标化后数据显示，美国英语本族语者会话中平均每万字出现130次语用非流利标记，其中纯语流延迟类106次，话语修正类24次；中国英语学习者二语会话中平均每万字出现194次语用非流利标记，其中纯语流延迟类161次，话语修正类33次（表4-1）。

表 4-1　中国英语学习者和美国英语本族语者语用非流利标记总体出现频次

使用者	语用非流利标记		总计
	纯语流延迟类	话语修正类	
中国英语学习者（次/万字）	161	33	194
百分比（%）	83	17	100
美国英语本族语者（次/万字）	106	24	130
百分比（%）	82	18	100

　　组内对比发现，美国英语本族语者纯语流延迟类语用非流利标记每万字的使用频次明显高于话语修正类语用非流利标记。中国英语学习者语用非流利的出现情况与美国英语本族语者在总体趋势上是一致的：纯语流延迟类所占比例远远高于话语修正类。列联表卡方检验也表明，两组在这两类非流利标记的出现频次上并没有显著性差异（χ^2=0.113，p=0.737>0.05）。这一发现至少说明中国英语学习者具有一定程度的语用意识。他们在用目的语交际时，会像本族语者那样考虑相关的语用因素。

　　组间对比发现，美国英语本族语者会话中语用非流利标记出现的总频次低于中国英语学习者。非参数卡方检验显示，两者之间的差异达到了显著性水平（194 vs. 130，χ^2=12.642，p=0.000<0.001）。换句话说，从总体上来看，中国英语学习者在会话过程中每万字出现的语用非流利标记显著性地多于美国英语本族语者。这一结果与马冬梅（2012）的研究发现相呼应：中国英语学习者英语口语非流利频率是英语本族语者的 2.76 倍。也就是说，中国英语学习者的非流利频率远远高于美国英语本族语者。本书的研究结果表明，作为非流利的一种，中国英语学习者语用非流利的出现频率也高于美国英语本族语者。那么，这是否意味着中国英语学习者的语用能力水平也显著性地低于美国英语本族语者呢？

　　我们在绪言中提到，语用非流利的出现可以反映中国英语学习者的二语语用水平，但并不意味着语用非流利与语用能力之间呈绝对正相关或负相关关系。也就是说，上述结果显然并不能说明中国英语学习者语用水平高于美国英语本族语者，因为仅从频次上看，语用非流利使用越频繁并不意味着语用能力越高，也不意味着中国英语学习者语用能力显著性地低于美国英语本族语者。我们需要进一步深入、细致地考察中国英语学习者和美国英语本族语者到底使用了什么样的非流利标记，这些标记又具有什么样的语用特征，以及各标记的出现频次在语用非流利总频次中所占比例如何。

4.1.2　中国英语学习者二语会话中纯语流延迟类语用非流利标记的出现情况

本小节考察中国英语学习者二语会话中语用非流利的实现方式之一：纯语流延迟类语用非流利。通过文献分析和语料考察，我们发现，纯语流延迟类语用非流利标记主要体现话语的序列特征，话语的各成分之间被非流利标记阻隔，但其总体序列结构的倾向不变，不涉及句法及语义的变化，语流的延迟具有一定的语用意义。本书所收集的语料显示，这类标记主要包括无声停顿、笑声填充、填充停顿以及重复等。下面我们详细探讨中国英语学习者会话语料中的纯语流延迟类语用非流利标记的出现情况。

表 4-2 为中国英语学习者和美国英语本族语者纯语流延迟类语用非流利标记频次对比。从使用者内部各标记的使用频率来看，两者在总体趋势上具有一定的相似之处：填充停顿出现频率最高，占绝对优势，其次是无声停顿和重复，笑声填充最低。但不同的是，在填充停顿中，美国英语本族语者使用最多的为语用标记语（61%），无词汇意义的语音填充（12%）在整个纯语流延迟类语用非流利标记中所占比例较少；中国英语学习者使用最多的则是无词汇意义的语音填充（33%），其次为语用标记语（31%）。列联表卡方检验显示，中国英语学习者和美国英语本族语者在纯语流延迟类语用非流利各标记的出现频次上的差异具有显著性（χ^2=26.519，p=0.000<0.001）。

表 4-2　中国英语学习者和美国英语本族语者纯语流延迟类语用非流利标记频次对比

使用者	语用非流利标记					总计
	无声停顿	笑声填充	语音填充	语用标记语	重复	
中国英语学习者（次/万字）	31	8	53	50	19	161
百分比（%）	19	5	33	31	12	100
美国英语本族语者（次/万字）	13	3	13	64	13	106
百分比（%）	12	3	12	61	12	100

从两组使用者相同标记的对比来看，非参数卡方检验表明，他们在无声停顿、笑声填充、重复的使用上没有显著性差异（χ^2=1.125，p=0.289>0.05；χ^2=0.500，p=0.480>0.05；χ^2=0.000，p=1>0.05）。中国英语学习者在语音填充的使用频率上显著性地高于美国英语本族语者（χ^2=9.800，p=0.002<0.01）；在语用标记语的使用频率上显著性地低于美国英语本族语者

（χ^2=9.242，p=0.002＜0.01）。可见，中国英语学习者和美国英语本族语者之间的差异主要体现在无词汇意义的语音填充和语用标记语的使用频率上。另外，虽然中国英语学习者和美国英语本族语者在无声停顿的出现频率上并没有出现显著性差异，但其使用频率也明显高于美国英语本族语者。这一结果说明了什么？下面，我们来讨论纯语流延迟类语用非流利各标记的具体使用情况。

4.1.2.1 二语会话中的无声停顿

在自然会话中，为了正常的呼吸需要，说话人的连续话语中平均每隔 7～8 个单词便会出现一次无声停顿（Goldman-Eisler，1968）。但如果停顿过多或停顿位置不当，就会导致话语的非流利产出。即使是对于本族语者来说，无声停顿也是一种正常现象，起着比拟言语的重要交际功能（Nakane，2007）。判断无声停顿是否属于语用性质，主要看交际者当时是否是有意识地利用本次停顿实现自己的特定目的，如实施某种言语行为或考虑用何种话语传递相关信息更恰当或表达某种情感、态度等（虽然这种行为有时候不一定成功）。

SBCSAE 的语料表明，美国英语本族语者经常使用无声停顿来传递某种语用信息，在每万字的 106 次纯语流延迟类语用非流利标记中，无声停顿共出现了 13 次，占总频次的 12%，仅次于语用标记语的使用频率（表 4-2）。

在例（4-1）中，Tammy 正在向店员诉说自己想买一台什么样的录音机，请店员给她推荐一款合适的。她先说要一台可以放置两盘磁带的卡式录音机，然后说自己对此了解不多，因为她只有一台普通的放送机。从第 11 和 12 行可以看出，Tammy 实际上是在实施请求言语行为，前面的话语都可看成是请求行为的前置序列。并且，第 10 行的 1.01 秒无声停顿进一步弱化了请求行为给对方带来的消极面子威胁。不仅如此，此处的无声停顿还起到了"缓和 Tammy 由于对卡式录音机所知甚少带来的尴尬"（to reduce the embarrassment of Tammy for not knowing much about the double cassette deck）（美国英语本族语者参与者的原话）。也就是说，这里的 1.01 秒无声停顿不仅减少了给听话人带来的面子威胁，也缓和了给说话人自己带来的面子威胁。

（4-1）【Tammy 想买一台卡式录音机，但她对此了解不多，正在一家商店向店员咨询，请他推荐一款合适的。】

1 Tammy:[and I] think I want a tape deck with two= --

2　　　　.. places for two tapes, so I can copy,

3 Brad:　　.. [Okay].

4 Tammy:[(H) but] I've never done this before.

5　　　　I <X don't X> know much about tapes.

6　　　　[I mean] I h- --

7 Brad:　　[Okay].

8 Tammy:.. I have a (...) b=oombox, you know ordinary [sort] of thing.

9 Brad:　　[Sure].

→ 10 Tammy: (...) (H) So,

11　　　　I wonder if you would .. suggest that this .. Luxman (...) is the

12　　　　(...) is w- one of the things you'd wanted me to think about.

（SBC016）

对于中国英语学习者来说，无声停顿的出现频率也很高。中根（Nakane，2007）认为，中国人和日本人交际中的沉默行为往往传递出尊重、服从、思考等积极意义，他们将沉默看成是一种面子保全策略以及间接礼貌策略，这一点已经迁移到了其作为二语的英语会话中。本书的语料验证了中根的观点：在每万字的 161 次纯语流延迟类语用非流利标记中，无声停顿共出现了31 次，占总频次的 19%，仅次于语音填充和语用标记语的使用频率（表 4-2），并且还略高于无声停顿在美国英语本族语者会话中所占的比例（12%）。

需要说明的是，由思维困难导致的沉默或非流利无声停顿在中国英语学习者语料中较为常见，但却不属于语用非流利。请看例（4-2），该对话中无声停顿较多，但只有第 6 行 1.11 秒、第 10 行 2.51 秒、第 11 行 1.19秒以及第 16 行 2.712 秒的无声停顿为语用停顿，其他都不是。

（4-2）【S65 获得了英语演讲比赛的冠军，S64 是她的同班同学，前来恭贺并向她请教练习英语口语的方法。】

1 S64: Congratulations! (...) You won a prize again! I'm so proud of you.

2 S65: Thank you:.

3 S64: (...) But actually I'm a little sad.

4 S65: (…) Why?

5 S64: <u>@,@ \<LF>\<SPD>\<IP3></u>

6 S65: You sad about what? <u>About my (1.11)? \<UFP>\<SPD>\<CM1/IP2></u>

7 S64: <u>No, no, no, \<RT>\<SPD>\<IP1></u> (…) because <u>you know</u>
    <u>\<FP2>\<SPD>\<IP2></u>

8   my oral English is always poor. I'm so worried about it. I
    want to improve it,

9   but (…) I don't know how (…) yeah (…) How do you study
    English so well?

10 S65: <u>(2.51) \<UFP>\<SPD>\<IP1></u> Can I say it's a gift? <u>@,@,@</u>
    <u>\<LF>\<SPD>\<IP3></u>

11 S64: Oh! <u>(1.19) \<UFP>\<DPD2>\<CIP1></u>

12 S65: Er <u>[I'm kidding], I'm kidding. \<RP>\<SPD>\<IP1></u>

13 S64:   [Oh, my God!] How can I do it?

14 S65: (2.482) En, (…)

15 S64: Don't kid me. Just tell me the secrets, tell me the secrets.

16 S65: (1.947) Yeah, <u>(2.712) \<UFP>\<SPD>\<CM1></u> you know

17   English learning is process of (1.976) accumulation. So (…)

18 S64: Yeah.

19 S65: Just like Rome isn't built one day, you need (3.506)
    perseverance in (…)

20   studying and speaking English (…) every day.

（G3-2F-SS-4）

    S65 获得了英语演讲比赛的冠军，S64 却说她很难过，S65 不明所以，于是问"你为什么难过，是因为我……"。第 6 行 S65 最后的无声停顿很明显是说话人的故意停顿，一方面将话轮权交还给 S64，因为 S65 觉得她自己不好意思说出省去的 prize 这个词；另一方面也表达了 S65 的疑问、不解以及推测的目的。S65 在接受访谈时说："我一听到她说 but I'm sad 我就有点懵了，我还没回过神来呢，感觉她在跟我开玩笑呢。我这个停顿是为了证明我猜得对不对，她是不是因为我获奖了，受刺激啦……"可见，此处是一个典型的语用非流利无声停顿，说话人具有极强的意图性：交接话轮，验证推测。并且，说话人取得了成功，这从随后第 7 行 S64 的三个 no 上可以看出：话轮顺利交接，自己的推测没有得到验证。这也正是 S65

所要达到的目的。第 11 行 1.19 秒的大停顿也是无声停顿，只不过此处说话人所做的语用努力失败了，并没有实现自己的交际意图：S64 显然不知道如何应对 S65 同她开玩笑的情况。S64 在此期间试图做出回应，"我不知道该怎么说了，我还以为她会直接告诉我你应该怎么做"，但最终还是没有产出恰当的应对，只好在第 13 行继续追问 How can I do it，从而转移话题，从刚才的尴尬中解脱出来。

话轮间的无声停顿是否具有语用性质，有时候极难判断，因为我们无法得知交际者当时在想什么，因此在很大程度上要依靠参与者的访谈语料。在第 10 行中，当 S64 向 S65 请教如何练习英语口语时，S65 的话轮间停顿超过了 2 秒钟，接近 3 秒。此处的沉默行为看似由思维困难导致，但对 S65 的访谈发现，她在沉默的前半部分确实在想如何回答，但随后她改变了想法，"她（S64）前面跟我开玩笑，我也跟她开个玩笑，就说 it's my gift，是我的天赋"。可见，在 2.51 秒的停顿中，S65 还是想了很多，并且带有同 S64 开玩笑的主观意图，这从随后 S65 的笑声填充行为上也可以看得出来。因此，该处无声停顿判定为语用非流利无声停顿。

第 16 行 2.712 秒的无声停顿也是语用停顿，因为从后面的 you know 可以看出，S65 开始组织自己的语言，向 S64 给出自己的建议了。第 14、16 行一开始已经有了两处较长的停顿，这两处停顿都是 S65 在考虑建议的内容。此处 2.712 秒的停顿应该是说话人在考虑用什么样的语言来表达问题，即用什么样的话语方式来给出这些建议。访谈语料验证了上述推测："我前面停了那么多次，不能再停了，大概想了几个，差不多就可以说了。这个地方大部分是我在想开头怎么说。"因此，我们可以断定此处停顿是语用非流利无声停顿，因为这是说话人有意识地考虑如何用恰当的语言来表达自己的观点，而具有丰富交际功能的 you know 的出现更是给 2.712 秒的无声停顿打上了语用烙印。

前文提到，"不知道如何说"和"不知道说什么"具有不同的意义，前者强调话语表达方式，后者关注思维内容。语用停顿与话语表达方式相关，而思维停顿则与表达内容短缺相关。如果说话人的无声停顿是由思维困难导致的，则不属于语用非流利停顿。如例（4-2）第 14 行 2.482 秒的无声停顿则是 S65 遇到了思维困难，即不知如何回答 S64 的问题，她在想应该给 S64 什么样的建议。此处不属于语用非流利停顿，因为说话人还没有想到要表达什么样的命题内容，更谈不上如何使用语言来表达问题。同样，第 16 行话轮间 1.947 秒的停顿也属于思维困难型非流利，而不是语用非流利停顿，因为"我还在认真地想，我到底应该给她什么样的建议呢"。

当然，说话人即使是在利用无声停顿来考虑语言问题，但也不一定是语用停顿。如例（4-2）中第 17 行 1.976 秒、第 19 行 3.506 秒的无声停顿虽然是非流利停顿，但这两处停顿都是说话人为了寻找某一词汇而产生的，属于语言非流利，停顿本身以及随后的词汇不会产生其他语用意义。如果说话人在无声停顿之后故意使用某一词汇而放弃其他词汇，从而产生额外的语用含义，那么就是语用非流利。

（4-3）【当听同学 S68 说她准备寒假学开车时，S66 认为考驾照对她来说很难。】

1 S66: (2.323) @@ Thank you. (2.597) En what are you going to do next?

2 S68: (1.60) Maybe I, I will learn to drive.

3 S67: Drive? Don't you think it's too cold in winter to learn driving?

4 S68: But I think it will be too hot in the summer holiday.

5 S66: And I think getting a driving license is very (…) <UFP> <SPD><CIP2> is too=

6　difficult for me because I just learnt how to ride a bicycle last winter.

7　And I think it is a big challenge for me to (…) get the drive discourse,

8　especially in such a short time winter holiday.

（G3-3F-SS-5）

在例（4-3）中，S66 在说出 very 一词后，有了一个无声小停顿，随后将 very 修正为 too。这两个词表达的程度不同，very 只是一般的"很、非常"，如果没有语音上的标记，该词不具有任何语气或感情色彩；too 表达的是一种极端的程度，本身暗含极强的主观断定及消极的感情色彩。说话人 S66 之所以将 very 替换为 too 就是为了强调考驾照对于自己的难度，同时也对 S68 要在这么短的时间内、这么冷的天里考驾照感到不可思议。说话人的情感、态度由于 too 而流露无遗，如果只是 very 一词便不会有此效果。因此，第 5 行的无声小停顿为语用停顿，是说话人为了寻找恰当词汇、更好地表达自己的情感态度而故意为之。

可见，无声停顿本身并不具有语言、思维或语用的性质，我们必须从上下文以及各种交际语境包括交际者本身的认知环境来综合判断。无声停顿就是说话人利用停顿的间隙来寻找恰当的话语表达方式以实现自己的交际意图。中根（Nakane，2007）认为，语境因素中的即时多变的交际环境对沉默的出现影响较大。沉默的交际功能只有通过交际者与社交语境的互动以及交际参与者之间的互动才能更好地得以实现。对于二语学习者来说，自己产出的话语中尽量避免过度的以及长时间的沉默，而在面对他人的无声停顿时，则要结合交际的当前以及社交语境等进行恰当的推理与理解。

4.1.2.2　二语会话中的笑声填充

作为一种常见的非话语行为，笑声在社交互动中有着重要的交际意义（Rees & Monrouxe，2010）。笑声有助于话语意义、自我形象、人际关系的在线协商与创建（Glenn，2003）。人们可以用笑声来传递情感和社交需求（Vinciarellia et al.，2009）。在社交互动中，笑声具有语篇管理和礼貌表达的功能（Tanaka & Campbell，2014）。一项对失语症患者的研究发现，笑声可用于未完成长句的自我修补。威尔金森（Wilkinson，2007）认为，失语症患者语言能力较差，他们通常用笑声作为话语修补中的填充策略，来弥补话语表达的不足、缓和交际中尴尬的气氛。笑声是人与人交流时最常见、最突出的特征（Jung，2003），其作用丝毫不亚于真正的言语。有研究者甚至建议将笑声看成是一种有声话语，因为从最低层次来看，它是一种语音形式；从再高一个层次来看，它是有语音成分的音节形式；这几个音节还可以组成诸如短语类的更高话语形式（Trouvain & Schröder，2004）。

对笑声的理解在很大程度上依赖于交际语境，依赖于参与者之间的互动。会话分析研究者对笑声的互动性特征很早就开始关注了（Haakana，2010）。他们认为，笑声本身虽然没有任何语言意义，但同其他话语方式一样，可以传递信息、组织会话、表达情感，尤其是在会话互动出现言语空白时，笑声的作用更加凸显。这即是语用性质的笑声填充。作为笑声填充，基本条件是要延迟或扰乱说话人的语流，并因此附带一定的语用效果。语流延迟可以体现在话轮内部，也可以体现在话轮之间。笑声填充是交际者有意识发出的，用以缓和交际气氛、避免面子威胁的非流利标记。

笑声填充在本书所选的 SBCSAE 的语料中出现频次并不多，每万字只有 3 次，所占比例仅为 3%。也就是说，美国英语本族语者很少用笑声来传递语用意义。但不可否认的是，它是一种非常有效的交际策略，在关键时刻会起到意想不到的效果。在例（4-4）中，笑声填充多达 6 次，体现了 Jeff 和 Jill 之间的亲密关系。

(4-4)【Jeff 和 Jill 是一对亲密情侣，现在两地分居。Jill 打电话告诉 Jeff 她怀孕了。之前两人打情骂俏，相谈甚欢。】

1 Jeff: .. Are you sure it would have been mine?

2 Jill: .. @@@@@<LF><SPD><IP3>

3 Jeff: @@@[@@@]<LF><SPD><IP3>

4 Jill:[@@] .. [2(H)=2]

5 Jeff: [2(H) You know I would've2] denied it, if you,

6　　.. (H) .. if you said it was mine.

7　　(...) [@@@ @@@@ .. @@]<LF><SPD><IP3>

8 Jill: [@@@@@@@ (H)] <LF><SPD><IP3>

9　　I was uh, .. messing around with the (...) repair man.

10 Jeff: (H)= .. Honey=?

11 Jill: (TSK) Aw=.

12 Jeff: Honey, I'm just kidding [my] .. love.

13 Jill: [@@@](H)[2=2] <LF><SPD><IP3>

14 Jeff: [2(H)2]= You'd sure learn a lot about me if that happened.

15　　[3@@@@3] <LF><SPD><IP3>

（SBC028）

　　我们来仔细欣赏一下这段情侣间的对话，感受笑声填充的语用意境。当 Jeff 听说 Jill 怀孕了时，他居然说出了"你确定孩子是我的"这样的话语，言外之意是还有可能孩子是别人的，意即可能有第三者。正常情况下，Jill 一定会生气的。但是，她却什么都没说，使用了笑声填充（第 2 行），完成了自己的话轮。此时 Jill 明显已经意识到 Jeff 在和自己开玩笑。她的语用填充似乎含有"你猜猜，孩子到底是谁的"的意味，给了 Jeff 一个回击。Jeff 也明白自己说的可能有点过火了，而 Jill 在给自己还击，他在第 3 行同样也用了一个笑声填充，用以缓和尴尬的气氛，减轻对双方的面子威胁。在第 5、6 行，Jeff 继续和女友 Jill 开玩笑，说"即使你说孩子是我的，我也不会承认的"，随即在第 7 行他再次使用笑声填充，之前玩笑造成的尴尬气氛荡然无存，也使得本就不知如何回应的 Jill 在第 8 行也再一次使用笑声填充，并用一句"我和修理工好像有染"来回击 Jeff 的玩笑。这又让 Jeff 有点不知所措，以为 Jill 生气了，便在第 12 行正色说自己只是在开玩笑（这句话同时也说明了笑声填充可以起到活跃气氛的作用）。看到 Jeff 吃瘪，Jill 忍不住大笑起来，第 13 行的笑声填充再次使得之前的尴尬气氛消于无形。见此情景，Jeff 趁机开起了又一轮的玩笑"要是你敢和修理工……，看我不修理你"，说完自己也忍不住大笑起来，第 15 行的笑声填充将这句警告性话语带来的面子威胁完全消除掉。在情侣间的这段对话中，共出现了 3 轮玩笑，其消极性话语带来的面子威胁通过两人 6 次笑声填充降到了最低，并且使得两人的关系更进一步。可见，此处的笑声填充，还具有传递和构建双方感情的交际功能。

本书发现，笑声可以作为一种话语填充方式，在二语会话中有着独特的作用，它可以用来弥补交际空白，避免沉默或其他不恰当话语带来的尴尬。笑声填充在每万字 161 次纯语流延迟类语用非流利标记中只出现了 8 次，约占 5%，但也略高于其在英语本族语者中所占的比例（3%）。虽然有时笑声的出现可能表明中国英语学习者遇到了语言表达困难，反映出他们二语水平欠佳，但正因如此，才更加说明笑声填充可以缓解语言表达能力不足带来的尴尬气氛。

请回看例（4-2）第 5 行和第 10 行。S64 在恭喜 S65 获得演讲比赛的冠军后，接着说自己很伤心，让 S65 一时不知所以，并询问 S64 原因。S64 也很尴尬，觉得自己的消极话语和 S65 获奖的喜悦气氛似乎不符，她没有直接回答 S65，而是在第 5 行用笑声填充策略来缓解对 S65 造成的面子威胁，同时也给自己解了围。然后 S64 再解释是因为自己英语不好才觉得伤心，不是因为对方获奖而不高兴。访谈语料表明，S64 是故意这样说的："我是想用什么法子才能把话题引出来，我本来想说她的英语那么好，我的那么差。但是觉得直接说 I'm sad 更能引起她的好奇"，"说出来后，我看她很认真地问'Why'，就觉得她理解错了，没反应过来，我就不好意思地笑了笑，还没解释呢，她就开始误解我了"。可见，此处的笑声是语用非流利填充。同样地，当 S64 向 S65 请教学习英语的方法时，S65 同 S64 开了个玩笑，说自己英语好完全是因为天赋，但此话又含有 S64 天赋不好之意，可能会伤及对方面子。并且，S65 没有直接回应 S64 的问题本身也是一种不礼貌行为。虽然双方关系很好，但 S65 仍然在第 10 行开过玩笑之后使用笑声填充来缓和对对方造成的面子威胁，并在第 12 行用话语明示自己是在开玩笑。对 S65 的访谈也验证了这一点。因此，第 10 行最后的笑声填充也是一个典型的语用非流利填充。

（4-5）【几位同学正在谈论期末考试以及寒假的事情，S66 认为大家不应该抱怨，而应该好好准备，早点考完试就可以放假回家了。】

　1 S67: You're really a good student.

2 S66: (2.323) @@ <UFP/LF><SPD><CM1/IP3> Thank you.

3　　　(2.597) En what are you going to do next?

4 S68: (1.60) Maybe I I will learn to drive.

（G3-3F-SS-5）

可以看出，在例（4-5）中，S67 认为 S66 的态度很积极，是一个真正的好学生。面对 S67 的恭维，S66 一时不知如何回应，出现了 2.323 秒的话轮间无声停顿，接着她用笑声打断了这段沉默。S66 在随后的访谈中回忆道："前面说得好好的，突然夸了你一句，也不知道真的假的，还是有点不好意思，所以就……嘿嘿"，"这知道，在英语里面，别人表扬你的时候，你得说 Thank you"。可见，此处的笑声填充至少产生了两种语用效果：说话人填补了交际空白并接续了话轮；缓和了尴尬气氛，保持了自己的积极面子，也为随后的恰当产出赢得了时间。此处笑声填充起到了会话组织调整和人际意义的双重交际功能，为语用非流利填充。

无声停顿和笑声填充，虽然一个无声，一个有声，但其本质都是非话语行为，并在一定程度上会影响语流的正常产出。除了可以体现交际者的语言水平可能不高之外，这两种形式的非流利标记还具有一定的交际功能，可以反映交际者的语用能力。虽然两者的出现频率并不高，但在评估二语语用能力时，非话语形式的无声停顿和笑声填充的使用情况也具有一定的借鉴意义。

4.1.2.3　二语会话中的填充停顿

填充停顿是交际者在停顿的间隙有意识地插入特定的填充成分，用来弥补无声沉默的尴尬并带有额外的目的。它们不受句法结构的限制，不直接构成话语的命题内容。本书出现的填充成分可以分为两大类：①无词汇意义的语音填充，如 er、en、em、ah 等（以 FP1 标注），主要用于拖延语流、守住话轮，有时也可以传递言外信息；②有一定词汇意义的语用标记语，如 well、I mean、you know、and、so、yeah 等（以 FP2 标注），一方面可以拖延语流、守住话轮，另一方面也可以表达特定的交际功能。需要注意的是，即使是有意识的使用，如果语用知识不够，也可能出现停顿填充误用或使用不地道的情况。

1. 无词汇意义的语音填充

这类非流利标记主要是一些本身没有任何词汇意义的语音填充，如 er、en、em、uh、ah 等。它们虽然没有任何词汇意义，但在会话中却具有额外的交际功能。这类非流利标记在美国英语本族语者话语中也很常见。SBCSAE 的语料显示，每万字 106 次纯语流延迟类语用非流利标记中，带有语用性质的无词汇意义的语音填充出现了 13 次，约占总频次的 12%，与无声停顿和重复的频率相当。在美国英语本族语者会话中，这类非流利标记一般出现在某一话轮中间，用以维持话轮、话题或作为话语修正标记语；也常出现在接应性话轮的起始处，用以接续对方话轮；很少出现在整个会话开始处或话题产出性话轮中。

在例（4-6）中，售货员 Brad 正在向顾客询问相关信息，想了解顾客是否有其他型号的卡式录音机。他在第 3 行本来是想使用一般现在时的形式来询问，然后意识到这样的话语形式似乎太直接了，不太礼貌，于是修正成第 5 行的 if 从句，使得自己的表达更间接得体、更符合自己的身份。在做此修正前，Brad 使用了语音填充 um 作为修正标记。修正标记往往用于话轮内部，预示对刚刚说过的话语进行重复或修补，从而对会话实施管理和调节。这些修正标记不表达多少实质性意义，但能增强话语的连贯性，增强谈话双方的互动性（Biber et al., 1999），是一种重要的会话交互策略。例（4-6）第 4 行的 um 就使得 Brad 的话语修正连贯、自然，也可以让听话人（顾客）感受到 Brad 对其的礼貌与尊重。

（4-6）【Brad 是某电器商店售货员，之前已经给顾客介绍了卡式录音机的相关信息，现在正在了解顾客对录音机的基本要求。】

```
        1 Brad:   [the oth-] --.. the other thing I was gonna say is,
        2         is it --
        3         (H) do you have,
  → 4            (...) um=,<FP1><SPD><IP3>
        5         (...) if you had some other type of quality cassette deck.
```

（SBC016）

许多研究表明，二语学习者在构想下一步的话语内容或构想如何表达头脑中已有内容的时候，更多地采用无词汇意义的语音填充，这是语言表达不流利的特征之一（Riggenbach，1991；周爱洁，2002；戴朝晖，2011）。本书发现，中国英语学习者在考虑相关语用因素时，也倾向于使用此类填充停顿，并且频率相当高。在每万字 161 次纯语流延迟类语用非流利标记中，无词汇意义的语音填充就出现了 53 次，约占纯语流延迟类语用非流利标记总频次的 33%，位居所有标记之首。

(4-7)【学生 S47 打电话邀请老师 T2 参加他的生日聚会。】

1 S47: (4.3) Good morning, is Mr. Qiao speaking?

2 T2:　(...) Morning, speaking, please.

3 S47: (…) Er <FP1><SPD><CM1>, hello Mr. Qiao. How are you doing?

4 T2:　(...) Hello, I'm doing good. (1) How are you doing?

5 S47:　(…)　I'm　fine.　<u>(1.13)　<UFP><DPD2><CIP1></u>　En, <u><FP1><SPD><CM3/IP3></u>

6　　I'm calling to see if (...) whether you are free this weekend.

7 T2:　(…) Ahn this weekend? (...) [Yeah] I guess so.

8 S47:　　　　　　　　　　　　[Yeah]

9 T2:　So (...) what's that about?

10 S47: (…) <u>Ahn (1.95), <FP1/UFP><DPD1><CIP1></u> if you're free, that's great.

11　　[Would] you be interested in coming to my birthday party?

12 T2:　[Enhen] (1.19) Great. So you are celebrating your birthday, (…) [this weekend?

13 S47:　　　　　[Yeah, (...) yes.

14 T2:　Oh, [great.

15 S47:　　　　[And], <FP2><SPD><CM1> it should be found (...)

16 T2:　Enhen.

17 S47: A lot of my classmates would come, and you will so get (...) some new friends.

（G3-2T-TS-1）

本书语料发现，语音填充成分 en（ahn 为其变体）在中国英语学习者会话中使用最为频繁，多出现在话轮开始或结尾处。例（4-7）第 5 行 en 和第 10 行 ahn 为无词汇意义的语音填充，主要起到了拖延语流、守住或启动话轮的作用。在该对话中，交际双方相互打过招呼后，学生 S47 准备实施邀请言语行为（第 5 行）。他在 1.13 秒的无声大停顿之后，应该是想好如何表达了，以填充成分 en 开头继续话轮并引出话题。这是一个无词汇意义的语音填充，据参与者 S47 说："我主要是觉得前面停的时间太长了，不能一直不说话，有声音总比没声音好，我们都是这样。"可见，此处的 en 是说话人故意发出的，目的是维持自己的话轮，缓和尴尬气氛，并拖延时间以便自己尽快想出相应表达，故属于填充停顿。第 10 行中的 ahn 也是语用填充，为说话人赢得时间想出实施邀请行为的恰当表达。但不同的是，在第 5 行说话人成功地产出了合适表达，而在第 10 行说话人失败了，后面产出的表达不太地道。塞尔（Searle，1969）认为，邀请是于对方有益的言语行为，不必拐弯抹角。并且，对于 T2 来说，他还很有可能从 ahn 之后的无声停顿错误地认为 S47 有可能会实施一个对自己不利的言语行为，因为如果是对自己有益的事情，S47 不会支支吾吾的。可见，中国英语学习者本来想表达的积极性言语行为由于使用了无词汇意义的语音填充而有可能被对方误解。

语料表明，中国英语学习者大量使用无词汇意义的语音填充来充当二语会话中的填充手段，其中出现次数最多的语音填充是 er、em、en 和 ahn，这与里根巴赫（Riggenbach，1991）、周爱洁（2002）、戴朝晖（2011）、陈浩（2013）等人的结果一致。但与上述研究结论不同的是，本书中的这些语音填充并不能说明中国英语学习者口语表达"不流利"或"缺乏停顿填补策略的意识"。相反地，访谈语料表明，中国英语学习者还是具有一定的停顿填补策略的意识，只不过他们没能如本族语者那样选择更加合适的策略标记。

本书所讨论的无词汇意义的语音填充与语言非流利中的语音填充不同。此处的无词汇意义的语音填充具有语用性质，即是说话人主动的、有目的的产出。这类非流利标记所体现的交际功能多为话轮掌控，有时候也会传递一定的人际意义，但并不明显，能否被交际对方捕捉到还未可知。由于这类填充语不具有任何命题意义，听话人要想推测出说话人所要传递的真实意图需要付出更大的语用努力。另外，主动的、有目的的行为并不一定是最正确、最恰当的行为。有时候听话人即使付出了很多的语用努力，也不一定能达到正确理解的目的。这主要是由语音填充没有任何词汇意义的本质决定的，它们对二语语用能力发展的作用较为复杂，我们将在第 7 章详细讨论。

　2. 有词汇意义的语用标记语

第二类填充停顿，即具有一定词汇意义的填充语，与传统意义上的话语标记语基本一致。在言语交际中，话语标记语所起的作用就是通过多种方式调控话语和语言交际的互动性，它们不直接构成话语的命题内容，而且也不受句法结构的限制（冉永平，2002）。它们的使用离不开交际主体的语用意识，因此也被称为元语用指示语（metapragamtic indicator）

（Verschueren，1999），并且依据话语标记语本身的概念意义在不同的语境中还可以引申出各种语用意义，具有不同的交际功能。因此，本书将这类词汇称为语用标记语。恰当、合理地使用语用标记语是语用能力的标准之一。

从表 4-2 可以看出，美国英语本族语者使用语用标记语的频次是相当频繁的，每万字出现了 64 次，占了纯语流延迟类语用非流利标记总频次的一大半（61%），远远高出其他语用非流利标记的使用频率。也就是说，美国英语本族语者善于使用话语标记语来传递自己额外的语用意义。中国英语学习者使用语用标记语的频次也是较为频繁的，每万字出现了 50 次，约占纯语流延迟类语用非流利标记总频次的 31%，仅稍微落后于无词汇意义的语音填充。中国英语学习者语用标记语的使用情况略显复杂：一方面，从与美国英语本族语者对比的角度看，中国英语学习者语用标记语的使用频率显著性地低于美国英语本族语者；另一方面，从与其他类别非流利标记对比的角度看，中国英语学习者语用标记语的使用频率还是较高的，也就是说，中国英语学习者在二语会话中使用了一定量的语用标记语，但其使用频率与美国英语本族语者相比仍有很大差异。我们认为，出现这种情况的主要原因可能是中国英语学习者尚未很好地习得各种语用标记语知识，不能自如地使用它们。无论他们的语用知识系统中有无这些语用标记语，都似乎表明中国英语学习者这方面的语用能力有待进一步增强。

下面，我们具体考察两组使用者会话语料中出现的典型语用标记语，以讨论中国英语学习者在这些语用标记语上的习得情况。表 4-3 为两组使用者话语中出现的几类常见的语用标记语。

表 4-3　中国英语学习者和美国英语本族语者话语中常见的语用标记语的使用频次

使用者	语用标记语							总计
	you know	I mean	well	and	like	so	yeah	
中国英语学习者（次/万字）	18	0.5	3	24	0	3	1.5	50
百分比（%）	36	1	6	48	0	6	3	100
美国英语本族语者（次/万字）	28	13	9	7	5	2	0	64
百分比（%）	44	20	14	11	8	3	0	100

可以看出，美国英语本族语者使用频率最高的语用标记语为 you know（44%），其次为 I mean（20%），两者总频率达 64%，然后是 well（14%）、 and（11%）、like（8%）、so（3%），没有使用 yeah；中国英语学习者使用频率最高的语用标记语为 and（48%），其次为 you know（36%），两者总频率高达 84%，然后是 well（6%）、so（6%）、yeah（3%）和 I mean（1%），没有使用 like。表 4-3 显示，中国英语学习者使用的语用标记语的类别与美国英语本族语者基本一致，但在各类别的使用频率上存在较大差异。

尤克尔和史密斯（Jucker & Smith，1998）认为，话语标记可以分为接受标记和表达标记两种。接受标记指的是对其他人说过的话语的一种反应，典型的接受标记有 yeah、oh、ok 等；表达标记指的是伴随和修饰说话人自己的信息，典型的表达标记包括 like、you know、I mean 等。语用非流利标记主要涉及表达标记，本书收集的中国英语学习者会话语料中出现的类似表达标记的主要有 well、I mean、you know、and、so 等。但本书发现，作为典型回应标记的 yeah 在中国英语学习者会话语料中也可以实现表达标记的功能。由于此类话语标记本身就含有相应的语用意义，用法灵活多样，交际功能十分丰富，不少研究者对其做了充分的研究。我们将在第 6 章详细讨论交际者如何利用语用标记语实现各种语用意图。下面以 and、well、you know、yeah 为例，简要说明这些语用非流利标记的基本特征及中国英语学习者的习得情况。

夸克等（Quirk et al.，1985）在《英语语法大全》（*A Comprehensive Grammar of the English Language*）中详细探讨了 and 的多种句法功能，如时间顺序、对比关系、因果关系、让步关系、转折关系、补充说明、解释关系等，认为 and 的使用灵活多变，主要受制于语用因素。这使得该词可以进一步演化为功能更加强大的话语标记，在不同的语境中起到不同的交际功能。因此，本书将 and 归入像 well、you know、I mean 等传统话语标记的范畴。杨晓红（2011）从关联理论的视角考察了 and 作为话语标记语的交际功能，包括信息追加、信息修正、话轮/话题转换和结束标记以及命题态度标记等。该词原本只是一个连接词，由于具有接续功能，虽然常被英语本族语者当作语用标记语，用来连接话语和引出话轮，但英语本族语者使用 and 作为话语标记语的频率并不高，每万字只出现了 7 次，约占所有话语标记语总频次的 11%。

and 在中国英语学习者会话中使用最为频繁，几乎达到了所有话语标记语出现频率的一半。与美国英语本族语者会话中 and 的使用频率相比，两组使用者具有显著性差异（χ^2=23.203，p=0.000<0.001）。这说明中国英语学习者过度使用 and 作为语用标记语。例（4-7）第 15 行 and 一词并不

是并列连词，而是充当话语标记语，用来组织语篇、连接话轮，甚至是跨话轮连接，即将第 13 行与第 15 行连接在一起。and 一词的使用，具有明显的交际者主动意识痕迹：他在非常有意识地告诉对方自己还有话说。因此，作为话语标记语的 and 是典型的语用标记语。另外，副词 so 也可以充当话语标记语，其用法、功能与 and 类似，不再举例。有关 and、so 等词的其他交际功能在第 5 章还会有所论及。

(4-8)【学生 S48（Anny）想邀请老师 T2（Qiao）担任即将举行的英语演讲比赛的评委。】

　　1 T2: Hello, Anny, thank you for calling. So how can I help you?

　　2 S48: (1.4) Er well <FP2><SPD><CM1/IP3> I wonder if you could do me a favor?

　　3 T2: (...) Yeah, sure. So what's it about?

　　4 S48: (1.32) Er you know <FP2><SPD><CM1/IP2> we are going to have an English

　　5　　　speech contest this Friday afternoon, and I want you to be one of our judges.

（G3-2T-TS-2）

根据冉永平（2003）、李民和陈新仁（2007a），话语标记语 well 具有多种交际功能，包括信息修正、话语起始和延缓标记、充当"威胁缓和语"等。在例（4-8）中，虽然汉语中用"请"或"邀请"，但此处 S48 实施的实际上是请求言语行为，而按照布朗和莱文森（Brown & Levinson，1987），请求言语行为是一种面子威胁行为，因为请别人做某事会占用对方的时间、给对方带来不便等，有可能威胁对方的消极面子。在例（4-8）中，第 2 行的填充停顿 well 一方面起到接续话轮的作用，另一方面也暗示下面提到的可能是会威胁到对方面子的一种行为，well 的使用可以缓和语气并让对方有所准备，这也体现了说话人对听话人的礼貌行为。从两组使用者对比的角度看，中国英语学习者使用 well 的频率明显没有美国英语本族语者高：后者每万字使用 9 次，约占所有语用标记语使用总频次的 14%；前者每万字只出现了 3 次，仅占其所用语用标记语使用总频次的 6%。可见，中国英语学习者尚未很好地习得 well 作为语用标记语的用法。

冉永平（2002）认为，you know 的主要作用是语用的且具有动态性，对会话等互动性言语交际进行调节与管理。他总结出了 you know 的四个交际功能：①衔接功能；②元知识标记功能；③提醒功能；④认知共性。同时，他指出除上述功能以外，在具体的语境条件下，you know 还可能出现交际功能增量，比如在言语交际中它还常用于表示说话人希望听话人作出某种回应，暗示听话人发话或暗示说话人希望听话人对自己提供的信息进行确认等。

you know 是中国英语学习者和美国英语本族语者使用都很频繁的语用标记语，两者在该表达的使用上没有显著性差异（χ^2=0.800，p=0.371>0.05）。并且，you know 还是美国英语本族语者最常用的语用标记语。从这个角度来说，中国英语学习者似乎习得了 you know 作为语用标记语的用法。但是，在汉语口语中，"你知道吧"（you know）也是很多人常用的话语标记之一。我们并不能因此说中国英语学习者"习得"了 you know 的用法，它可能是母语迁移造成的，也可能是普遍语用能力或普遍认知能力在起作用。我们将在第 6 章结合交际功能再讨论这一观点。you know 在两种语言中之所以都很常用，可能主要是因为该表达最能体现交际互动：you know 具有引起对方注意、希望对方理解参与的基本功能。中国英语学习者与美国英语本族语者在 so 的使用频率上也没有显著性差异（χ^2=1，p=0.317>0.05）。

例（4-8）第 4 行的 you know 同时实施了话轮衔接功能和提醒功能，分别是本书所界定的会话组织调整功能和人际功能的具体体现。当 T2 询问 S48 打电话的目的时，她没有直接说明目的，而是使用具有一定人际意义的 you know 来接续话轮，用提醒对方注意的方式拉近与对方的心理距离，使得自己后面的话语具有最低程度的面子威胁。例（4-9）第 1 行中的 you know 与此类似。

（4-9）【同班同学获得了英语演讲比赛的冠军，S64 正在向她请教如何学好英语。】

    1 S64: No, no, no, (…) because <u>you know</u> \<RT\>\<FP2\>\<SPD\>\<IP2\>

    2   my oral English is always poor. I'm so worried about it. I want to improve it,

    3   but (…) I don't know how (…) <u>Yeah,</u> \<FP1\>\<SPD\>\<CM3/IP2/IP3\>

        (…) How do you study English so well?

（G3-2F-SS-4）

本书语料发现，作为典型的回应标记，yeah 在中国英语学习者会话中有时候可以起到表达标记的功能，其主要作用是填充话轮空白，有时会含有强调自己之前所讲的意味。请看例（4-9），S64 说自己英语口语很差，想提高但不知如何做。随后，她用了一个 yeah 用以连贯话语，保持话轮，以便提出后面的话题。yeah 本来用以表达自己对他人观点的肯定，此处用来强调自己前面所讲的都是实情。参与者对此解释为"这个地方我可能是把汉语里面的'是的，是的'……我平时可能就爱说'是的，是的'"。虽然参与者称这可能是由于汉语里面的口头禅所致，但就笔者所掌握的文献来看，类似"是的，是的""是啊，是啊"等在汉语中也具有一定的表达标记的功能（刘志富，2011）。可见，yeah 作为表达标记在英汉中具有共同的认知基础。另外，在例（4-9）中，yeah 似乎还具有一定的人际意义，用来获取对方的同情与理解。也就是说，S64 觉得自己真的不知道该怎么办了，希望对方能理解自己的心情，然后再提出向对方请教，就不会显得突兀，同时也会减少下面直接询问带来的面子威胁。

yeah 的这一情况比较有意思。该词本为回应标记语，但却被中国英语学习者用来当作表达标记语。这一方面可能与 yeah 的频繁与过度使用有关，另一方面也可能是由母语迁移引起的。在汉语中，说话人也会用"是的"（相当于 yeah）来确认前述信息或暗示自己话轮结束等。

I mean 的使用频率在美国英语本族语者会话语料中仅次于 you know，但在本书所收集的中国英语学习者会话语料中只出现一次，非参数卡方检验表明，两者之间有显著性差异（χ^2=18.182，p=0.000<0.001）。同样，well 在美国英语本族语者会话语料中的出现频率也较高，但在中国英语学习者会话语料中却不太常出现，两者之间也达到了显著性差异（χ^2=37.786，p=0.000<0.001）。也就是说，虽然中国英语学习者也使用这两个语用标记语，但并不像美国英语本族语者那样经常使用。另外，美国英语本族语者也会使用 like 作为语用标记语，但在中国英语学习者会话语料中并没有出现。

由于语用标记语本身具有相应的语用意义，并且在不同的语境中可能会有不同的交际功能，因此，恰当使用这些语用标记语可以让说话人的话语显得自然、流畅。此处的"流畅"主要指意义上的衔接、连贯，与本书所说的"非流利标记"并无矛盾之处，后者主要强调语流序列的延迟和句法形式的变化，并不涉及语用意义的变化。有学者甚至认为，能够恰当使用这些常见的话语标记语是"语用流利度"的评估指标之一（House，1996）。本书将在第 7 章对此做详细讨论。

以上我们从填充停顿的两个方面考察了中国英语学习者语用非流利标记的部分使用特征，发现中国英语学习者和美国英语本族语者之间在无声停顿、笑声填充以及重复的使用频率上没有显著性差异；两者之间语用非流利的使用差异主要体现在无词汇意义的语音填充和语用标记语的出现频率上。虽然中国英语学习者使用的语用标记语在类别上与美国英语本族语者基本一致，但在频率上仍有显著性差异。并且，中国英语学习者在无词汇意义的语音填充的使用频率上显著性地高于美国英语本族语者，出现了过度使用的情况。这些发现表明如下内容。

（1）中国英语学习者在非言语类交际手段如无声停顿、笑声填充以及重复等的使用频率上与美国英语本族语者没有显著性差异。我们认为，这一方面固然是受母语交际方式的影响，即母语正迁移，另一方面也有可能是普遍语用知识或普遍认知能力在起作用。罗斯和卡斯珀（Rose & Kasper，2001）认为，二语和外语学习者即使没有丰富的目的语语用知识，也能够在运用普遍语用知识和语用正向迁移的情况下，成功地实施言语行为。因此，二语语用发展研究将语用策略和语用正向迁移视为普遍的语用原则（李健雪，2008）。正如本书第4.1节和4.2节所讨论的那样，有些非言语的手段也可以用来实施一定的言语行为或交际功能，也应该属于普遍语用知识的一部分，或普遍认知能力的一部分。这些普遍性的语用认知手段在二语交际中起着不可替代的重要作用。

（2）中国英语学习者的语用语言能力有待进一步提高。如果说无声停顿、笑声填充和重复属于绝对的非言语手段，无词汇意义的语音填充则有点类似于言语手段，但还不是真正的言语手段，并不属于语言学的本体范畴。语用标记语是由话语标记语来充当的，是真正的言语手段。中国英语学习者语音填充使用过度而语用标记语使用不足则说明中国英语学习者的语用语言能力还没有达到美国英语本族语者的水平，有待进一步提高。但幸运的是，中国英语学习者已经具有了相当高的语用意识，一方面从他们使用的语用标记语的类别与美国英语本族语者基本一致上可以看得出来；另一方面访谈语料也表明他们试图提取出更恰当的表达手段。但由于语用语言知识的不足，即使具有一定的语用意识，也是心有余而力不足。这就要求中国英语学习者要对各种语用标记语的功能有着清醒的了解，以便能在合适的场合产出恰当的话语。

4.1.2.4   二语会话中的重复

出于语用目的的重复，指说话人为了更清楚地表达自己或强调某一点而在同一话轮或两个相近话轮中至少两次有意识地提及相应话语。如果重复发生在同一话轮中，多起强调信息真实性的作用；如果发生在话轮间，多有互动人际的功能。

SBCSAE 的语料显示，美国英语本族语者出于语用目的的重复的频率（12%）与无声停顿、语音填充差不多，所占比例不算太高，略高于笑声填充。本书收集的中国英语学习者会话语料表明，中国英语学习者二语会话中出现语用性重复的频率与美国英语本族语者一样，也是约占纯语流延迟类语用非流利标记的 12%，略高于笑声填充。也就是说，两组使用者在语用性重复的使用上没有明显差异。

（4-10）【当被问及自己当年高考时印象最深的是什么的时候，S18 做如下回答。】

　1 S18: <u>Er (...) <FP1><SPD><CM1> the only thing I remember is, is,</u>

　2 　　　<u>that day is very very hot, is really very hot. <RT><SPD><IP1></u>

　　　　　　　　　　　　　　　　　　　　　　　　（G1-10F-SS-1）

例（4-10）第 2 行的重复发生在同一话轮内部，说话人通过反复说那天非常热来强调当时的天气状况是多么的糟糕，以至于"这是我唯一能记得的事情"。同时，该重复还暗含试图让对方相信自己的意味。参与者 S18 称："我就想表达出那天十分热的意思，多说两遍他们就会印象深刻。"可见，此处的重复具有语用性质，是交际者故意为之。例（4-11）第 7 行和第 12 行的重复则具有人际功能，是交际者为了缓和前面的玩笑带给对方的面子损害，同时也为了避免对方误解，用重复来强调自己之前仅是玩笑而已。例（4-13）第 8 行重复，则是说话人向对方表达自己的严肃、认真的态度，确定自己之前所说的千真万确，并不是同对方开玩笑，以此来消除对方的怀疑态度。

（4-11）【S65 获得了英语演讲比赛的冠军，S64 是她的同班同学，前来恭贺并向她请教练习英语口语的方法。】

　1 S64: Congratulations! (…) You won a prize again! I'm so proud of you.

　2 S65: Thank you:.

　3 S64: (…) But actually I'm a little sad.

　4 S65: (…) Why?

　5 S64: <u>@@ <LF><SPD><IP3></u>

　6 S65: You sad about what? About my <u>(1.11)</u>? <UFP><SPD>

<CM1/IP2>

7 S64: <u>No, no, no,</u> <RT><SPD><IP1> (…) because <u>you know</u> <FP2><SPD><IP2>

8   my oral English is always poor. I'm so worried about it. I want to improve it but (…)

9   I don't know how (…) yeah (…) How do you study English so well?

10 S65: <u>(2.51)</u> <UFP><SPD><IP1> Can I say it's a gift? <u>@@@</u> <LF><SPD><IP3>

11 S64: Oh! <u>(1.19)</u> <UFP><DPD2><CIP1>

12 S65: Er <u>I'm kidding, I'm kidding.</u> <RT><SPD><IP1>

（G3-2F-SS-4）

有时重复发生在即时交际压力之下，交际者为了维持或抢得话轮，用起始部分的重复话语来引起对方注意。此外，重复还可以体现交际双方的互动理解。

（4-12）【学生 S49 邀请老师 T2 担当英语演讲比赛的评委，T2 正在询问有关演讲主题。】

1 T2: Ok, great. So can you tell me (...) the topic of the speech contest?

2 S49: Ok, that is about en my China China's dream.

3 T2: Oh, my [Chinese dream, ok.]

4 S49:   [<u>The, the, the</u> <RT><SPD><CM1/IP2> (...) <IR><SPD><IP2>]   Yeah.

5   The topic of China's dream is quite popular with the (...) [er]

6 T2:   [<u>That's right</u>]. <IR><SPD><IP2>

7 S49: recently.

8 T2: Yeah.

（G3-2T-TS-3）

在例（4-12）中，当 T2 询问本次演讲比赛的话题时，S49 说是有关中国梦的。此时，S49 产出完第 2 行后，似乎还没有说完，就被 T2 打断了。

S49 在接受访谈时说"我这个时候还没说完呢，正想接着说中国梦现在很流行，听到后面老师的回应，我就下意识地停了下来，后来老师不说了，我就接着说"。由此可以推断，第 4 行 the 的重复是说话人 S49 为了延续自己第 2 行的话轮，同时提醒对方自己还有话说，在等待对方完成话语，体现出了交际中的互动。

　　跨话轮重复，即重复现象出现在两个不同的话轮中，可能是同一说话人发出的，也可能是交际对方发出的。若是不同交际者发出的，多出现在回应话语中。

（4-13）【学生 S42 正在和同学 S43 讨论刚刚结束的英语演讲比赛的情
　　　　况。】

　　　1 S42: Oh, sweetie, ahn you know what?

　　　2 S43: Er, what's it?

　　　3 S42: En, can you guess?

　　　4 S43: Oh, no, come on!

　　　5 S42: En, ok. Er Helin got <u>the first prize</u> of the English speech
　　　　　contest!

　　　6 S43: Ah, <u>the first prize</u>? Er (…) are you sure it's <u>the first prize</u>?
　　　　　<RT><SPD><IP1>

　　　7　　Are you kidding?

　　　8 S42: Oh, no, of course <u>no kidding, no kidding.</u> <RT><SPD><IP1>
　　　　　　　　　　　　　　　　　　　　　　　（G1-2F-SS-5）

　　在例（4-13）中，当 S43 听说 Helin 获得了英语演讲比赛第一名的时候，在第 6 行连续两次重复了 S42 所说的 the first prize，这是对 S42 话语的回应，表达出了一种惊讶、怀疑、不相信的态度。这一暗含的人际意义显然被 S42 所理解，她随后在自己的话轮中也使用了重复标记，以表达自己所说的是真的，并没有骗 S43 的意思。这是跨话轮重复的典型交际功能，访谈语料验证了以上猜测："其实这个就是表示不相信，她刚来的时候口语差得要命，现在居然获得了全校第一。"

　　本小节讨论了中国英语学习者会话语料中出现的纯语流延迟类语用非流利标记。此类标记的主要特征是语流延迟不涉及话语句法及语义的变化，但会产生相应的语用含义，并且具有特定的交际功能。下面，我们再来讨论可以引起已发话语句法及语义变化的话语修正类语用非流利标记。

4.1.3　中国英语学习者二语会话中话语修正类语用非流利标记的出现情况

前文提到，语流延迟类语用非流利标记只是纯粹的语流后推，不涉及整体句法结构的变化，而话语修正类语用非流利在形式上体现为会引起已发话语整体结构的变化，非流利标记的出现意味着已发话语的总体序列结构倾向将发生变化，有的句法成分没有完成即遭放弃，有的中间插入新的成分，有的得以进一步完善，当然语义也与之前不同，最主要的是修正后被赋予了特定的语用意义。话语修正类语用非流利标记也具有语流延迟的特征。中国英语学习者会话语料中出现的话语修正类语用非流利标记主要有中断/打断、插入、删除、替换等四种。之所以将中断现象归入话语修正类语用非流利标记，是因为它涉及中断或打断后话语信息的变化。表 4-4 为中国英语学习者和美国英语本族语者话语修正类语用非流利标记的使用情况对比。

表 4-4　中国英语学习者和美国英语本族语者话语修正类语用
非流利标记的使用情况对比

使用者	话语修正类语用非流利标记				总计
	中断/打断	插入	删除	替换	
中国英语学习者（次/万字）	13	9	3	8	33
百分比（%）	40	27	9	24	100
美国英语本族语者（次/万字）	10	5	3	6	24
百分比（%）	42	21	12	25	100

可以看出，美国英语本族语者使用频率最高的是中断/打断（42%），其次是替换（25%）和插入（21%），最后是删除（12%）；中国英语学习者使用频率最高的也是中断（40%），其次是插入（27%）和替换（24%），最低的也是删除（9%）。列联表卡方检验显示，总体来看，两组使用者在话语修正类语用非流利标记每万字的使用频次上没有显著性差异（$\chi^2=0.409$，$p=0.938>0.05$）。并且，两组使用频率最高的话语修正类语用非流利均为中断/打断，最低的都是删除，插入和替换之间的频率差异也不是很大。

下面，我们从中国英语学习者的角度来讨论话语修正类语用非流利标记的使用特征。非参数卡方检验显示，四种非流利标记之间的使用频率有显著性差异（χ^2=27.143，p=0.000<0.001）。描述统计数据表明，中国英语学习者频繁使用中断/打断，然后是插入和替换，最后才是删除。这说明中国英语学习者也会像美国英语本族语者那样，会以中断的方式来调整自己或他人的命题内容或话语表达方式。另外，中国英语学习者的删除行为之所以出现那么少，是因为他们在产出某些话题或话语后，试图尽量维持已有话题，而采用插入或替换的方式来对会话进行调整。也就是说，中国英语学习者一旦确定了自己要表达的命题内容，就会想方设法去完成相关话语表达。

中断/打断往往意味着话题或话语的完全放弃，而删除是在不放弃话题或话语内容的基础上放弃之前的表达方法而另寻他法来完成同一命题内容。中国英语学习者高频使用中断/打断与上述他们尽量维持自己的话题似乎有所矛盾。但如果我们再仔细考察两种不同的中断行为，自我中断与他人打断，就会发现，上述观点是有一定依据的。统计中国英语学习者会话语料表明，自我中断行为的频次远远低于他人打断行为。也就是说，中国英语学习者很少主动地自我中断，都是被动地被他人打断。

另外，值得一提的还有插入行为。自我插入的频次也是极低的，每万字 9 次的插入行为中仅有 2 次是自我插入，而其他 7 次都是他人插入。结合中断行为，我们认为，中国英语学习者主动参与会话的互动能力还是很强的。下面，我们具体考察中国英语学习者话语修正类各语用非流利标记的出现情况。

4.1.3.1　二语会话中的中断/打断

中断/打断指说话人话语不自然的完结或话题以及命题内容的改变，并伴有一定的目的。如果是在同一话轮内部出现语流延迟而并无后续话语或改变了话题，则为自我中断；如果语流延迟出现在话轮间，即由于对方抢话轮而造成的语流中断，则为他人打断，打断后说话人可以另起话轮继续自己的话题，也可以放弃之前话语。无论是自我中断还是他人打断，必须有相应的目的和意图才是语用非流利。另外，中断/打断往往会伴随无声停顿或填充停顿。

无论是在美国英语本族语者话语还是中国英语学习者话语中，中断/打断的出现频率在话语修正类语用非流利标记中都是最高的，他们时不时地使用中断标记来调整自己的话语或话题。我们先来看一个美国英语本族语者会话中中断/打断的例子。

（4-14）【Jamie 和 Harold 是一对夫妻，Miles 是一名医生，饭后他们谈到了是否可以让孩子很小就学踢踏舞并聊起了教踢踏舞的年轻老师。】

1 Jamie: How [can you teach a three-year-old to] ta=p
             [2dance2].

2 Harold: <u>[I can't imagine teaching a]</u> --<IR1><SPD><IP2>
             [2@Yeah2], really.

3 Jamie: (...) (H)=

4 Miles: (...) Who suggested this to em.

5 Harold: I have no idea. It was probably my= .. sister-in-law's
             idea because,

6   (...) I think they saw= (...) that movie.

7 Jamie: (...) Tap?

8 Harold: [What] [2was the2], <IR2><SPD><IP2>

9 Miles: <u>[2<X They had X>2]</u> --<IR1><SPD><IP2>

10 Harold: the movie with that .. really hot tap danc[er].

11 Jamie: [Oh]   that
             ki=d.

12 Miles: (...) He was actually here two weeks ago,

13   and [I missed him].

14 Jamie: [at the .. at] the ja=zz .. t[2ap thing or whatever2].

15 Harold: [2Was he a little kid2]?

16 Miles: [3No he's sixteen now=3].

17 Jamie: [3(H)<u>No he's like3]</u> --(...) <IR1><SPD><IP2> Yeah
             he's a teenager,

18   but he teaches these classes in New York.

（SBC002）

在例（4-14）中，三人会话出现了多处中断现象。在第 1 行和第 2 行，Harold 的话语和 Jamie 发生了重合，两者都对孩子从三岁就开始学踢踏舞感到难以接受。当 Harold 意识到 Jamie 所要表达的意思和自己一样时，他中断了自己的话语，并用笑声和 yeah、really 来回应，表示赞同前者说法。同样地，在第 17 行，当 Jamie 发现 Miles 已经替自己回答了 Harold 的问题，主动中断了自己本来的话语，也以 Yeah he's a teenager 来重复确定 Miles 的回答正是自己想说的。这两处均为语用性自我中断行为。再请看第 8 行和第 9 行。当 Harold 询问由那位踢踏舞明星参演的电影叫什么名字时，Miles 的重叠打断了他的话语，但在 Miles 意识到自己影响了 Harold 的话语时，实行了自我中断，Harold 得以在第 10 行继续完成自己之前的话语。注意，第 8 行并不是自我中断，因为从第 10 行可以看出，Harold 有强烈的完成已发话语的意思。第 9 行 Miles 的话语虽然有被 Harold 打断的嫌疑，但更是因为他先打断了对方的话语而采取的自我中断。可见，语用性自我中断具有极强的交际互动功能，是自我中断者理解、体谅对方的一种行为。他人打断的性质要根据打断者之后的行为而定。有时候，他人打断是为了强行抢夺对方的话轮，并与对方发生争执或辩论，此时的他人打断对于对方来说具有一定的冒犯性；多数时候，他人打断是为了帮助交际对方更好地完成其话语或表达其思想，体现了对交际对方的理解与帮助，此时的他人打断则具有积极的互动作用。

语用性中断在中国英语学习者语料中的出现频率也较高，尤其是他人打断。

（4-15）【大家在英语角谈论自己当年高考时的情景。以下是学生 S29 的回忆。】

1 S29: (2.34) <u>Eh, <FP1><SPD><CM1></u> I remember I, I wore uniform to go to (…)

2　 the examination, and, I didn't get nervous, because I know I have been studied

3　 for my whole life (…), <u>I mean <FP2><REP><SPD><CIP2></u> the last eighteen years,

4　 <u>so (1.08) <FP2/UFP><SPD><CM3></u> I just can (…) en (…) get marks that I worth it,

5　 so (1.66) I don't think the (…) college entrance examination is (...) is (...) is a nervous thing,

6　 <u>and (…) <FP2/IR><SPD><CM1></u> that's all.

（G1-6F-SS-2）

在例（4-15）中，S29 一直在强调自己高考时并不紧张，虽然有多处无声和填充停顿，导致话语断断续续，但说话人并没有中断自己的话题。到第 6 行时，S29 似乎意犹未尽，试图用带有接续意义的话语填充词 and 来保持自己的话轮，但"我突然发现我没话说了，赶紧结束了"（S29 访谈原话）。因此，无声小停顿之后，S29 既没有继续之前话题，也没有另起新话题，出现了自我中断现象，随后的 that's all 明确表明了自己中断话轮这一意图。

　　再来看一个他人打断的例子。他人打断客观上抢了当时说话人的话轮权，具有一定的面子威胁性，尤其是在辩论性话语中更为常见。但是，在日常交际中，一方打断另一方并不一定都具有冒犯性，有时还可能会对交际起到积极的促进作用。适时地打断对方，可以让双方的交际更持久、深入地进行下去，请看例（4-16）。

（4-16）【同学们正在聊自己当年高考时印象最深的事情，以下是 S26和 S27 的对话。】

　　　　1 S26: OK. Er I remember (…) en (…) last year's (…) today,

　　　　2　　　I wear I wore a yellow er yellow (1.16) yellow (…)

　　　　3 S27: <u>T-shirt</u> <INS><SPD><IP2>

　　　　4 S26: a yellow T-shirt, so I think maybe the yellow T-shirt gave me bad luck.

　　　　5　　　So I didn't (…)

　　　　6 S27: <u>Oh, really?</u> <IR><SPD><IP1>

　　　　7 S26: Yes! Kaohuangle, so I didn't get my er wonderful (…) er wonderful (…) grades.

　　　　　　　　　　　　　　　　　　　　　　　　（G1-6F-SS-2）

　　例（4-16）中第 6 行为他人打断行为，致使 S26 的话轮出现了中断。当听 S26 说穿着黄色的 T 恤衫给她带来了坏运气而没能考好时，S27 打断对方话语，发出了感慨式疑问"真的吗"，用来回应对方的话语，并觉得不可思议。当然，此处打断除了是 S27 主动发出之外，S26 在第 5 行句末的无声小停顿也起到了一定的助推作用，因为访谈语料表明，S27 以为 S26的话语已经完成了，虽然句法结构尚未完成，但似乎可以推断出言外之意。"我看她停了下来，我也可以理解她要表达的意思，因为已经很明显了。"（S27 访谈原话）不过，从第 7 行 S26 又重复了 so I didn't 来看，她在第 5行显然并没有想要结束自己的话轮的意思，"我在想后面怎么说呢"，"不过她的插话并没有打断我的思路"（S26 访谈原话）。因此，第 6 行 S27的行为是语用打断现象，用来证明自己正在配合对方的话语表达，其后的话语具有类似应答语的功能，而被打断一方在恢复话轮权后利用重复策略继续第 5 行未完成的话语表达。例（4-12）第 6 行 S49 的打断行为与此类似，在对方陷入表达困境时适时的打断、插话，还可以缓解对方的面子损伤，不仅体现了人际意义，也体现了参与者的会话互动能力。

有时候，虽然说话人还有话说，但由于一时思维障碍或语言表达困难，也会出现自我中断现象，但此时中断是被动的，并且客观上话轮可能会被对方抢去，如例（4-17）。在第 2 行中，S42 认为 Hellen 获奖也并非偶然，因为她学习确实很努力。"然后我本来想说'功夫不负有心人'的，但是不会用英语说，然后不知道说什么了。"（S42 访谈语料）第 3 行 S43 的行为是否属于他人打断尚需商榷，因为"我看到 S42 没话说就下意识地"（S43 访谈语料）接过了话轮，似乎这只是一个正常的话轮交接，并且她启动话轮之后引入了新的话题。因此，无论是 S42 的被动自我中断，还是 S43 的尚存争论的他人打断，都不能轻易判定为语用性中断/打断，因为两者在实施中断/打断行为时，并没有明确的语用目的。S42 的中断显然不是为了交接话轮，而是遇到了语言表达困难，并且在第 4 行中接续了第 2 行的话语，更像是一种停顿现象；S43 虽然客观上打断了 S42，填补了交接空白，但并不是 S43 有意抢夺对方话轮，帮助对方完成表达。

（4-17）【S42 和 S43 听说 Hellen 获得了英语演讲比赛第一名，以下是两人部分对话。】

  1 S43: I remember, er (…), her English is very poor, en (…) last year.

  2 S42: Yes. But she learned very (…), very, en hard actually. <u>I think (1.1), er, (2.31)</u>

  3 S43: En (…) we can er we can ask her en how she (…) learn, [learned English.

  4 S42: [yeah, she worth it.

（G1-2F-SS-5）

因此，我们认为，同其他语用非流利标记一样，具有一定的意图性是语用性中断/打断的基本特征，当然，这种意图要有一定的推测依据。如例（4-17）第 4 行 S42 打断 S43 的目的就是为了完成第 2 行没有完成的话语，虽然此处的打断对 S43 来说显得有点不礼貌。S42 在受访时也承认："我还真没有注意她说什么，我还在想那个'功夫不负有心人'怎么说呢。"

4.1.3.2　二语会话中的插入

出于语用目的的插入也分为自我插入和他人插入两种。自我插入是说话人在目前命题内容的基础上提供额外的信息，目的是对正在表达的话语进行修正或解释说明。此时插入的话语与已发话语可能是同位关系，也可能没有任何语法关联。他人插入之前往往伴随打断，插入的内容往往与之前所讲的内容在句法或命题意义上有所关联。但插入并不是打断，打断是直接中断了自己之前或对方的已发话语，且后面的话语与前面的话语在句法上不相关。插入的成分则与已发话语有句法关系，其目的是提供信息，让自己或对方的表达更恰当、流畅，交际更顺利。

根据 SBCSAE 的语料，美国英语本族语者会话语料中每万字出现了 5 次语用性插入，约占话语修正类语用非流利标记总频次的 21%，使用频率属于中等。在中国英语学习者会话语料中，每万字出现了 9 次语用性插入，约占总频次的 27%，仅次于语用性中断。这说明，中国英语学习者使用语用性插入的频率明显高于美国英语本族语者。

请看例（4-18），它包括一个自我插入（第 2 行）和一个他人插入（第 4 行）。

（4-18）【同学们都在英语角谈论自己当年高考时的情景。】

　　1 S17: And er (…) the teachers are were also our school teachers, er (…) so, er (…)

　　2　　<u>but we did not cheat. \<INS>\<SPD>\<IP1></u> @@@

　　3　　Er (…) er (…) just I feel very er (…)

　　4 S16: <u>comfortable? \<INS>\<SPD>\<IP2></u>

　　5 S17: Yeah, yeah comfortable and, and er (...) and very familiar with the environment.

　　6 S16: You are so lucky.

　　7 S17: Yeah, yeah.

（G1-6F-SS-2）

例（4-18）中第 2 行 but we did not cheat（但是我们没作弊）似乎与第 1 行和第 3 行没什么关系。S17 提到她在本校考试，监考老师又是本校教师，怕别人误以为在这么有利的环境中考试可能会作弊，老师也许不会抓她，所以她插入一句"但是我们没作弊"，用以澄清自己，免得被别人误解。S17 随后使用笑声填充来摆脱语用性插入：如果听话人没有误解，笑声填充也可以缓解自己的面子损伤。此处的插入虽然阻断了第 1 行和第 3 行的话语序列，但却是说话人实现自己话语意图的恰当方式，甚至含有自我调侃的色彩在内，让交际互动更加顺畅。

（4-19）【几位同学正在讨论 City A 最近的天气情况。】

　　1 S46: Hi, guys, what you talking about?

　　2 S44: We are talking about (…), en, the weather (…) of City A. What do you think?

　　3 S46: Yeah, it's terrible.

　　4 　　Maybe I think en it is the, at present <INS>, it is the worst days of City A.

　　5 　　And you have to (…) er wear Kouzhao, you know. So it's terrible.

（G1-3F-SS-6）

在例（4-19）中，S46 在第 4 行实施了一个修正式插入。如果去掉插入成分，我们发现，他本来想说"City A 这几天的天气是最糟糕的"；但是，增加了 at present 短语之后，语义就变成了"到目前是最糟糕的"，用以强调自己只是针对现在的情况做出的评价，但言外之意是，按照目前的趋势，后面也许还会更加严重。虽然我们没有获得访谈语料，无法从 S46 那里获得确定的判断，但应该可以推测，说话人此处的插入具有很强的意图性：就是为了说明 City A 的天气是越来越糟了。

他人实施的语用性插入最能体现交际的互动性，它表明交际者正在积极认真地参与双方交际。恰当、适时地插入相关话语会让交际对方感到自己得到了认同，即给对方一种心理认同感，有助于双方友好、深入地交流下去。

在例（4-16）中，当 S26 说道她记得自己当年这一天穿着一件黄色的什么时，怎么也想不起来那个词用英语怎么说了，此时她遇到了交际困难。S27 在意识到这一点时，在第 3 行适时地插入了 T-shirt 一词，解决了 S26 的交际困境，使得 S26 可以在第 4 行顺利完成自己的话语。此处插入也是交际者会话互动能力的一种体现。试想一下，如果 S27 不插入 T-shirt 一词，S26 可能还会有较长时间的停顿，或者甚至放弃这一话题。

再如例（4-18）。S17 说自己高考就在本校，监考老师也都是自己学校的老师，因此"just I feel very er (…)"（我觉得非常……）。很明显，

S17 遇到了语言表达困难："我想说我觉得非常放松，但一下子想不起来 relax 这个词了。"（S17 访谈语料）S16 应该一直在认真倾听 S17 的话语，因此，当她意识到 S17 遇到了表达困难，并且自己可以理解她要表达的意思时，S16 在第 4 行适时地插入了 comfortable 一词，并得到了 S17 的认可，也使得 S17 的困窘得以解除。

如果交际中每个参与者在对方遇到表达困难时静待对方自己解决，那么交际互动也就失去了意义，甚至显得混乱不堪。请再看例（4-17）。S43 在 S42 接近 4 秒的沉默时长中并没有表现出任何会话互动的行为，在她接过话轮后又开启了新的话题，而不是接续 S42 的话题。S42 似乎也没有注意听 S43 在说什么，只关注自己所要表达的内容，并且在第 4 行打断了 S43 的话语，以完成第 2 行 I think 之后的句法结构以及命题内容。如此一来，交际行为很难成功。

任何成分的插入都具有一定的意义，都会对话语理解产生相应的影响。从这个意义上来讲，插入本身就具有极强的语用性质。因此，适时地、恰当地插入相关话语，可以拉近交际双方的心理距离，产生思想共鸣，成功实现交际目的。中国英语学习者较高频率的语用性插入，似乎说明他们具有较强的交际互动能力。

4.1.3.3　二语会话中的删除

当说话人意识到自己产出的话语不当、表达不清楚有可能影响交际时，会将已发话语放弃，或调整为更恰当的表达方式。前者为删除，后者为替换，是语用调整的两种形式。本小节先讨论删除。

在 SBCSAE 的语料中，删除是所有话语修正类语用非流利标记中出现频率最低的，每万字只出现了 3 次。在中国英语学习者会话语料中，删除的出现频率也是最低的，每万字也只出现了 3 次。请看例（4-20）。

（4-20）【以下是 S19 回忆起自己高考时的情景。】

　1　S19: Ahn I took my examination in (1.57) er in another school.

　2　　　And er (…) it's the first time I came to that school to take exam.

　3　　　And so (...) I did not feel comfortable.

　4　　　And when I er (…) when the time we er (…) <DL><SPD><CIP3>,

5　　before we took the exam

6　　our er (…) teacher give us some inspiring hints, inspiring words.

（G1-10F-SS-1）

在例（4-20）第 4 行中，S19 在做了一次替换后，发现仍不能恰当地表达自己的话语意义，便实施了删除。S19 说她高考时不是在自己学校，而是在另一所学校，对环境不熟悉，觉得不是很舒服。第 4～6 行 S19 所要表达的意思应该是老师在考试之前给他们说了一些鼓励的话，要他们放松心情去考试。第 4 行刚一开始 S19 用了 when I，"后来我觉得不对，我们班都来这考试了"（S19 访谈语料），所以将第一人称单数改为复数；但是 when 引导的时间状语从句中的动作与主句动作几乎同时发生，老师是不可能在考试的时候给学生鼓劲的，因此，S19 放弃了第 4 行 when 结构的表达，使用更加准确的 before 引导的状语从句。

说话人实施删除，除了调整话语表达方式之外，还有强调后发话语的意图，甚至具有一定的人际功能，请看例（4-21）。S70 在第 3 行回应 S69，也认为最近几天天气特别糟糕，然后，"我本来想说 What a terrible weather，但想到 terrible 我突然想起了 800 米测试，我觉得这才是最 terrible 的事，雾霾天，跑完太难受了"（S70 访谈语料）。将第 4 行删除后，使得第 3 行的 very terrible 与第 5 行的 the most terrible 构成层级关系。这样一来，第 5 行的话语得到了凸显，让听话人不由自主地想要了解说话人所要表达的命题内容。删除之后，通过对比雾霾与 800 米测试，说话人表达了对 City A 天气的无奈以及对 800 米测试的恐惧。

（4-21）【City A 最近雾霾严重，S69 和 S70 对此多有抱怨。】

1 S69: In the past days, en we (…) have experienced er (…) en (…)

2　　some bad days with er (…) foggy.

3 S70: Yeah, it's very terrible.

4　　<u>What a terrible (…),</u>

5　　<u>the most terrible thing \<DL>\<SPD>\<CIP3/IP1> is</u>

6　　that we should run the 800m that day.

（G3-3F-SS-6）

删除的基本特征是，完全放弃之前的句法结构及其命题内容，被删除的部分与随后的话语不再有任何句法或语义上的关联，但删除的目的就是让随后的话语更加恰当、合适。如在例（4-20）中，如果把第 4 行除 and 外全删除，第 3 行和第 5 行可以很自然、流畅地衔接在一起。同样，在例（4-21）中，如果将第 4 行删除，第 3 行和第 5 行的衔接更连贯。因此，我们认为，删除就是寻找适切表达的过程，它可以清楚地反映出说话人的语用努力过程。

4.1.3.4　二语会话中的替换

SBCSAE 的语料表明，出于语用目的的替换在美国英语本族语者会话语料中出现频率还是相当高的，每万字出现了 6 次，占话语修正类语用非流利标记出现总频次的 25%，仅次于语用性中断的 10 次（42%）。替换是在已发话语的基础上为了更准确、恰当地表达自己或传递额外的语用信息而替换部分或全部已发话语结构。与删除不同的是，替换并不一定否定被替换的话语。替换前后的两种形式均可表达相同的命题意义，但它们所引发的语用含义却不相同，尤其是替换后具有更加明确的语用意图，可以产生更好的语用效果。请看例（4-22）。

（4-22）【Seth 是一名空调维修安装工，正在建议 Larry 如何安放壁炉和配风器。】

1 Seth: Cause it would be nice to have heat in here (H) in the meantime.

2　　　(...) I mean, say, you do the furnace, (…) It would be nice to have it .. for this winter.

3 Larry: Well let me work that out with my wife. (…) Put that as a --

4 Seth:　(...) But one thing you can do, even if you do a modification,

5　　　you can move the register.

→ 6　　　(...) I mean say we put the register right (...) h=ere, <UFP/SUB><SPD><CIP2>

7　　　(...) and that's gonna b- --%= that would obviously have to be moved,

8　　　(...) you know, it's not a [big deal] to move it from here to here.

9 Larry:　[Yeah].

（SBC029）

例（4-22）中，Seth 是一名空调维修安装工，他正在给客户 Larry 建议应该在哪里修建壁炉和安放配风机。请注意第 4 行和第 5 行，Seth 一直用 you 作主语来提建议，但在第 6 行，他将 you 替换为 we，拉近了与听话人的心理距离，使得自己的建议更容易被对方接受。同时，他用修正标记语 I mean 来实施了替换。根据卢加伟（2014b），英语本族语者倾向于使用积极礼貌策略，尽量满足听话人对建议的面子需求，并采取相应措施增强建议语力，提高听话人接受建议的可能性。例（4-22）中的替换非常明显地体现了这一点。

中国英语学习者会话语料中替换的出现频率也较高，每万字中出现了 8 次，占话语修正类非流利标记出现总频次的 24%。与美国英语本族语者相比，两者在替换的使用频率上没有明显差异。但是，与美国英语本族语者的替换多发生在话语整体表达方式上不同，中国英语学习者的替换多发生在词汇角度上。请看例（4-23）。

（4-23）【当听同学 S68 说她准备寒假学开车时，S66 认为考驾照对她来说很难。】

 1 S66: And I think getting a driving license <u>is very (…) is too</u>= <SUB><SPD><CIP2/IP1>

 2 difficult for me because I just learnt how to ride a bicycle last winter.

 3 And I think it is a big challenge for me to (…) get the drive discourse,

 4 especially in such a short time winter holiday.

（G3-3F-SS-5）

S66 本段话语所要表达的命题内容就是"考驾照对我来说很难"。她在第 1 行将一般程度副词 very 替换为极端程度副词 too，是为了强调说明考驾照对她来说不是一般的难，暗含有不可能完成之意，以此表达了对 S68 准备寒假学车的难以置信的态度。此外，这里的替换还起到了一定的人际功能，因为"我对她表示膜拜"（S66 访谈语料）。可见，S66 将 very 替换为 too 还含有恭维 S68 的意图。

（4-24）【学生 S49 邀请老师 T2 担当英语演讲比赛的评委，T2 欣然答应。之前 S49 将比赛时间、地点以及话题等情况向 T2 做了详细汇报。T2

觉得演讲主题很有意思。以下是 S49 的回应。】

    1 S49: I'm glad that you like it, and ern

    2 T2: Yeah.

    3 S49: Aha (...) er (...) anything, anything you want to know?

    4   (...) <u>Anything more <SUB><SPD><CIP2></u> you want to know?

（G3-2T-TS-3）

在例（4-24）中，S49 在产出完第 3 行的话语后，意识到 anything you want to know（你想知道些什么）似乎不妥，因为之前 S49 已经将比赛时间、地点、选手以及话题等情况向 T2 做了详细说明，再用 anything 一词不太恰当，于是将第 3 行调整为第 4 行，增加了 more 一词，使得话语表达更加贴切。此处 S49 使用替换，并没有否定第 3 行的命题内容，只是在此基础上让自己的命题意义更加精确。

本小节讨论了话语修正类语用非流利的四种标记形式，其基本特征是语流的延迟对整个话语序列结构产生了影响：或放弃已有结构，或增加新的成分，或调整相关表达。并且，交际者所做的各种语用调整都具有特定的意图，都是为了恰当、准确地传递相关信息。这些非流利标记能够实施不同的交际功能，产生相应的语用效果。

4.2　中国英语学习者二语会话中语用非流利原因类别的出现情况

根据 2.2.2 节，从产生原因的角度看，语用非流利涉及困难型和策略型两类。困难型语用非流利是中国英语学习者在交际过程中因思考语用问题而被动产出各种非流利标记；策略型语用非流利则是交际者为了达到特定的交际目的而有意识地产出各种非流利标记。恰当地使用非流利标记是语用能力的一种体现。了解中国英语学习者二语会话中不同类别的语用非流利使用情况，有助于研究者和教师掌握中国英语学习者语用能力发展情况，为制订合适的教学方案和内容提供实践借鉴。

表 4-5 为中国英语学习者和美国英语本族语者语用非流利类别的总体使用情况。在本书所选的 SBCSAE 语料中，美国英语本族语者会话中共出现了 16 次困难型语用非流利（每万字 3 次）、725 次策略型语用非流利（每

万字 127 次）；中国英语学习者二语会话中共出现 31 次困难型语用非流利（每万字 18 次）、300 次策略型语用非流利（每万字 176 次）。

表 4-5 中国英语学习者和美国英语本族语者语用非流利类别的总体使用情况

使用者	语用非流利类别				总计	
	困难型语用非流利		策略型语用非流利			
	原始频次	标化频次	原始频次	标化频次	原始频次	标化频次
中国英语学习者（次/万字）	31	18	300	176	331	194
百分比（%）	9		91		100	
美国英语本族语者（次/万字）	16	3	725	127	741	130
百分比（%）	2		98		100	

横向对比来看，无论是美国英语本族语者还是中国英语学习者，策略型语用非流利的使用频率都达到了 90% 以上，远远高于困难型语用非流利。这说明，语用非流利更多的是作为主动的、积极的策略而存在的，被动、消极的困难型语用非流利则不太常见。对于美国英语本族语者来说，这种现象很容易理解。但对于中国英语学习者来说，困难型语用非流利出现频率较低的原因，显然并不是其语用能力强，而主要是因为中国英语学习者在英语会话时出现了"避免提及"的现象，或者说，他们很少考虑交际中的各种语用因素。从语用能力的角度看，这应是缺乏语用意识导致的。

纵向对比来看，中国英语学习者和美国英语本族语者在困难型语用非流利和策略型语用非流利的使用频数上（每万字）具有显著性差异（χ^2=6.24，p=0.012<0.05）。从出现频率上看，中国英语学习者困难型语用非流利的出现频率（9%）高于美国英语本族语者（2%），而中国英语学习者策略型语用非流利的出现频率（91%）低于美国英语本族语者（98%）。美国英语本族语者由于具有较强的语用能力，很少出现语用困难，多将各种非流利标记当作话语策略，实现自己的交际目的。但对于中国英语学习者来说，他们掌握的语用知识不够丰富，也不太熟练，出现语用困难在所难免，也无法像美国英语本族语者那样自如地使用各种非流利策略。这是二语习得中的正常状况，说明中国英语学习者的语用能力还没有达到美国英语本族语者那样的程度，缺乏语用知识，或无法将语用知识转化为语用表现。

4.2.1 困难型语用非流利

语用困难主要体现在两个方面：一是中国英语学习者缺乏相应的语用

知识；二是中国英语学习者虽然具有一定的语用知识，但在交际当时遇到了提取困难。困难型语用非流利一般出现在 FTA 的环境中，即当说话人在实施威胁听话人面子的言语行为时，由于缺乏相应的语用知识或一时提取遇到了困难，从而产出了非流利标记。有时候也出现在一些会话套语的应对不当或违反了本族语者的风俗习惯等行为中。表 4-6 为中国英语学习者和美国英语本族语者困难型语用非流利的使用情况。

表 4-6　中国英语学习者和美国英语本族语者困难型语用非流利的使用情况

使用者	困难型语用非流利		总计
	缺乏语用知识	语用提取困难	
中国英语学习者（次/万字）	9	9	18
百分比（%）	50	50	100
美国英语本族语者（次/万字）	0.4	2.6	3
百分比（%）	13	87	100

可以看出，中国英语学习者和美国英语本族语者之间存在显著性差异。描述性数据表明，中国英语学习者每万字出现 9 次（原始频次为 15 次）"缺乏语用知识"引起的语用非流利，而美国英语本族语者还不到 1 次（原始频次为 2 次）。可见，中国英语学习者"缺乏语用知识"的出现频率（50%）明显高于美国英语本族语者（13%）。

内部对比来看，中国英语学习者"缺乏语用知识"和"语用提取困难"的出现频率各占一半；美国英语本族语者"缺乏语用知识"的出现频率远远低于"语用提取困难"，说明其困难型语用非流利主要表现在语用提取困难上。换句话说，美国英语本族语者具有相应的语用知识，只是在特定语境下出现了语用提取困难；中国英语学习者一方面缺乏相应的语用知识，一方面还可能会出现语用提取困难。

从困难型语用非流利的出现情况来看，中国英语学习者还不太了解如何用英语准确、恰当地开展会话，实施各种言语行为。这一方面可能与其自身的英语水平有关，也可能与课堂教学中缺乏相应的语用输入有关。下面我们通过例子来详细考察中国英语学习者困难型语用非流利的出现情况。

4.2.1.1　缺乏相应语用知识导致的语用非流利

在中国英语学习者产出非流利标记后，如果后面没能够生成恰当的话语表达，就有可能意味着他们的语用产出遇到了困难，其中一种情况就是中国英语学习者根本没有习得相应的语用知识。此时，我们无法从非流利标记上进行断定，只能依靠对参与者的访谈语料来判断。如果参与者认为他当时不知道用什么样的话语来表达自己的思想，那么由此产出的非流利标记即为缺乏相应的语用知识导致的非流利现象。请看例（4-25），并注意第 3 行的填充标记 and 和 er 以及 1.12 秒的无声停顿。

（4-25）【学生 S7 想邀请老师 T1 担当本校即将举行的英语演讲比赛的评委，以下是他推开办公室门之后与老师开始对话的情形。】

1 S7:　En, Aven, thank you for sparing your time to … meet me.

2 　　Er, and I am a chair … chairwoman of the, of the foreign language institution

→ 3 　　and (1.12) <FP2/UFP><PD1><CIP1> I want to to er I want to er … invite you

4 　　to become a judge of our en English contest and …

5 T1:　Ok, sure. Ahn, en, when and where is that contest going to be held?

6 S7:　Er, the contest is going to be held on this Friday at about six o'clock, p.m.

（G1-2F-TS-1）

在做了自我介绍后，S7 准备实施请求言语行为。很明显，第 3 行中的 and 已经演变成了类似于 er 和 en 之类的话语填充词。S7 在 and 之后出现了 1.12 秒的无声停顿，参与者对此的解释是"我在想怎么邀请老师，'邀请'的表达法有哪些，都忘了"。可见，此处 S7 遇到了语用困难，她为此做了一秒多钟的语用努力，但可惜的是，并没有成功，后面的表达不仅不地道，而且 S7 似乎也没有意识到。例（4-25）中所谓的"邀请"，在英语中其实应是请求言语行为。当研究者进一步追问 S7 是否知道如何用英语"请求"老师当评委的时候，她说"I want you to be our judges"。一般情况下，除非和老师关系十分亲近，否则都不会这么直接地请求老师做什么事的。可见，该学习者既没有习得邀请的合适表达法，也没有习得请求的恰当表达法。因此，例（4-25）中第 3 行的填充停顿 and 和 1.12 秒的无声停顿属于缺乏相应的语用知识导致的非流利现象。

（4-26）【学生 S47 邀请老师 T2 参加他的生日聚会，T2 在电话最后表示感谢。】

    1 T2: Thank you for calling, yeah.

    2 S47: <u>(2.14)</u> <UFP><DPD1><CIP1> I will be very pleased if you will come.

    3 T2: Ok, sure, no problem. Thank you, thank you for calling.

    4 S47: <u>(2.27)</u> Ok. <UFP><DPD1><CIP1>

    5 T2: Bye-bye.

    6 S47: Aha, good bye.

（G3-2T-TS-1）

从例（4-26）中第 2 行和第 4 行我们可以很容易地推断出，S47 似乎没有习得如何回应对方的感谢，因为 T2 一连说了两次"感谢打电话"，而 S47 都是以长达 2 秒多钟的无声停顿（沉默）应对，超过了话轮间停顿的最大时长限度。第 2 行沉默之后的话语虽说尚显得体，但实际上并没有对老师的感谢言语做任何回应；第 4 行沉默后只说了个 OK，显然不是恰当回应。S47 在接受访谈时也花了好一会时间才勉强想起来应该用 you are welcome 等表达来回应对方的感谢，因此，我们将这两处的无声停顿归入因语用知识缺乏导致的困难型语用非流利。

需要注意的是，由语用知识缺乏而产生的非流利现象与由思维困难导致的非流利现象是不同的。如果参与者说他们不知道说什么，即不知道传递什么样的信息内容的时候，由此产生的非流利标记并不是语用非流利现象。语用非流利现象出现的前提条件是，交际者思维清晰，知道自己要表达什么样的命题内容。为了传递这样的信息而想方设法用恰当的话语表达而出现的非流利现象才是语用非流利现象。所以，类似交际双方无言以对而产生的沉默、停顿等现象，并不属于困难型语用非流利。当然，交际者当时是"不知道说什么"还是"不知道怎么说"，一方面可以通过访谈语料获知，另一方面也可以从上下文看出。请看例（4-27）中第 4 行的 2.698 秒沉默。

（4-27）【学生 S64 的英语口语不太好，之前一直在向学生 S65 寻求练好英语口语的方法，并请 S65 做她的学习伙伴。S65 欣然应允，S64 非常高兴，于是发生下列会话。】

    1 S64: Yeah. Let's (…), why not (…) make a plan now (…) from tomorrow?

2　　　　(…) We can (…) practice English for (…) every day for en for
　　　　(…) [at least one hour] a day?

3 S65:　　　　　　　　　　　[It's a good idea.] (1.717) Sounds good.

→ 4 S64: <u>(2.698)</u> See you [tomorrow. @@@<LF><SPD><IP3>

5 S65:　　　　　　　　[OK.]　@@@　<LF><SPD><IP3>　That's　a
　　　　deal. Ok?

6 S64: See you tomorrow.

7 S65: See you tomorrow. Bye!

8 S64: Bye!

（G3-2F-SS-4）

在例（4-27）中，S65 答应 S64 要做她的学习伙伴之后，S64 提出了每天至少练习一个小时英语的建议。S65 也觉得这是个不错的主意，便答应了。但在第 3 行 S65 的回应之后，两者都没有再产出话语，也没有标记语显示其中一方还要继续话轮。按照话轮转换规则，在 S65 结束自己的话轮出现沉默，并没有明显的延续话轮标记的情况下，S64 应接过话轮。但在第 4 行中，却有了长达 2.698 秒的沉默时间，超过了句间或话轮间的沉默容忍时长，并且随后产出的话语 see you tomorrow 也很突兀，与之前没有丝毫关系。由此可以断定，此处停顿是交际者思维中断所致，不涉及语言的使用能力问题。随后参与者也称"前面已经聊过很多了，也不知道说什么了"，可见，2.698 秒的停顿并非缺乏某种语用知识导致的非流利停顿，因为没有任何证据证明交际者试图用某种言语传递相应信息或表达特定态度等。

4.2.1.2　提取困难导致的语用非流利

有时中国英语学习者并不是不知道某种言语行为如何实施，而是在交际的当时，由于心理紧张等原因而一时无法将相应的语用知识提取出来，从而出现了非流利现象。判断此种类型的语用非流利最主要的是看中国英语学习者是否具有相应的语用知识，可以通过访谈得知，也可以通过下文验证，最好是两方面相互印证。请看例（4-28），注意第 3 行和第 7 行的停顿标记。

（4-28）【学生 S48（Anny）想请老师 T2（Qiao）担任即将举行的英语演讲比赛的评委，下面是电话接通后两人的部分对话。】

1 S48: (4.29)

2 T2: Hello.

3 S48: <u>(1.4) Hello. (H) (3.28)</u> <UFP><DPD1><CIP1>

4 T2: Who is calling?

5 S48: (1.9) It's Anny, from Anny.

6 T2: Oh, hello Anny, how are you doing Anny?

7 S48: <u>Er, oh, (3.12), er (…)</u> <FP1/UFP/FP1/UFP><DPD2><CIP1>

8 T2: Hello, Anny, thank you for calling. So how can I help you?

9 S48: (1.4) Er well <u><FP2><SPD><CM1/IP3></u> I wonder if you could
　　do me a favor?

10 T2: (...) Yeah, sure. So what's it about?

（G3-2T-TS-2）

　　这段对话主要涉及两种言语行为：打招呼与请求。虽然从权势关系上来看，作为学生，S48 处于弱势；但无论从打电话一方还是从请求行为来讲，她都应该具有相对主动的话语权。作为主动打电话的一方，S48 应该在电话接通后就和对方打招呼并说出自己的姓名，至少在 T2 和她打过招呼后，S48 更应如此。但她只回应了一个 hello，随后便是长达 3.28 秒的停顿，直到老师再次发问，她才做出回答。不过，当老师再次打招呼，并向她问好时，S48 在第 7 行不仅没有对此做出回应，反而连续产出了三处填充停顿和一处无声停顿。虽然第 3 行的 3.28 秒是无声停顿，但通过 hello 之后的吸气（H）动作，我们还是可以判断出 S48 正在做相应努力，即有意识地在寻找相应表达，因此，此处的无声停顿符合语用非流利的判断标准。第 7 行的填充停顿则是比较明显的语用努力标记，也是语用非流利。通过对参与者的访谈，我们得知，S48 不是不知道打电话的一些表达法，而是当时太紧张了，把打电话时应主动告知对方自己是谁这一规矩给忘记了，"因为我一直在想，这个[请老师当裁判]，怎么跟老师说"。也就是说，她通过无声停顿争取时间考虑如何实施请求言语行为。虽然不是为了应对打招呼行为而产生的无声停顿，但由于随后没有任何产出，我们仍然认为此处的无声停顿属于困难型语用非流利。同样地，第 7 行的填充停顿和无声停顿也是困难型语用非流利，因为访谈语料和随后第 9 行的话语都表明，S48 正在做积极的语用努力，想从自己的语用知识库中提取有关请求行为的恰当表达，并且成功了。因此，这两处非流利现象均是由于提取困难而产生的困难型语用非流利，因为无论是电话打招呼还是请求表达，S48 都具有相应的知识，只是当时没有提取出来。

（4-29）【学生 S47 邀请老师 T2 参加他的生日聚会，在了解了时间、地点后，老师 T2 询问学生 S47 喜欢什么样的礼物。】

1 T2: Oh, great, so (1.22) shall I get prepared with some gifts for you?

2 　　 What would you like, so, Sweeten, (...) what would you like?

3 S47: (2.14) Aha, (...) <UFP/FP1/UFP><DPD2><CIP1> I'm sure (...) my classmates and I have

4 　　 everything under control. Thank you for preparing for the gift anyway.

5 T2: Enhen. OK. So I will give you a surprise gift maybe on Sunday.

6 S47: Yeah. Thank you.

7 T2: OK. You are welcome. Looking forward to seeing you and your friend this Sunday.

（G3-2T-TS-1）

当 T2 准备给 S47 买礼物并询问她喜欢什么的时候，话轮间转换出现了 2.14 秒的无声停顿，然后是一个无词汇意义的语音填充类停顿，接着又是一个无声小停顿，可以看出，S47 一开始似乎不知道如何回应。她在随后的访谈中也承认"我在那个时候真的不知道该说什么了，总不能说我喜欢 Kiss Kitty 吧，哈哈……"，"但后来很自然地就想到了要说 thank you"。因此，我们断定第 3 行的无声停顿和填充停顿表明交际者遇到了语用困难，但同时为其赢得了时间，并最终产出了恰当的话语，属于由提取困难引起的困难型语用非流利。

4.2.2　策略型语用非流利

4.2.1 节讨论了困难型语用非流利及其表现特征，指出困难型语用非流利是交际者被动产出的，其基本特点是说话人在交际的当时面临言语表达困难而有意识地使用非流利标记来拖延时间，寻求恰当表达。本小节所探讨的策略型语用非流利也是说话人有意识的产出，但与困难型语用非流利不同的是，策略型语用非流利的基本特点是说话人在交际的当时并没有言语表达困难，明确知道自己要表达什么样的命题内容，将非流利标记当成一种话语策略，以达到特定的交际目的。此时，各种非流利标记就成了可供交际者选择的语用策略资源。

利奇（Leech，1983）指出，一个语言使用者，作为交际者，不得不解决这样一个问题：假如我想在听话人的意识中引发这样或者那样的结果或者影响，那么通过使用语言达到这个目的或者目标的最好方式是什么？其中言语方式指的就是语用策略。布朗和莱文森（Brown & Levinson，1987）以及维索尔伦（Verschueren，1999）也提出，语言使用总是策略的，是不断地选择语言形式的过程，而语言形式的选择是以语用策略的选择为基础进行的。钱冠连（2002）指出：语用策略，就是话语策略，是指说话遵守了它们便使交际更顺畅，使说话人的行为更符合社会规范的一套措施。

值得注意的是，语用策略与交际中涉及的一些其他相关要素，如交际者、语言符号、交际意图、交际结果等密切相关。因此，我们可以说，语用策略指语言使用者利用一定的语境因素，通过对言语形式的选择，实现交际目的的言语手段或措施。一般将语用策略归入语用能力研究范畴。

前文提到，作为第二类语用非流利填充停顿的语用标记语被称为元语用指示语（Verschueren，1999），是交际主体语用意识的体现，是元语用策略的外化。可见，恰当使用话语标记能够更好地传递出说话人对话语命题内容所持的态度，而不恰当的使用或使用不地道的话语标记（如第一类语用非流利填充停顿，即无词汇意义的语音填充）有可能不会很好地传递说话人意图。因此，本书将能够恰当、得体地使用各种非流利标记来实现交际者的特定意图看做一种语用策略，交际者所使用的各种非流利标记为策略型语用非流利标记。

也就是说，语用非流利可以作为一种语用策略，实施相关交际功能。施里伯格（Shriberg，1996）认为，非流利现象的出现也可能是为了完成交际的协同互动。语用标记语就能起到这样的交际功能：使交际者能更好地协同互动、管理话轮或者调节双方心理状态等。博特费尔特等（Bortfeld et al.，2001）也认为，让听话人知道说话人在话语表达上遇到了麻烦，可能是一种会话互动协作策略。在会话中，非流利起着一定的语篇管理功能，可以用来争取会话的话轮，是一种"互动资源"（Egbert，1997；Wong，2004；Carroll，2004），对会话互动有着积极的助推作用。

策略是实现目的的方式与手段，与功能即最终的交际效果密切相关。作为语用策略的非流利标记可以承担语言使用的三大功能：信息传递调节、会话组织调整和人际关系调理。另外，语用非流利还可以为遇到语用困难的交际参与者赢得语用提取时间。由于策略型语用非流利与语用非流利功能密切相关，我们将在下一章分析交际功能的使用情况时再做详细讨论。

4.3　中国英语学习者语用非流利的总体使用特征

前两节从使用频次的角度对中国英语学习者二语会话中出现的各类语用非流利标记进行了定量与定性的描述与分析。本节再次从定性的角度对中国英语学习者语用非流利的总体使用特征做一讨论。

4.3.1　同一非流利标记的重复使用

一种非流利标记在同一话语/话轮中重复使用的现象在中国英语学习者会话语料中十分常见，其中尤以纯语流延迟类标记的重复最为明显。

(4-30)【当被问及自己高考时最难忘的情景时，学生 S17 做如下回答。】

1 S16: Ahn, yesterday, the first day of the college entrance examination,

2 　　er (...), so do you remember when you took part in the, er, examination?

3 S17: (2.54) <u>En, er <FP1></u>, yes. I remember that day is very hot,

4 　　and I er (...) I I felt er (...) very er very sick.

5 　　<u>And <FP2></u> the, the, the, paper was er (...)

6 　　the, the, the question was very difficult.

7 　　<u>Er (...) and <FP1/UFP/FP2></u> I, I, I think didn't en do it very well.

8 　　<u>Er (...) and <FP1/UFP/FP2></u> I remember en (...) I took part in the exam

9 　　at my own senior high school.

10 　　<u>And er (...) <FP2/FP1/UFP></u> we were, all of us wore the school uniform

11 　　and (...) to prove that I'm the, I was the student at the school.

12 　　<u>And er (...) <FP2/FP1/UFP></u> the teachers are, were also our school teachers.

13　Er (...) so, er (...) <FP1/UFP/FP2> but we did not cheat. @@@

14　Er (...) er <FP1/UFP/FP1> just I feel very er (…)

（G1-10F-SS-1）

在例（4-30）第 3 行中，S17 连用了两个无词汇意义的语音填充作为应答填充语，随后在第 5、7、8、10、12 行，S17 一直重复使用 and 作为话语填充成分，在第 7、8、10、12、13、14 行重复使用语音填充，以保持自己的话轮。

4.3.2　不同语用非流利标记的复合使用

各种语用非流利标记，不管是纯语流延迟类还是话语修正类，往往会组合出现，共同实施某种交际功能。一般情况下，纯语流延迟类语用非流利标记可以单独使用，承担相应的交际功能，而话语修正类语用非流利标记往往与纯语流延迟类语用非流利标记复合使用，构成复杂的非流利标记，承担同一交际功能。

如在例（4-30）中，S17 在第 7 行和第 8 行两次结合使用了无词汇意义的语音填充、无声停顿和语用标记语。同样地，在第 10、12 和 13 行，S17 也是将这三类非流利标记结合使用，只不过顺序发生了变化。这些复杂的非流利标记组合的主要功能都是为了延续话语，保持自己的话轮权。如用填充停顿声明自己的话轮权后，即使再出现无声停顿，对方也很少会认为说话人在交接话轮。除非无声停顿时间过长，否则，对方一般不会抢走当前说话人的话轮。另外，这些非流利标记组合也呈现出了重复使用的趋势。

在实际言语产出的过程中，说话人有时只做短时停顿，或者仅修正个别音节或词语，但有时连续多次使用无声停顿、语用标记语、重复和修正解决产出中的某一个问题。这反映出言语加工过程中说话人所遇到的问题有时简单，有时复杂。马冬梅（2012）据此将非流利分为简单型非流利和复杂型非流利。简单型非流利产出只涉及一次停顿，或一个音节、一个词语的重复或修正；复杂型非流利产出可能同时包含停顿、重复和修正，甚至是多个停顿、重复和修正的组合和套嵌。这种复杂的非流利现象在二语口语中尤为突出。

语用非流利的出现涉及的因素更加复杂、多变，除了语用语言之外，还要考虑社交语用、话语组织等。另外，交际者的语用认知能力也与语用非流利的出现密切相关。因此，在二语会话中，多种非流利标记的重复、结合使用，能更好地帮助交际者传递其思想、意图等。当然，对于二语学习者来说，正确、恰当地使用这些非流利标记是实施有效会话的前提。

4.3.3 语用非流利标记出现的位置

语用非流利标记一般出现在话轮起始处和话轮结尾处，起到组织会话、掌控话题的作用。语用非流利标记有时候也出现在分句内部，起接续话语的作用。

通过与语言非流利标记出现的位置作对比也许能更清楚地说明问题。语用非流利标记的位置一般出现在话语边界处，会对命题内容产生一定影响，如果出现在句法结构内部，则具有特殊的语用含义；语言非流利标记多出现在句法结构内部，影响话语的表达，但不会对命题内容产生影响。

（4-31）I remember that day is very hot, and I er (...) I I felt er (...) very er very sick.　　　　　　　　　　　　　　　　　　　　（G1-10F-SS-1）

（4-32）And er (...) <FP2/FP1/UFP> the teachers are, were also our school teachers.　　　　　　　　　　　　　　　　　　　　（G1-10F-SS-1）

在例（4-31）中，划虚线部分为语言非流利，包括语音填充、无声停顿以及重复等。说话人所要表达的命题内容十分清楚，即 I felt very sick，无论非流利标记如何变化，这一命题内容保持不变。说话人所做的话语调整是为了更正确地表达命题内容。奇怪的是，表达该命题所需的词汇并不复杂，本不该出现非流利现象。我们对此做了简单访谈，大部分参与者认为并不是自己的语言能力不强，如果是书面写出来的话，没有任何问题。但是，一旦用口语即时表达出来，就有了难度，主要体现在语速缓慢，出现非流利停顿。分析来看，我们认为主要是中国英语学习者遇到了提取困难。提取困难的主要原因是使用频次问题。中国英语学习者除了在课堂上、英语角等有一定的说英语的机会外，几乎没有其他场合可以用英语交流。

在例（4-32）中，划实线部分为语用非流利，虚线部分为语言非流利。填充停顿 and 和 er 用来声明当前说话人的话语权，无声停顿表明说话人正在做语用努力，启动相关话题。说话人的这三种非流利标记由于处于话语开始处，对后续命题内容可能会产生一定影响。正常情况下，说话人都会使用恰当的非流利标记对所要传递的信息内容做出暗示，如用 well 来提示消极的命题信息或改变当前说话人的话题等。但对于中国英语学习者来说，可能还无法熟练地做到这一点，这也是他们所要学习的内容。后面说话人将现在式 are 修正为过去式 were 属于语言非流利，并没有改变该话语所要表达的命题信息，仅仅是语言形式上的调整。

我们认为，不管是同一非流利标记的重复使用，还是不同非流利标记的复合使用，似乎都表明中国英语学习者会话组织调整能力有待加强，语言表达需要丰富。但从语用非流利出现的位置来看，他们对话轮和话题掌控的意识非常强，有极强的表达欲。因此，引导学生使用正确、恰当的会话组织调整表达方式能积极有效地提高他们的二语会话组织能力。

4.3.4　语用非流利标记与语用非流利类别

虽然语用非流利标记与语用非流利类别之间没有绝对的一一对应的关系，但有些情况下，某些非流利标记更常见于某类语用非流利。

如 31 例困难型语用非流利中，有 25 例都是由无声停顿提示的。虽然有时候是多种非流利标记如无声停顿、填充停顿、重复等共同提示语用困难，但无声停顿几乎出现在任何困难型语用非流利中。

策略型语用非流利中出现的非流利标记种类比较多，常用的是填充停顿，尤其是第二类语用非流利填充停顿，即语用标记语。不过，从 4.1.2.3 节得知，中国英语学习者在各语用标记语的使用频率上与美国英语本族语者仍存在显著性差异，出现了中国英语学习者过度使用 and 的情况。

这说明，中国英语学习者在遇到语用困难时，多用无声停顿，似乎含有宁愿不说，也不说错的意味；在将语用非流利标记作为延缓策略时，中国英语学习者虽然知道使用含义丰富的语用标记语，但也只是频繁使用其中的 and 和 you know，认为这两者是一招鲜，吃遍天。也就是说，中国英语学习者对所谓的非流利"策略"掌握的还不是十分熟练。因此，在今后的语用教学中，有待进一步增强中国英语学习者的语用意识，增加其语用知识，提供练习的机会等。

4.4　本　章　小　结

本章先从定性分析的角度，描述了语用非流利的各种表征形式及语用非流利类别。语用非流利的表征形式称为语用非流利标记，包括纯语流延迟类和话语修正类，前者有无声停顿、笑声填充、填充停顿和重复；后者有中断/打断、插入、删除和替换。语用非流利是中国英语学习者为了达到自己特定的交际目的，在做出相应语用努力时而产出的语流延迟现象，其基本特征是语流延迟后会产生原命题内容所没有的语用意义，该语用意义可能与特定的非流利标记相关，也可能不相关，而后一种情况出现在中国英语学习者话语中的可能性更大。也就是说，他们将语用含义赋予本来与这种含义没有任何关系的非流利标记上。但交际对方能否读懂其中的含义还有待进一步讨论。

按照产生原因，中国英语学习者二语会话中的语用非流利分为两大类：困难型语用非流利与策略型语用非流利。语用困难主要体现在两个方面：一是中国英语学习者缺乏相应的语用知识；二是中国英语学习者虽然具有一定的语用知识，但在交际当时遇到了提取困难。策略型语用非流利也是说话人有意识的产出，但与困难型语用非流利不同的是，策略型语用非流利的基本特点是说话人在交际的当时并没有言语表达困难，明确知道自己要表达什么样的命题内容，从而将非流利标记当成一种话语策略，达到特定的交际目的，实现一定的交际功能。

然后，本章从定量分析的角度，对比分析了美国英语本族语者和中国英语学习者语用非流利各标记形式和各类别的使用情况。我们发现，中国英语学习者在会话过程中出现的语用非流利标记显著性地多于美国英语本族语者。另外，无论是美国英语本族语者还是中国英语学习者，纯语流延迟类标记的使用频率远远高于话语修正类。

中国英语学习者和美国英语本族语者对纯语流延迟类语用非流利标记的使用在总体趋势上具有一定的相似之处：首先是填充停顿的，出现频率最高，占绝对优势；其次是无声停顿和重复；最后是笑声填充。但不同的是，在填充停顿中，中国英语学习者使用最多的为无词汇意义的语音填充，其次为语用标记语；美国英语本族语者使用最多的为语用标记语，无词汇意义的语音填充在整个纯语流延迟类语用非流利标记中所占比例几乎是最少的。进一步分析表明，中国英语学习者使用的语用标记语虽然在类别上与美国英语本族语者基本一致，但在频率上仍有显著性差异。并且，中国英语学习者在无词汇意义的语音填充的使用频率上显著性地高于美国英语本族语者，出现了过度使用的情况。

从中国英语学习者和美国英语本族语者话语修正类语用非流利标记的使用总体情况来看，两组使用者在话语修正类语用非流利标记的使用频率上没有显著性差异。并且，两组使用频率最高的话语修正类语用非流利标记均为中断/打断，最低的都是删除。对中国英语学习者四种话语修正类语用非流利标记的分析表明，中国英语学习者频繁使用中断/打断，然后是替换和插入，最后才是删除。

纵向对比来看，中国英语学习者和美国英语本族语者在语用非流利类别的使用频数上具有显著性差异：中国英语学习者困难型语用非流利的出现频率高于美国英语本族语者，而其策略型语用非流利的出现频率略低于美国英语本族语者。这说明，中国英语学习者的语用能力还没有达到美国英语本族语者那样的程度，要么缺乏语用知识，要么无法将语用知识转化为语用表现。横向对比来看，无论是美国英语本族语者还是中国英语学习者，策略型语用非流利的使用频率都达到了 90%，远远高于困难型语用非流利。这说明，语用非流利更多的是作为主动的、积极的策略而存在的，而被动的、消极的困难型语用非流利则不太常见。

最后，本章再次从定性分析的角度，讨论了中国英语学习者语用非流利标记使用的总体情况。结果发现，中国英语学习者经常在同一话语或话轮中重复使用同一非流利标记，或结合使用不同非流利标记，构成复合非流利，共同承担特定的交际功能。语用非流利标记一般出现在话语边界处，并可能会对命题内容产生一定影响，如果出现在句法结构内部，则具有特殊的语用含义；语言非流利标记多出现在句法结构内部，影响话语的表达，但不会对命题内容产生影响。

下一章，我们将详细介绍语用非流利尤其是策略型语用非流利的各种交际功能。将形式与功能结合起来，能更好地反映出中国英语学习者语用非流利的使用与习得情况，同时揭示语用非流利与二语语用能力发展的关系。

第5章　二语会话中语用非流利的交际功能[①]

本章主要探讨中国英语学习者二语会话中出现的语用非流利尤其是策略型语用非流利的交际功能。与第4章一样，我们先探讨二语语用非流利可能实施的交际功能，然后从与美国英语本族语者对比的角度出发，定量探讨中国英语学习者二语会话中语用非流利不同功能的使用特征。需要说明的是，为了全面、深入地讨论中国英语学习者语用非流利的使用情况，本章不再列举美国英语本族语者的例子，而直接使用中国英语学习者会话语料来论证语用非流利的各项功能[②]。

5.1　二语语用非流利赢得提取时间功能

交际功能是指说话人在特定语境中运用适合交际环境的语言形式表现出来的言语效果。会话分析学家认为，语言交际中的副语言手段或非言语方式（如本书中的无声停顿、笑声填充）也具有一定的交际功能。交际功能与语境密切相关，语境不同，同一个话语或标记形式可能会表现出不同的交际功能。

作为非流利的一种，语用非流利的延时特征可以为交际者赢得话语处理时间，思考信息传递调节的内容和方式，并为遇到语用困难者争取提取语用知识所需的时间。这是语用非流利的语流延迟特征赋予它的基本功能。可见，所有的语用非流利都具有赢得时间功能。

第2章提到，中国英语学习者二语会话中的语用非流利按照产生原因可分为两大类：困难型语用非流利与策略型语用非流利。虽然两者都是交际参与者有意识的行为，但前者具有一定的被动性色彩，后者则具有相应的主动性色彩。不管是困难型语用非流利还是策略型语用非流利，两者都具有语流延迟的特征，都有赢得时间功能。在交际过程中，由于即时压力，

---

① 本章对语用非流利功能的判定主要依据访谈语料。需要说明的是，我们没有直接询问受试者某个非流利标记属于哪种类型或承担何种功能，而是根据访谈语料、会话原文以及自身经验进行的研究者判断，其合理性虽然较单纯的研究者判断有所提高，但仍需读者进一步检验。

② 本章是在已知语用非流利存在于两组使用者的前提下讨论其交际功能，笔者认为不需要先论证美国英语本族语者的语用非流利具有某项功能。

参与者可能会遇到语用提取困难。中国英语学习者虽然掌握相关语用知识，但由于缺乏练习、紧张等原因，在英语会话时可能会无法即时、迅速地提取出来。此时，停顿、重复、修正等延迟标记可以帮助他们暂缓语流，赢得时间，让他们顺利地提取出符合当前语境的话语表达方式。

（5-1）【S48（Anny）是一名学生，想请老师 T2（Qiao）担任即将举行的英语演讲比赛的评委，下面是电话接通后两人的部分对话。】

　　　1 S48: (4.29)

　　　2 T2: Hello.

　　　3 S48: (1.4) Hello. <u>(H) (3.28)</u> <UFP><DPD1><CIP1>

　　　4 T2: Who is calling?

　　　5 S48: (1.9) It's Anny, from Anny.

　　　6 T2: Oh, hello Anny, how are you doing Anny?

　　　7 S48: <u>Er, oh, (3.12), er (…)</u> <FP1/UFP/FP1/UFP><DPD2><CIP1>

　　　8 T2: Hello, Anny, thank you for calling. So how can I help you?

　　　9 S48: (1.4) Er well I wonder if you could do me a favor?

　　　10 T2: (…) Yeah, sure. So what's it about?

（G3-2T-TS-2）

在例（5-1）中，S48 在实施请求言语行为之前，在第 3 行出现了长达 3.28 秒的无声停顿，在第 7 行反复出现填充停顿和无声停顿。通过对参与者的访谈得知，S48 不是不知道打电话的一些表达法，而是当时太紧张了，甚至连 T2 说了什么都没有注意到，"因为我一直在想，这个[请老师当裁判]，怎么跟老师说"（S48 访谈语料）。也就是说，S48 一心在想如何恰当地实施请求言语行为，她想通过拖延时间考虑如何向老师开口。因此，第 3 行和第 7 行的语用停顿为其提取出正确的话语表达赢得了时间。

（5-2）【学生 S50 打电话邀请老师 T2 参加自己的生日聚会。】

　　　1 S50: (2.68) Hello.

　　　2 T2: Hello.

　　　3 S50: Hello. You're Professor Tom? ↗

　　　4 T2: Yes, speaking please.

　　　5 S50: (…) En, this is Jackson (…) And er how are you doing?

　　　6 T2: (…) Great. How are you doing Jackson?

　　　7 S50: (1.06) Yes. I'm pretty well.

8　　(...)　En　(...)　<UFP/FP1/UFP><DPD1><CIP1>　Are you available this Saturday?

9 T2: Ah, this Saturday? Let me see (...) Yeah, I think I am free. So how can I help you?

10 S50: (1.5) En (...) en (...) <FP1/UFP/FP1/UFP><DPD2><CIP1> this Saturday is my birthday.

11 T2: [Oh.

12 S50: [And I'd like to invite you to my (...) to my birthday party.

（G3-2T-TS-4）

在例（5-2）中，S50 实施的是邀请言语行为，该行为被认为是对听话人有益的。双方互致问候后，S50 在第 8 行出现了无声停顿与填充停顿，出现了语用困难，此处语用停顿为 S50 赢得了选取恰当表达的时间。但可惜的是，S50 语用努力的结果似乎不太符合英语请求的习惯，出现了汉语语用迁移的现象。因为，在英语中，邀请是对交际对方有益，满足了对方的积极面子，没必要像请求那样有固定的前置序列作为铺垫。S50 在第 10 行中再次使用了填充停顿和无声停顿，争取了足够的时间，最终在第 12 行产出了邀请的恰当表达。这说明，中国英语学习者具有相关语用知识，但使用不太熟练，规则还不是十分清楚，提取时会遇到一定的困难。

需要说明的是，赢得提取时间，并不仅仅是当交际者遇到语用困难时才会产生此种功能。交际者有时候也会有意识地延缓话语，选择恰当的命题表达方式、合适的话轮/话题启动方式以及适切的人际策略等。可以说，赢得时间功能是语用非流利的基本功能，它可与其他三大功能相结合，或者融于其中。由于赢得时间功能已经融入语言使用的三大功能中，即几乎每种功能都有赢得时间的作用，我们不再对赢得提取时间这一功能做统计分析。

5.2　二语语用非流利的话语功能

通过考察美国英语本族语者会话语料和中国英语学习者会话语料，我们发现，作为一种策略资源，语用非流利可以实施语言应用的三大功能：信息传递调节、会话组织调整以及人际关系调理。语用非流利的信息传递调节功能主要体现在通过非流利标记对已发话语进行调整，以保证信息传递调节的恰当性；会话组织调整功能主要体现在通过非流利标记进行会话组织与管理；人际关系调理功能则不仅体现在可以通过非流利标记体现说话人礼貌、保全双方面子等传统人际意义，还可以通过非流利标记体现交际双方在会话过程中的相互理解与互动。下面，我们将详细讨论中国英语学习者二语会话中语用非流利实施的话语功能。

首先，我们来看一下中国英语学习者语用非流利功能实施的总体情况。需要说明一点，由于两组使用者语用非流利标记出现的总频次不一样，比较交际功能的频数差异没有任何意义。本书对比的是两组使用者实施某种交际功能的频率，即在所有频次的语用非流利标记中，有百分之多少的非流利标记实施了某种交际功能，如在中国英语学习者使用的 331 次语用非流利标记中，有 18% 实现的是信息传递调节功能，47% 为会话组织调整功能，32% 为人际关系调理功能。另外，语用非流利标记与交际功能之间并不是一一对应的关系，同一处非流利标记可以承担不同的交际功能，不同非流利标记可以承担相同的交际功能。因此，各功能的百分比之和可能会大于或小于 100%。

表 5-1 为中国英语学习者和美国英语本族语者语用非流利功能取向的总体情况。对比来看，列联表卡方检验表明，中国英语学习者和美国英语本族语者在语用非流利各交际功能实现频次上并没有显著性差异（$\chi^2=1.53$，$p=0.465>0.05$）[①]。但是，百分比数据表明，中国英语学习者在信息传递调节功能的使用频率上低于美国英语本族语者，而在会话组织调整和人际关系调理的使用频率上高于美国英语本族语者。

横向来看，两组使用者在语用非流利功能的取向上十分相似：语用非流利标记实施会话组织调整功能的比例最高，人际关系调理次之，信息传递调节在最后。中国英语学习者和美国英语本族语者在三种交际功能的使用上面都表现出了显著性差异（$\chi^2=13.01$，$p=0.001<0.05$；$\chi^2=7.745$，$p=0.021<0.05$）。

表 5-1　中国英语学习者和美国英语本族语者语用非流利功能取向的总体情况

使用者	交际功能			语用非流利标记总计
	信息传递调节	会话组织调整	人际关系调理	
中国英语学习者（次）	60	156	105	331
百分比（%）	18	47	32	97
美国英语本族语者（次）	175	329	192	741
百分比（%）	24	44	26	94

---

① 与第 4 章不同的是，本章的功能频次无法标化，因此，本章的卡方检验使用百分比频率。

上述结果表明，中国英语学习者在二语会话中较为关注如何开展会话和实现人际关系调理。也就是说，语用非流利功能更多地体现在会话的方式与策略上，对信息内容的提示不太明显。

总的来说，中国英语学习者在语用非流利话语功能的使用频率上与美国英语本族语者有着一定程度的相似之处，也有着显著性差异。下面，我们来详细考察中国英语学习者语用非流利各话语功能取向的具体情况，探讨在交际功能的具体实现方式上两组使用者有何异同。

5.2.1　信息传递调节

信息传递调节是语言的基本功能。正确、流利的话语有助于信息及时、准确地传递。但即时言语交际充满了各种未知和风险，面对不同的语境，交际者会适时地对已发话语进行调整，以更准确、恰当地传递信息，各种非流利标记如停顿、重复、修正等就会不可避免地出现。这些非流利标记除了可以提示交际者的思维过程外，还可以产生额外的语用含义。正确、恰当地使用这些非流利标记有助于信息传递调节的顺畅以及交际的成功进行；不恰当或不地道地使用则可能产生消极的语用含义，从而使交际陷入困窘。

语料表明，语用非流利信息传递调节的功能首先体现在交际者通过使用非流利标记，针对同一命题内容选择不同的命题表达方式。也就是说，非流利标记可以是一种命题表达方式的选择。其次，交际者也可以通过非流利标记调整命题表达内容，如删除、增加信息内容，使所传递的信息更加准确、清晰。下面，我们用实例详细讨论中国英语学习者二语会话中语用非流利的信息传递调节功能，然后再看中国英语学习者信息传递调节功能的总体使用情况，并与美国英语本族语者对比。

5.2.1.1　选择恰当的命题表达方式

说话人为了恰当地表达出自己所要传递的信息意图、情感态度等会选择符合当前交际语境的命题表达方式。信息传递的话语方式可以体现交际者的语用语言能力，是整体语用能力的一部分。

命题表达方式的恰当选择常体现在是直接表达命题内容，还是间接表达命题内容。请看例（5-3）。

（5-3）【学生 S64 得知学生 S65 天天练习说英语时，感到不可思议。】

　　1 S64: (1.270) Oh, yeah. (H) Do you have er do you have some time

that you

2   (…) you want to quit? <UFP><SPD4><IP3>

3   (1.789) Can not persist anymore? <UFP/REP><SPD1><CIP2>

4 S65: Yes, (2.034) I have those times. (1.385) But (1.082)

5 S64: How can you deal with such situation?

6 S65: (1.63) You can give yourself (1.341) er (1.515) sort of award

7   if you can finish a task (1.313) you give to yourself.

（G3-2F-SS-4）

在例（5-3）中，S64 听说 S65 天天说英语，甚至是一个人自言自语，她觉得不可思议，于是问 S65 是否想过放弃。从句法特征上看，第 2 行的 you want to quit 是肯定句，但从语义上看，它表达的是一个否定的、消极的命题，属于间接表达。但接近 2 秒的停顿后，S65 并没有接过话轮，随后 S64 在第 3 行用了一个直接否定句 Can not persist anymore，明确表达出了自己的命题内容。两句表达的命题内容其实是一样的。这一思维过程得到了访谈语料的验证，当研究者询问 S64 为什么将第 2 行的话语修正为第 3 行的否定表达时，她说："我就是觉得，她没有接我的话，我就用否定句又重新解释了一遍。"可见，此处的非流利停顿和修正标记是说话人选择命题表达方式的策略手段，是交际者有意为之，因而属于策略型语用非流利。需要说明的是，此处的无声大停顿必须和随后的修正一起才能成为策略选择标记，因为按照访谈语料看，1.789 秒的无声停顿中极有可能含有 S64 结束自己的话轮、抛出话语权的意味。

命题表达方式的选择还可以体现在命题内容表达的模糊或清晰度上。同一命题的不同表达方式具有不同的语用意义。说话人倾向于选择其中一种表达方式意味着这种表达方式能更好地传递自己的信息意图。请看例（5-4），说话人的意图就是告诉听话人自己当时不紧张，很自信。S29 在回忆自己高考时的情景时说，自己当时并不紧张，因为她觉得"我已经学了一辈子了，我的意思是说，已经学了 18 年了"。此处说话人所要表达的命题内容应该是"我已经学了很长时间了"。一开始她选择了一个看似清晰其实极其模糊的时间概念 my whole life，后来意识到似乎有点夸张，于是在无声小停顿之后使用具有修正含义的语用标记语 I mean 来重新选择命题的表达方式 eighteen years，使得命题内容更加清晰，更有说服力。第 3 行的无声小停顿、语用标记语 I mean 以及随后的修正行为均属于策略型语用非流利，并可以单独起到命题表达方式选择的作用。

(5-4)【大家在英语角谈论自己当年高考时的情景。以下是学生 S29
的回忆。】

    1 S29: (2.34) <u>Eh, <FP1><SPD><CM1></u> I remember I, I wore uniform
        to go to (…)

    2   the examination, and, I didn't get nervous, because I know I
have been studied

    3   <u>for my whole life (…), I mean the last eighteen years
<FP2/REP><SPD1><CIP2></u>,

    4   <u>so (1.08) so <FP2/UFP><SPD><CM3></u> I just can (…) en
(…) get marks that I worth it,

    5   so (1.66) I don't think the (…) college entrance examination
is (…) is (…) is a nervous thing,

    6   <u>and … <FP2/IR><SPD><CM1></u> that's all.

(G1-6F-SS-2)

说话人的意图可能会使交际对方产生心理或情绪上积极或消极的波
动，为了减缓或消除这种波动，说话人会采用非流利标记策略来选择听话
人可以接受的命题表达方式。注意，这种功能是为同一命题内容选择恰当
的表达方式。

(5-5)【学生 S64 想让学生 S65 做自己的学习伙伴，学生 S65 欣然同
意。随后他们制定学习计划。】

    1 S64: (1.471) Yeah. Would you like to be the companion of my
study?

    2 S65: I'd like to.

    3 S64: To [practice English?

    4 S65:   <u>[I'd, I'd like to. <RT><SPD><IP2></u>

    5 S64: Yeah. <u>Let's (…), why not (…) <CIP3></u> make a plan now (…)
from tomorrow?

    6   (…) We can (…) practice English for (…) every day for en for
(…)

    7   [at least one hour] a day?

    8 S65: [It's a good idea.] (1.717) Sounds good.

(G3-2F-SS-4)

S65 获得了英语演讲比赛的冠军，S64 向 S65 请教了如何练习英语口语后，想让 S65 做自己的学习伙伴，S65 欣然同意。在第 5 行，S64 建议两人制定练习英语的计划。S64 本来想用 Let's make a plan now，但随后意识到这一表达似乎不太有礼貌，因为 let's 虽然也可以用来提出建议，但似乎含有说话人让听话人做某事的含义，损害了对方的面子。在本对话中，S64 有求于 S65，主动权应该在 S65。S64 显然意识到了这一点，随后通过无声小停顿的方式改用 why not 提出建议，该表达含有向对方询问的含义，接受与否在对方，给足了对方面子。可见，虽然表达相同的命题内容，但不同的话语方式可能会产生不同的交际效果。

此功能主要体现在说话人的有意识"选择"上。可以看出，交际者主要是通过删除或替换来实现命题表达方式的选择。做出选择的原因可能是为了礼貌或维护对方面子，或者为了达到强调等修辞目的。

5.2.1.2　调整命题表达内容

为了使命题表达的内容更加清晰、恰当，说话人通过使用非流利标记对已发话语进行调整，或删除之前的信息，或添加新信息。

（5-6）【学生 S69 和学生 S70 聊到了 City A 目前的天气情况。】

　　1 S69: In the past days, en we (…) have experienced er (…) en (…)

　　2　　　 some bad days with er (…) foggy.

　　3 S70: Yeah, it's very terrible.

　　4　　　 <u>What a terrible (…),</u>

　　5　　　 <u>the most terrible thing</u> <DL><SPD><CIP3> is

　　6　　　 that we should run the 800m that day.

　　7 S69: That let me er feel very er upset.

（G3-3F-SS-6）

S69 和 S70 正在聊 City A 目前的天气情况。这几天 City A 四面"霾"伏，雾锁宁城，大家都觉得天气很糟糕。S70 在第 3 行说了一次 It's very terrible，第 4 行她本来想继续感慨天气状况 what a terrible (weather)，但随后似乎突然想起了新的话题，而且是与之相关的话题。"最恐怖的是，我们那天还有 800 米测试。"（"The most terrible thing is that we should run the 800m that day."）S70 通过删除之前的话语，巧妙地将 terrible 与 the most terrible thing 联系起来，而且天气的糟糕与 800 米测试的遭遇，使得事情更恐怖。通过删除之前的话语，添加了新信息，调整了信息内容，使得会话内容更加有意思，话语组织更加流畅自然。

(5-7)【几位同学正在谈论 City A 最近的天气情况。】

1 S46: Hi, guys, what you talking about?

2 S44: We are talking about (…), en, the weather (…) of City A. What do you think?

3 S46: Yeah, it's terrible.

4　　Maybe I think en it is the, <u>at present <INS><SPD><CIP2>,</u>

5　　it is the worst days of City A.

6　　And you have to (…) er wear Kouzhao, you know. So it's terrible.

(G1-3F-SS-6)

在例 (5-7) 中，S46 认为 City A 最近的天气很糟糕，"也许是目前为止 City A 天气最差的几天"。可以看出，在第 3 行中，S46 本来想说"也许今天是 City A 天气最差的一天"，但考虑到这种糟糕的状况可能会一直持续下去，而且还有加剧的趋势，S46 于是插入了"到目前为止"（at present）这一短语，调整了命题表达的内容，使得自己所要传递的信息更加准确、清晰。

注意，即使增加命题内容，此处与会话增量行为也有所不同。在调整命题内容的过程中，如果说话人增加了相应的信息内容，并对之前的话语进行补充说明，就是一种会话增量行为。"会话增量指说话人产出一段句法和韵律结构上完整的话语后，以增加会话成分的方式对先发话语进行的辅助性行为调整。"（李民，2011b：245）语用非流利的话语增量调节，是在否定或替代之前表达的基础上进行的，它不是辅助性调节，而是关键性调节。

(5-8)【学生 S49 请老师 T2 担当英语演讲比赛的评委，在提供相关信息后，出现如下对话。】

1 S49: I'm glad that you like it, and ern

2 T2: Yeah.

3 S49: Aha (…) er (…) anything, anything you want to know?

4　　<u>(…) Anything more <SUB><SPD><CIP2> you want to know?</u>

(G3-2T-TS-3)

在例（5-8）中，第 3 行所表达的命题内容是"您想知道点什么"，指与演讲比赛有关的"任何事情"（anything）；第 4 行所表达的命题内容是"您还有什么想要了解的吗"，言外之意是"您已经了解了相关信息，还需要其他相关信息吗"。因为之前 S49 已经向 T2 提供了演讲时间、地点以及演讲主题等，可见，第 3 行所传递的信息并不恰当，S46 在第 4 行用替换这一非流利标记调整了命题内容，使得自己所传递的信息符合当前的交际语境。因此，第 4 行的替换行为不属于会话增量行为，也不是辅助性调节，而是一种主要的关键性行为。

5.2.1.3　中国英语学习者语用非流利信息传递调节功能的使用情况

表 5-2 为中国英语学习者和美国英语本族语者信息传递调节功能的使用情况。可以看出，美国英语本族语者在选择命题表达方式和调整命题表达内容的使用频率上基本相当，后者略高于前者；中国英语学习者在这两类次功能的使用频率上表现出了明显的差异：他们使用非流利标记调整命题表达内容的频率远远高于选择命题表达方式。可以看出，与美国英语本族语者相比，中国英语学习者更倾向于使用语用非流利标记调整命题表达内容，而不太关注命题表达方式。列联表卡方检验表明，中国英语学习者和美国英语本族语者在信息传递调节两类次功能的使用频率上有着显著性差异（χ^2=10.402，p=0.001<0.05）。

表 5-2　中国英语学习者和美国英语本族语者信息传递调节功能的使用情况

使用者	信息传递调节		总计
	选择命题表达方式	调整命题表达内容	
中国英语学习者（次）	12	48	60
百分比（%）	20	80	100
美国英语本族语者（次）	71	104	175
百分比（%）	41	59	100

具体来说，中国英语学习者使用非流利标记选择命题表达方式的频率（20%）低于美国英语本族语者（41%），而他们调整命题表达内容的频率（80%）高于美国英语本族语者（59%）。非参数卡方检验表明，中国英语学习者在调整命题表达内容功能的使用频率上显著性地高于选择命题表达方式功能（80% vs. 20%，χ^2=36，p=0.000<0.001）。这一结果与李民和陈新仁（2013）在考察语用增量的功能时得出的结论一致：中国英语学习者

在二语会话过程中过多地关注命题意义的传达，总是希望将自己的观点、看法确切地表述出来。另外，他们也发现，中国英语学习者对话语适切性的关注尚需加强。也就是说，无论是使用语用增量还是语用非流利，中国英语学习者都过于关注信息传递调节的内容，而非信息传递调节的话语方式。这说明中国英语学习者的语用语言能力有待进一步提高。

中国英语学习者调整命题表达内容主要体现在对话题内容的解释说明，使得命题内容进一步清晰、明了，多用语用插入和各种话语修正策略。这也从一个侧面反映出英语专业学生对自己语言能力的怀疑，即他们总是认为自己说出的话语不清楚，没有完全表达好自己的意图，是信心不足的表现（张文忠和吴旭东，2001）。

本小节与 4.3.3 节中国英语学习者话语中出现过多停顿，但仍维持自己话轮的发现相呼应：说话人急于将自己所要传递的信息内容表达出来，用语用标记语 and 等保持自己的话轮权，并且宁愿使用简单的，甚至是不合语法规则的话语，也不愿花时间选择更加恰当、适切的表达方式。

5.2.2　会话组织调整

根据以往研究，语用非流利的主要功能就是帮助组织和管理语篇，如停顿的交际功能多见于对话和讨论中，一般以达到引人注目的效果或引起听话人的回应为目的。也就是说，停顿具有一定的会话组织调整功能，如在话轮开始引起听话人的注意，控制话轮或指示话轮。重复也可以达到交际的目的：获得听话人的关注（Goodwin，1981），延缓言语输出或推迟可能出现的话轮转换相关处以便守住话轮（Sacks，1974；权立宏，2012）等。结合本书语料，语用非流利的会话组织调整功能主要体现在话轮管理和话题掌控两大方面。

5.2.2.1　话轮管理

语用非流利所起到的话轮管理功能主要包括话轮启动、转换、维持、结束等过程。前文已论及，交际者可以在特定的语境下使用恰当的语用非流利标记达到自己的交际目的。此处的交际目就是对整个话轮进行掌控与管理。

语用非流利中具有话轮启动、维持和转换功能的主要是填充停顿，如无词汇意义的语音填充 er、ahn 等以及语用标记语 you know、and、well、I mean 等。在比伯等（Biber et al.，1999）的体系中，会话填充语被称为话语标记语（discourse marker）和前奏性表达语（prefatory expression）。杨惠中和卫乃兴（2005）指出，会话填充语可以出现在话轮转换处，既对前一话轮作出回应，同时又引出一个新的话轮，导致发话者的变更；也可以出现在正在进行的话轮内，起到填充空间、维持话轮的作用。

（5-9）【同学们都在英语角聊天。碰巧昨天是高考第一天，于是有了学生 S16 的以下开场。】

　　　1 S16: Ahn <FP1><SPD><CM1>,

　　　2　　　 yesterday, the first day of the college entrance examination,

　　　3　　　 er (...), so do you remember when you took part in the, er, examination?

（G1-10F-SS-1）

在例（5-9）中，S16 通过在一开始就使用填充停顿 ahn，成功地吸引了其他同学的注意力，启动了整个会话的话轮，也引出了谈论的话题，在整个交际会话中起着抛砖引玉的作用。随后，她又使用另一语音填充 er 来填补话语空白、维持自己引出的话轮和话题。

（5-10）【学生 S72 是班长，想邀请同学们参加圣诞晚会的节目表演。】

　　　1 S72: You know <FP2><SPD><CM1/IP2>,

　　　2　　　 our (…) our class will hold a Christmas party.

　　　3　　　 So I want to invite you three to join us and play performances on the stage.

　　　4　　　 Would you like to go?

（G3-4F-SS-7）

例（5-10）中第 1 行的 you know 为第二类填充停顿，即语用标记语，其话语提醒功能较之无词汇意义的语音填充更强，更具针对性。在例（5-10）中，you know 除了启动话轮和引出话题之外，还具有一定的人际功能，即缩短交际双方的心理距离，为 S72 即将实施的请求言语行为做铺垫。也就是说，填充停顿出现在请求言语行为的前置序列中，辅助主行为的实施。

例（5-9）和例（5-10）中两处语用非流利填充停顿均出现在整个话轮开始处，具有启动话轮和引出话题的全局掌控功能。如果出现在会话进程中间，填充停顿往往具有话轮维持与转换的功能。请看例（5-11）和例（5-12）。

（5-11）【同学们聚在一起，正在讨论期末考试的事情。】

    1 S77: I don't know how to recover it.

    2 S76: I am not even clear what's the revise range (…) field (…) the content (…)

    3 S78: And <u><FP2><SPD><CM1></u> I think the paper we collected is not so (…) clearly.

    4 S77: We must be emphasize on.

    5 S76: We don't know the focus. Yeah, yeah.

    6 S77: <u>And <FP2><SPD><CM1></u> I think the en (…) English literature are (…) so difficult.

    7   I must spend a lot of time to recover it,

    8   but I also have some other tests in the same week.

    9 S76: I think I will give up.

（G3-3F-SS-8）

例（5-11）中第 3 行和第 6 行的两个 and 均为语用填充词，处于话轮转换处，属于自选话轮。此处的 and 并不是并列连词，也不是接续助词，因为 and 前后的两处话语既不在同一话轮，也不是同一人所为。S77 说自己不知道怎么复习，S76 说不知道复习的范围和内容，S78 使用 and 作为话轮转换填充语，开启自己的话轮，认为她们所搜集的以前考过的试卷也不是很清楚。S76 和 S77 觉得大家一定要重点复习。S77 随后也使用了具有接续功能的 and，使得话轮再次回到自己手中，并由此回应之前建议：自己会多花时间复习英国文学这门课。可见，并列连词 and，已经不仅仅是词与词、句与句之间的接续，而且还可以跨话轮接续。或者说，and 已经被赋予了连接话轮的功能。

（5-12）【老师让大家讨论住在乡村或城市中的优缺点。】

    1 S52: What do you prefer, living in city or countryside?

    2 S53: We prefer living in the city.

    3 S52: Can you tell me your reasons?

    4 S53: <u>En. <FP1><SPD><CM1></u>

    5   Ok, first of all, living in the city means we have modern transportation system.

    6   (…) <u>En, <FP1><SPD><CM1></u> there are various of means

(…),

7 ern, various means of transportation. (1.28)

8 <u>En <FP1><SPD><CM1></u> we can choose (...) metro, airplane, (…) en (…),

9 bus to go to our destinations.

（G3-5F-SS-1）

例（5-12）中第 4 行的 en 为应答和话轮接续标记，表明话轮权在 S53 手中。第 6 行和第 8 行的 en 出现在同一话轮中，为话轮或话题维持标记。并且，两者之前都有无声停顿，en 也同时承担着填补话轮空白的功能。尤其是在第 7 行 S53 说完城市中有各种现代化的交通方式后，出现了长达 1.28 秒的无声停顿。此时，无法认定这一停顿是为了交接话轮，因为从 S53 之前的话语来看，他使用了 first of all，而第 5～7 行只说了一种原因，交际对方显然也在等待他继续说其他原因。这就出现了一段交际空白，使得气氛略显尴尬。S53 随后用 en 来填补这一空白，同时对"现代化交通方式"这一话题做进一步详细说明。

出现在整个话轮最后，表明己方话轮结束的非流利标记主要是无声停顿，如果超过了 2 秒，交际对方会很自然地接过话轮。有时候说话人会故意使用无声停顿以及语音标记来给出话轮［请见例（5-23）中第 6 行 1.11 秒的无声停顿］。

值得注意的是，应答标记 yeah 在中国英语学习者会话语料中，不仅具有表达标记的功能，还可以提示话轮结束，如例（5-11）第 5 行和例（5-13）第 8 行的 yeah。

（5-13）【大家都在谈论自己高考时的天气情况。】

1 S32: Oh, what was the weather on your day?

2 S33: Very very hot.

3 S34: Yes, me too.

4 I remember er i (…) in our in our em (…) in our school er it seem very very er hot.

5 S30: Oh yeah. So I think it's lucky for those students en this this year

6 because you know <FP2><SPD><CIP3> in City A the weather is rainy

7　　for it has been two days.

8　　<u>Yeah <FP2><SPD><CM1/IP1>.</u>

（G1-7F-SS-3）

在例（5-13）中，S33 和 S34 都说自己高考时天很热，S30 在第 5 行的 yeah 是对前两位同学话语的应答，并接着说今年的这些考生运气很好，因为这两天都在下雨，天气比较凉爽。她在最后第 8 行用了一个 yeah 来结束自己的话轮。当然，此处的 yeah 还含有对自己刚才所说观点的肯定，等同于汉语的"真的""就是这样的"等。以强调先发话语的命题内容来结束话轮也是常用的一种会话策略。

除填充停顿外，会话中的重复、打断（致使话语出现重叠现象）等非流利标记也具有一定的话轮管理功能。这些非流利标记可以促进话轮不断转换，充分体现了会话的互动性特征，请看例（5-14）。

（5-14）【学生 S49 邀请老师 T2 担当英语演讲比赛的评委，T2 正在询问有关演讲主题。】

1 T2: Ok, great. So can you tell me (...) the topic of the speech contest?

2 S49: Ok, that is about en my China China's dream.

3 T2: Oh, my [Chinese dream, ok.]

4 S49:　　[The, the, the <RT><SPD><CM1/IP2> (...) <IR><SPD><IP2>]　Yeah.

5　　The topic of China's dream is quite popular

6　　with the (...) [er]

7 T2:　　<u>[That's right]. <IR><SPD><IP2></u>

8 S49: recently.

（G3-2T-TS-3）

在例（5-14）中，当听 S49 说演讲主题为"我的中国梦"时，T2 很自然地重复了一句（第 3 行）。但 S49 急于将自己的观点表达出来，在 T2 还没有完成话轮时就打断了他，并重复三次 the（第 4 行）来暗示对方自己先前的话轮还没有结束。打断行为从对方手中抢过了话轮权，重复行为维护了自己到手的话轮权。但由于抢夺对方话轮权本身就是一种不礼貌的行为，S49 直到对方完成话轮，并且用 yeah 表示回应之后，才真正开始启动自己的话轮。这体现了交际互动中相互解的人际功能。我们将在 5.2.3 节详细论述语用非流利的人际关系调理功能。

话轮管理是二语会话中语用非流利的基本或主要功能,已经得到了许多研究的支持。如张琪(2010)发现,中国英语学习者经常在话轮转换处使用语用标记语,用于延缓回答、转移话轮等。正是这些非流利标记才使得会话显得生动、自然。因此,二语学习者在英语会话中合理、恰当地使用各种非流利标记不仅是整体交际能力的体现,也是二语语言能力和语用能力的具体体现。

5.2.2.2 话题掌控

话题掌控与话轮管理紧密相连,话题依托于话轮。同一话轮可能有不同的话题,即话题转换了,话轮不一定发生变化;同一话题也可能在不同的话轮中,即话轮转换不一定会引起话题的转换。与话轮管理相似的是,话题掌控也包括话题的选择、维持与转换等。与话轮管理不同的是,话题掌控可以由引出方实施,也可以由交际对方实施。会话一般具有特定的目的,或是为了实施某种言语行为,所涉及的话题一般不会超越整体交际意图。因此,会话过程中如果出现话题选择或转换,使用恰当的话语策略就显得尤为重要。通过本书第 5 章的描述,我们知道,各种语用非流利标记就可以很好地消除或减弱因话题的变化带来的负面影响,从而使话题的转换自然、流畅。

(5-15)【学生 S49 打电话请老师 T2 担任即将举行的全校英语演讲比赛的评委。】

1 S49: Hello (...).

2 T2: Hello.

3 S49: En <FP1><DPD2><CM1> is that Nelson speaking?

4 T2: Yeah, speaking please.

5 S49: Yes, this is Deniel, and this is Deniel speaking.

6   <u>And en</u> (...) <FP2/FP1/UFP><SPD><CM3>

7   we are going to have an English speaking contest (...)

8   so <u>er</u> (...) <FP2/FP1/UFP><SPD><CM3/IP3>

9   I like to invite you as en as a as the judge.

10 T2: Ok, great.

(G3-2T-TS-3)

在例（5-15）中，交际双方互打招呼后，S49 开始实施请求言语行为。与大多数请求行为类似，S49 也使用了一个前置序列作为原因铺垫，随后再实施请求主行为。无论是辅助行为还是主行为，S49 都使用了填充停顿加无声停顿的方式来引出话题，给对方留下足够的心理准备，使得请求言语行为的面子威胁降到最低。例（5-15）为同一话轮中话题的选择与维持。

（5-16）【学生 S73 准备在圣诞晚会上表演行为秀，学生 S72、学生 S74 和学生 S75 都很兴奋。】

1 S72: That's an interesting idea. And what performance (…) are you
　　good at?

2 S73: Er (2.352) sleep. <FP1><SPD><CM1/CM3>

3 S74/S75: @@@@

4 S72: Well, <FP2><SPD><CM1/CM3/IP2>

5 　　you can show us how to sleep smoothly and soundly and
　　sweetly. [@@]

6 S73: You know, you know, I would like to, but I have no time.

7 　　Er I will prepare for my final exam <FP1><SPD><IP3>

8 　　and I'll (…) er make an appointment with my boyfriend and
　　I … @@

9 S72: I guess you must be a "xueba", aren't you?

10 S73: No, of course I'm not.

11 　　And <FP2><SPD><CM1> I, you know <FP2><SPD><CM3>,

12 　　the winter holiday is coming. I'll (…) er take my time to buy
　　(…) er train ticket.

（G3-4F-SS-7）

在例（5-16）中，针对 S72 的询问，S73 说自己最擅长表演睡觉（sleep）。她在第 2 行使用了填充停顿 er 接过了话轮，并在 2.352 秒的无声停顿之后引出了"睡觉"这一话题。S74 和 S75 觉得这个话题太好笑了，忍不住大笑起来，而 S72 则通过使用语用标记语 well（第 4 行）缓和了尴尬的气氛，接过话轮，并维持了这一话题，还趁机邀请 S73 上台好好表演。不过，可惜的是，S73 委婉地拒绝了，因为她觉得自己没时间。为了不损害 S72 的面子，S73 随后列举了没有时间的种种原因：准备期末考试、与男朋友约会等。S72 在第 9 行抢过话轮，引入了一个新话题：认为 S73 是"学霸"，

意思是只知道学习，不知道娱乐。S73 并没有在"学霸"这个话题上过多
纠缠，用 and 和 you know 两个语用标记语，将话题重新转换到"没有时间，
无法参加表演"上面。这样，就使得整个拒绝言语行为显得合理、自然，
更容易被对方接受。可以看出，这段会话中，不仅有话题发出者自己选择
与维持当前话题，也有交际对方迎合并维持已发话题，再一次充分体现了
语用非流利的会话组织调整功能。

5.2.2.3　中国英语学习者语用非流利会话组织调整功能的使用情况

表 5-3 显示，中国英语学习者和美国英语本族语者使用语用非流利进
行话轮管理的频率均高于用其进行话题掌控的频率。列联表卡方检验也表
明，中国英语学习者和美国英语本族语者在会话组织调整两类次功能的使
用频率上没有显著性差异（χ^2=1.325，p=0.250>0.05）。也就是说，中国英
语学习者在会话组织调整方面与美国英语本族语者较为相似。

表 5-3　中国英语学习者和美国英语本族语者会话组织调整功能的使用情况

使用者	会话组织调整		总计
	话轮管理	话题掌控	
中国英语学习者（次）	113	43	156
百分比（%）	72	28	100
美国英语本族语者（次）	259	70	329
百分比（%）	79	21	100

内部对比来看，与美国英语本族语者一样，中国英语学习者话轮管理的
使用频率显著性地高于话题掌控的使用频率（χ^2=19.360，p=0.000<0.001）。
也就是说，中国英语学习者倾向于使用语用非流利标记来启动、维持和转
换话轮，较少用来掌控话题，尤其是转换话题。会话及访谈语料表明，语
用非流利标记多用来开启和维持特定话题。并且，中国英语学习者一旦开
启某个话题之后，一般都会尽量维持下去，很少会主动转至另一话题。这
与上一小节讨论的中国英语学习者常用非流利标记来调整命题表达内容的
结论较为一致：为了维持已发话题，中国英语学习者通常会调用各种语用
策略来传递与该话题相关的命题信息，以保证话题讨论的深入展开。

就话轮管理而言，中国英语学习者多用语用非流利策略来启动和维持
话轮，用来转换话轮的频率也不高。中国英语学习者用来启动话轮的情况
多出现在整个会话开始处。另外，他们还常以非流利标记回应对方的方式

来开启自己的话轮。也就是说,不管是己方话轮,还是对方话轮,说话人都试图用非流利标记将两个话轮(或话题)联系起来。这从接续性语用标记语 and 的过度使用以及 well 的较少使用上能够看得出来。美国英语本族语者在给自己争取思考时间、减缓犹豫程度、延缓回答的时候,通常使用 well 来表达。该词具有一定的消极意味,常意味着新话轮、新话题的出现。and 为中性词,提示纯粹的话轮和话题接续。这说明中国英语学习者在二语会话中较为死板,不会主动转换话轮和调整话题。这可能与中国英语学习者过度关注自己的语言表现以及会话内容有关。

5.2.3　人际关系调理

人际功能,又称人际意义,指的是人们用语言与其他人交往,建立和保持人际关系,用语言影响别人的行为,同时用语言表达对世界的看法甚至改变世界(Halliday,1994)。这是语言的纯理功能之一。我们认为,人际功能更多的是语言建立并由语言反映出来的人与人之间交往的准则。我们强调人在语言交际中的重要作用,本书的人际关系调理功能不仅体现在可以通过非流利标记体现说话人情感态度、保全双方面子等传统人际意义,还可以通过非流利标记体现交际双方在会话过程中的互动理解等主体间性。

下面,我们从表达情感态度、缓和面子威胁和体现互动理解三方面探讨中国英语学习者二语会话中的语用非流利的人际关系调理功能。

5.2.3.1　表达情感态度

在话语交际中,除了语言本身所传递的命题内容之外,不同的话语表达方式还会产生额外的语用意义,将说话人喜怒哀乐等情感、积极/消极态度等隐含其中。有时候,用不同的语气或语调、不同的语速等都会产生不同的交际效果。带有停顿、重复、修正等非流利标记的话语,除了能传递语言本身的信息内容外,还可能会暗藏说话人不方便或无法用语言直接表达出来的个人观点。当然,并不是说所有非流利性的话语都会产生这样、那样的言外之意,只有在本书界定的语用非流利的范围内,非流利性的话语所暗含的交际者主观性意图才有可能显现出来。

重复是表达情感态度的常用手段。如在例(5-17)中,当 S50 听到 T2 要送自己生日礼物时,重复使用 thank you 来表达自己激动、兴奋的心情。访谈得知,这里的 thank you 不仅是对老师送礼物的感谢,还是对老师能够答应参加学生的生日聚会的感激之情。两者结合,使得 S50 觉得自己受宠若惊。

(5-17)【学生 S50 邀请老师 T2 参加自己的生日聚会，T2 欣然接受。】

    1 T2: Ok, sure. I think I will bring you (…) a surprise gift (…) maybe right (…)

    2 S50: <u>Thank you, thank you. <RT><SPD><IP1></u>

（G3-2T-TS-4）

有时候，说话人的突然沉默或语用中断/打断也暗含自己的主观情绪。

(5-18)【几名同学正在讨论如何准备期末考试，其中聊到了法语复习。】

    1 S78: I'm still worried about my French.

    2 S77: <u>It is terrible, very terrible. <RT><SPD><IP1></u>

    3 S76: I listened to the teacher every time, but I hear nothing.

    4 S77: The teacher <u>(…) <UFP/IR><SPD><IP1></u> I couldn't understand him.

    5   If he speaks in Chinese, I also can't understand.

（G3-3F-SS-8）

在例（5-18）中，众人聊到了即将到来的法语考试。S78 只是"担心我的法语"（worried about my French），而 S77 则是很害怕法语考试，在第 2 行她不仅重复使用 terrible，还增加了程度副词 very，充分表达了她对法语的心理恐惧程度之高。她在第 4 行和第 5 行解释了自己害怕法语考试的原因：上课听不懂老师所讲的内容。在提到法语老师时，S77 在第 4 行使用了无声小停顿，然后中断了以 the teacher 做主语的话语。S77 在接受访谈时说："我们法语老师口音很重，（说）汉语都听不太明白，法语（我）都无语了。"此处的语用中断/打断表达了 S77 对法语老师的不满态度，甚至将自己学不好法语的原因也归咎到老师身上。这里我们可以对比一下 S77 和 S76 的话语表达方式：后者在提到自己法语不好、害怕考试时，说"我每次都认真听，但听不懂"（第 3 行），即她认为是自己的原因。虽然也可能有老师的部分因素，但 S76 并没有像 S77 那样说的那么明显。S77 使用的无声停顿和语用中断/打断表达了她对法语老师的消极评价。

打断他人话语、抢走对方话轮也是说话人表达自己确认、疑问、不相信等态度的方式之一。

（5-19）【同学们正在英语角谈论自己当年高考时的情景。】

    1 S26: OK. Er I remember (…) en (…) last year's (…) today,

    2   I wear I wore a yellow er yellow (1.16) yellow (…)

    3 S27: T-shirt <INS><SPD><IP2>

    4 S26: a yellow T-shirt, so I think maybe the yellow T-shirt gave me bad luck.

    5   So I didn't (…)

    6 S27: <u>Oh, really? <IR><SPD><IP1></u>

    7 S26: Yes! Kaohuangle, so I didn't get my er wonderful (…) er wonderful (…) grades.

（G1-6F-SS-2）

在例（5-19）中，S26 说自己高考时穿着一件黄色的 T 恤，她认为这给她带来了坏运气（第 4 行），因此没有考出好成绩。S27 觉得不可思议，于是在第 6 行打断了 S26 的话语，使用了一个语气助词 oh 和副词 really 加疑问语气，表达了自己对此难以置信的态度：穿黄色的 T 恤和没考好有什么关系？此处的语用打断表明了说话人疑问、不相信的态度。S26 显然推断出了 S27 的言外之意，于是在第 7 行明确说出了穿黄色的 T 恤和考试之间的关系：考"黄"了。在汉语中，"黄"含有失败、没成功的意思。

（5-20）【同学们都在英语角谈论自己当年高考时的情景。】

    1 S17: And er (…) the teachers are, were also our school teachers. Er (…) so, er (…)

    2   <u>but we did not cheat. <INS><SPD><IP1></u> @@@

    3   Er (…) er just I feel very er (…)

    4 S16: <u>Comfortable? <INS><SPD><IP2></u>

    5 S17: yeah, yeah comfortable and, and er (…) and very familiar with the environment.

（G1-10F-SS-1）

强调说话人态度或情感的另一非流利标记为语用插入，请看例（5-20）。S17 之前提到自己在母校参加高考，在第 1 行又说监考老师也是自己学校的老师，但她在说自己感到很放松之前，在第 2 行突然插入了一句"但是我们没作弊"（but we did not cheat）。乍一听起来觉得莫名其妙，但联系之前语境，S17 觉得众人可能会误会，"既然地利人和，那作起弊来应该也很容易。"（S17 访谈原话）因此，S17 才在第 2 行实施了语用插入，意在消除有可能产生的误解。一方面向交际对方确认自己没有作弊，另一方面也起到了调节会话气氛的作用。

（5-21）【当学生 S28 听学生 S26 说她因为穿黄色的 T 恤而没有考好时，做如下回应。】

    1 S28: Eh just now, Taitan said she wore a (...) yellow T-shirt, I wore a green T-shirt.

    2   I thought (…) that means it just a green light and I will pass all the exam.

    3   So I wore (…) green clothes, but <u>you know, \<FP2\>\<SPD\>\<IP1\></u> (1.25)

    4   I, I still didn't got a very excellent (…) excellent marks.

（G1-6F-SS-2）

语用标记语表情达意的功能也很丰富。在例（5-21）中，S28 认为绿色代表顺利、成功，因此高考时穿了一件绿色的 T 恤。但事与愿违，她还是没能考出好成绩。S28 在第 3 行使用了语用标记语 you know，表达了自己的失望之情，并含有与 S26 穿黄色衣服同样没有考好相呼应的意味，说明成绩的好坏与着装没有关系。

5.2.3.2　缓和面子威胁

从面子理论的角度来看，在言语交际中说话人和听话人需要为维护和谐的人际关系进行种种努力，尽量做到有礼貌。礼貌就是通过采取一定的语言手段给对方或自己留面子。布朗和莱文森（Brown & Levinson，1987）认为，很多言语行为都可能威胁面子。因此，在言语交际中人们就会选择一定的手段去满足面子的需求，语用非流利便是其中的一种策略手段，它的恰当使用可以起到缓和面子损伤、调节人际关系的作用。

（5-22）【学生 S48（Anny）想邀请老师 T2（Qiao）担任英语演讲比赛的评委，以下是双方寒暄后的对话。】

    1 T2: Hello, Anny, thank you for calling. So how can I help you?

    2 S48: (1.4) Er <u>well \<FP2\>\<SPD\>\<CM1/IP3\></u> I wonder if you could

do me a favor?

3 T2: (…) Yeah, sure. So what's it about?

（G3-2T-TS-2）

"邀请" T2 担任评委其实是一种请求言语行为，而请求言语行为又是一种典型的面子威胁行为。S48 显然意识到了这一点，她在第 2 行使用了填充停顿 er 和 well 来缓和有可能给 T2 造成的消极面子威胁。根据冉永平（2003）、李民和陈新仁（2007a），well 本身就具有"面子威胁缓和语"的功能。另外，you know、I mean 等语用标记语虽然也都有类似的功能，但在本书语料中并没有表现出来。

值得一提的是，笑声填充和语用性重复对缓和面子威胁起着非常重要的作用，在中国英语学习者会话语料中较为常见。

（5-23）【学生 S65 获得了全校英语演讲比赛的冠军，好友 S64 前来道贺并请教学习经验。】

1 S64: Congratulations! (…) You won a prize again! I'm so proud of you.

2 S65: Thank you:.

3 S64: (…) But actually I'm a little sad.

4 S65: (…) Why?

5 S64: @@ <LF><SPD><IP3>

6 S65: You sad about what? About my (1.11)? <UFP><SPD> <CM1/IP2>

7 S64: No, no, no, <RT><SPD><IP1> (…) because you know <FP2><SPD><IP2>,

8　　my oral English is always poor. I'm so worried about it.

9　　I want to improve it but (…) I don't know how (…) yeah <FP1><SPD><CM3/IP1>

10　　(…) How do you study English so well?

11 S65: (2.51) <UFP><SPD><IP1> Can I say it's a gift? @@@ <LF><SPD><IP3>

12 S64: Oh! (1.19) <UFP><DPD2><CIP1>

13 S65: Er I'm kidding, I'm kidding. <RT><SPD><IP1/IP3>

（G3-2F-SS-4）

例（5-23）体现的语用非流利人际关系调理功能较为典型。S64 恭喜同班同学 S65 获得了全校英语演讲比赛的冠军，理应为好友的成功感到高兴。可是，S64 却在第 3 行说"我其实有点难过"，让 S65 很尴尬，以为 S64 觉得自己是在向她炫耀。S64 的话语似乎使 S65 的积极面子得到了伤害。S64 也意识到自己的话语可能让 S65 产生了误解，于是在第 5 行用笑声填充来缓和对 S65 的面子威胁。S65 也觉得 S64 不会无缘无故这么说，她没有完成自己的猜测，便在第 6 行用无声停顿加语音延长的方式交出话轮权，让 S64 明说。果不其然，S64 使用重复表达了自己绝对没有 S65 所猜想的那种意思（第 7 行）。语用标记语 you know 的使用则进一步缓和了双方的尴尬气氛，成功地引起了 S65 的注意与理解。第 9 行最后的 yeah 表达了 S64 对自己无法练好英语口语的无奈之情。

在例（5-23）中，当 S64 向 S65 请教她是如何练习英语口语时，S65 也故意和 S64 开了个玩笑："我天生英语就好。"（第 11 行）显然，这是间接拒绝告诉 S64 练习英语的方法。不过，S65 及时地使用笑声填充，以缓和对 S64 的面子威胁（第 11 行），并在第 13 行使用重复再次明确表明自己刚才是在开玩笑，彻底消除了对 S64 的面子损害。

可见，在话语交际中，语言本身正确、流畅，并不一定能保证交际的顺利进行；相反地，适当的延缓话语速度并辅以相应的非言语形式，会缓和交际中的紧张气氛，使得参与者之间的关系更加和谐、自然。下面，我们来看看，交际参与者之间是如何通过各种非流利标记达到互动理解、共同完成交际目标的。

5.2.3.3　体现互动理解

会话活动的进行是由参与者共同推进的，为了实现各自的交际目的，参与者之间会有话轮的相互竞争与转换；但为了整个交际的顺利进行，参与者之间也有相互理解与合作。无论是话轮的转换还是互动合作，参与者都会采取恰当的语用策略来建立和谐的人际关系，顺利实现自己的交际意图。

在会话活动中，合理的停顿与重复、适时的打断与插入以及删除等非流利标记，能够体现参与者之间的合作、互动与理解，使会话自然、流畅。

在例（5-20）中，S17 提到了自己高考时地利、人和：在母校考试，监考老师也是本校老师，因此"感觉非常地……"，但无论如何也想不起来该用哪个词来形容自己的心情，在第 3 行连续出现了多次停顿。此时，

S16 意识到 S17 遇到了言语表达困难，于是"打断"了后者的话语，插入了一个自己觉得符合 S17 描写语境的词语 comfortable，并以疑问语气提出。S16 的插入行为客观上抢走了 S17 的话轮权，是不礼貌的。但从交际本身来看，如果 S16 不打断 S17，并且后者也没能够产出合适话语，整个交际过程就有可能中断，S17 的面子损伤更大。并且，从插入的效果来看，S17 认可了 S16 所提出的 comfortable 一词。因此，无论从 S16 的主观意图还是从最终的交际效果来看，此处的插入都积极地促进了会话交际的顺利展开，充分体现了参与者之间的主体间性，即为了完成交际这一目标，参与者会相互合作。注意，此处是语用插入，而非语用打断。例（5-19）第 3 行中插入的功能与例（5-20）一样，体现了 S26 对 S27 的理解与合作。

（5-24）【老师 T2 应学生 S49 之邀担任全校大学英语演讲比赛的评委，正在询问演讲主题是什么。】

 1 T2: Ok, great. So can you tell me (...) the topic of the speech contest?

 2 S49: Ok, that is about en my China China's dream.

 3 T2: Oh, my [Chinese dream, ok.]

 4 S49: [The, the, the <RT><SPD><CM1/CM2/IP2> (...) <IR><SPD><CM1/CM2>] Yeah.

 5 The topic of China's dream is quite popular

 6 with the (...) [er]

 7 T2: [That's right]. <IR><SPD><IP2>

 8 S49: recently.

（G3-2T-TS-3）

  例（5-24）中第 4 行既出现了语用打断/中断，也出现了语用性重复，两者都有抢夺话轮权、维持已发话题的功能。另外，语用性重复还体现了交际中的互动理解：由于会话的即时性和快速性特征，T2 和 S49 的话语出现了重叠现象，当 S49 意识到 T2 的话轮还没有结束，可能也没有听清自己前面说的 the 一词，于是出现了两次重复。为了表示自己无意抢夺话轮，S49 使用了一个应答标记语 yeah 作为对 T2 第 3 行话语的回应，并在第 5 行，再次重复 the，重新引出已发话题。第 7 行为语用打断，是当 T2 意识到 S49 出现了话语表达困难时发出的回应语，填补了后者的话语空白，缓和了对 S49 的面子威胁，并为后者赢得时间选择合适话语。这两处语用打断都体现了参与者在交际活动中相互尊重、理解与合作的精神。请注意此处打断与例（5-19）和例（5-20）中插入的区别。当然，两者都属于话语修正类语用非流利标记。

填充停顿，尤其是语用标记语如 well 和 you know 等，也具有一定的互动理解功能。

（5-25）【学生 S73 准备在圣诞晚会上表演行为秀，其他同学都很感兴趣。】

    1 S72: That's an interesting idea. And what performance (…) are you good at?

    2 S73: Er (2.352) sleep.

    3 S74/S75: @@@@

    4 S72: Well, <FP2><SPD><CM1/CM3/IP2>

    5   you can show us how to sleep smoothly and soundly and sweetly. [@@]

（G3-4F-SS-7）

在听到 S73 最擅长的是表演睡觉时，S74 和 S75 都觉得太不可思议了，于是哈哈大笑起来，这样也可能会让 S73 觉得不好意思。S72 则不同，她不仅没有笑话 S73，反而用语用标记语 well 填充了话语空白，缓和了 S74 和 S75 两人对 S73 造成的面子威胁，并建议 S73 好好表演如何睡得安稳、睡得香甜。如果大家都一直笑下去，那么整场会话就有可能因此中断。因此，well 的使用不仅体现了 S72 对整个会话的掌控能力，也体现了她对 S73 的理解，使交际能够顺利进行。

（5-26）【几位同学正在谈论 City A 最近的天气情况。】

    1 S44: We are talking about (…), en, the weather (…) of City A. What do you think?

    2 S46: Yeah, it's terrible.

    3   Maybe I think en it is the, at present, it is the worst days of City A.

    4   And you have to (…) er wear Kouzhao, you know. <FP2><SPD><IP2> So it's terrible.

（G1-3F-SS-6）

说到 City A 的天气，S46 认为最近几天是 City A 最糟糕的日子，因为需要整天戴口罩。S46 不知道"口罩"用英语怎么说，于是用汉语拼音代替。她可能觉得不好意思，为了维护自己的面子，使用了语用标记语 you know 来希望获得对方的理解与认可："口罩这个词有点难，可能大家都不会说，我用汉语拼音代替也不算丢面子吧。"注意，填充停顿的互动理解功能并不像打断、插入那么典型。此处 you know 所实施的是一种说话人主观上希望对方能够理解自己的互动行为，或者我们可以称之为"主观性互动"。

5.2.3.4　中国英语学习者语用非流利人际关系调理功能的使用情况

表 5-4 为中国英语学习者和美国英语本族语者人际关系调理功能的使用情况。卡方检验表明，两组使用者在三种人际关系调理功能的使用上并没有显著性差异（χ^2=4.946，p=0.084>0.05）。但描述性统计分析显示，中国英语学习者使用非流利标记表达情感态度以及缓和面子威胁的频率高于美国英语本族语者，而体现互动理解的频率低于美国英语本族语者。

表 5-4　中国英语学习者和美国英语本族语者人际关系调理功能的使用情况

使用者	人际关系调理			总计
	表达情感态度	缓和面子威胁	体现互动理解	
中国英语学习者（次）	34	47	24	105
百分比（%）	32	45	23	100
美国英语本族语者（次）	55	66	71	192
百分比（%）	29	34	37	100

横向比较来看，中国英语学习者人际关系调理功能最常用的是缓和面子威胁，其使用频率高达 45%；其次是表达情感态度；最低的是体现互动理解，只有 23%。三种功能在使用频率上有显著性差异（χ^2=7.34，p=0.025<0.05）。美国英语本族语者人际关系调理功能最常用的则是体现互动理解，其次是缓和面子威胁，最低的是表达情感态度。三种功能在使用频率上并没有显著性差异（χ^2=0.98，p=0.613>0.05）。也就是说，美国英语本族语者使用语用非流利来表达各种人际关系调理功能，他们对非流利标记的使用非常熟练。中国英语学习者使用语用非流利主要用来满足个人面子和情感需求，使用的范围相对较窄。这与中国人的传统的善于表情达意、谦逊的品质密切相关。

在 5.2 节，我们通过大量真实例句探讨了中国英语学习者二语会话中语用非流利的三大功能：信息传递调节、会话组织调整以及人际关系调理。各种语用非流利标记不仅不会妨碍信息的传递、会话的展开以及影响人际关系，还会对整个交际进程起着不可替代的积极作用。定性分析只能说明语用非流利具有这些功能，并不能说明中国英语学习者已经能够很好地利用各种语用非流利标记实施相关交际功能，很好地开展二语交际。我们对每项功能进行了定量讨论，并将其与美国英语本族语者语用非流利功能做了对比。下面，我们再从总体上把握中国英语学习者语用非流利各功能的实施情况。

5.3   中国英语学习者二语语用非流利功能取向的基本特征

以上几小节，我们分别从定性和定量分析的角度考察了中国英语学习者语用非流利功能取向。本节，我们再次对语用非流利功能取向做定性分析，讨论语用非流利标记与语用非流利功能实现之间的关系。

以上两节的发现似乎说明中国英语学习者已经习得了语用非流利的各种功能：中国英语学习者在语用非流利功能的使用频率上虽然存在显著性差异，但也表现出了一定程度的相似性。无论是在交际功能的类别还是使用频率上，两组使用者都表现出了相当的一致性。这是二语习得中的正常现象：中国英语学习者的语用表现与美国英语本族语者相比虽然有差异，但处在不断地接近过程中。

但是，本章对交际功能的考察结果与第 4 章语用非流利标记的习得情况有着矛盾之处：中国英语学习者并没有较好地习得各种非流利标记，存在频率差异以及过度使用的情况。将语用非流利标记的习得与功能的习得结合起来分析，我们也许可以得出这样一个推断：中国英语学习者将语用非流利标记用于不恰当地实施某种交际功能。也就是说，虽然实现的是同一功能，但中国英语学习者与美国英语本族语者所使用的语用非流利标记却存在着显著性差异。

5.3.1   相同非流利标记承担不同交际功能

相同非流利标记在不同的语境中可以实施不同的交际功能，尤其是充当语用标记语的一些常用话语标记语。冉永平（2003）、李民和陈新仁（2007a）等的研究表明，话语标记语 well 在话语交际中具有信息修正、话语分割、面子缓和、会话组织调整等功能；在互动式言语交际中，话语标记语 you know 可以构成交际双方的互动信号，表达说话人的交际意图。冉永平（2002）指出，you know 具有元知识标记的功能，传递的信息是有关语言本身的信息或所表示的言语行为，同时还可以提醒对方已知或应该知道的某种信息，以增加交际双方的认知共性，顺应交际发展需要。徐捷（2009）认为，you know 还有会话组织和标示元语用意识等方面的语用取效。you know 的交际功能实际上可以从语篇组构、人际意图和元语用指示三方面进行归类和分析。从语篇组构来看，you know 可以帮助构建和编辑话语，充当话语连接标示语（discourse connector）、修正标示语（repair marker）和迟疑标示语（hesitation marker）；从人际意图来看，you know 可充当话轮转换标示语（turn-taking marker）和求同标示语（comprehension-securing marker）；从元语用指示来看，you know 具有强调或突出所述命题的功能，即起到强调标示语（emphasiser）的作用。本书在此不再详细举例说明这两个常用话语标记语的功能。

　　中国英语学习者过度使用无词汇意义的语音填充作为填充停顿，来实施各种交际功能，如中国英语学习者经常使用 en、er、ahn 等来引起他人注意、启动话轮，并用语音填充作为话语填充维持自己的话轮和话题，有时也用它们来缓和面子威胁等人际功能。这是一种不地道的使用，虽然也能达到与语用标记语相同的交际功能，但会让美国英语本族语者觉得言未尽意。这也导致了在语用非流利的某些功能（如会话组织调整）实现频率上，中国英语学习者与美国英语本族语者没有表现出显著性差异（见 5.2.2.3节）。也就是说，中国英语学习者二语会话中出现了形式与功能之间的匹配不当现象。

　　（5-27）【学生 S50 打电话邀请老师 T2 参加自己的生日聚会。】

　　　1 T2: (...) Great. How are you doing Jackson?

　　　2 S50: (1.06) Yes. I'm pretty well.

　　　3　　　(...) En (...) <UFP/FP1/UFP><DPD1><CIP1/CM2/IP3>

　　　4　　　Are you available this Saturday?

　　　5 T2: Ah, this Saturday? Let me see (...) Yeah, I think I am free. So how can I help you?

　　　6 S50: (1.5) En (...) en (...) <FP1/UFP/FP1/UFP><DPD2><CIP1/CM2/IP3>

　　　7　　　this Saturday is my birthday.

　　　8 T2: [Oh.

　　　9 S50: [And I'd like to invite you to my (...) to my birthday party.

　　　　　　　　　　　　　　　　　　　　　　　　（G3-2T-TS-4）

在例（5-27）中，S50 在实施邀请言语行为时，出现了多处无声停顿和填充停顿，给人一种不太愿意的感觉。结合访谈语料，S50 在第 3 行和第 6 行使用的非流利标记同时实施了选择信息传递调节方式、维持话题和缓和听话人面子的交际功能。当然，此处的停顿现象属于不地道使用，美国英语本族语者很少这样使用。这可能是由汉语语用迁移引起的。在汉语中，邀请他人，尤其是身份或社会地位较高的人，也是一种"面子威胁"、有求于人的行为；在英语中，邀请是对他人有益的一种行为，可以很大方、直白地说出。

另外，相同非流利标记即使在相同的语境中，有时候也可以同时实施多种交际功能。如例（5-27）中无声停顿和填充停顿就同时实施了三种交际功能。再如例（5-25）中，第 4 行的填充停顿 well 同时具有话轮开启、话题维持和体现互动理解三种功能。

相同非流利标记承担多种功能，多为第二类填充停顿，即语用标记语。另外，语用性重复也可以身兼多种功能，如强调命题信息、表达个人情感以及体现互动理解等。本书不再一一举例说明。但对于中国英语学习者来说，关键是要了解各种非流利标记的基本用法及其主要功能，以免出现误用或不当使用。

5.3.2　不同非流利标记承担同一功能

当不同非流利标记处于同一语境下，它们就可能承担相同的交际功能；或者当说话人同时产出不同非流利标记时，就是为了实现同一语境效果。研究表明，有些非流利标记具有相似的交际功能，如填充停顿尤其是各种话语标记语（张琪，2010；李民和陈新仁，2007a；陈浩，2013）和重复（权立宏，2012）等都具有会话组织调整功能；打断、插入等具有一定的人际关系调理功能。

在例（5-28）中，S49 在第 2 行连续使用了话语标记语、无词汇意义的语音填充和无声停顿三种非流利标记共同实施了延续话轮、启动话题的会话组织调整功能。同样地，这三种非流利标记在第 4 行还承担了缓和面子威胁的人际关系调理功能。

（5-28）【学生 S49 打电话请老师担任英语演讲比赛的评委。以下是他请求行为的话语内容。】

　　1 S49: Yes, this is Deniel, and this is Deniel speaking.

　　2　　And en (...) <FP2/FP1/UFP><SPD><CM1/CM3>

3　　we are going to have an English speaking contest (...)

4　　so er (...) <FP2/FP1/UFP><SPD><CM3/IP3>

5　　I like to invite you as en as a as the judge.

（G3-2T-TS-3）

可见，由于会话的即时压力，为了更准确、恰当地表达自己，参与者会合理利用各种非流利标记，包括重复，结合使用不同非流利标记，为自己产出适切话语赢得时间。

（5-29）【老师 T2 应学生 S49 之邀担任全校大学英语演讲比赛的评委，正在询问演讲主题是什么。】

1 T2: Ok, great. So can you tell me (...) the topic of the speech contest?

2 S49: Ok, that is about en my China China's dream.

3 T2: Oh, my [Chinese dream, ok.]

4 S49:　　　　[The, the, the...] <IR/RT><SPD><CM1/CM2/IP2> Yeah.

5　　　　The topic of China's dream is quite popular

6　　　　with the (...) [er]

7 T2:　　　　[That's right] <IR><SPD><IP2>.

8 S49: recently.

（G3-2T-TS-3）

在例（5-29）中，S49 在第 2 行说出演讲主题之后，似乎并没有结束话轮的意思，但他并没有任何维持话轮的标记。T2 礼貌性地重复了演讲主题以作回应。此时 S49 急于完成自己之前的话题，与 T2 的话语出现了重叠现象，并造成了打断和抢走 T2 话轮的事实。随后 S49 连续重复 the 以启动自己的话轮。第 4 行的打断和重复两种非流利标记共同实施了启动话轮、维持话题的会话组织调整功能。

5.3.3　中国英语学习者常用语用非流利标记的基本功能

前文论及，语用非流利标记与交际功能之间并不存在——对应的关系。也就是说，一种非流利标记在不同的语境中可能会承担不同的交际功能，而不同非流利标记在同一语境下可能会实施相同的交际功能。但是，一般情况下，某种非流利标记都有自己特定的含义与功能，这一点得到了前人诸多研究的证明。下面，我们从非流利标记的交际功能视角，简单总结一下中国英语学习者常用语用非流利标记的基本功能。值得注意的是，这些非流利标记的功能往往与其在整个会话结构中的位置密切相关，位置不同，其功能也有可能不同。

表 5-5 列举了中国英语学习者语用非流利标记与功能实现情况。

表 5-5　中国英语学习者语用非流利标记与功能实现情况　（单位：次）

非流利标记	交际功能		
	信息传递调节	会话组织调整	人际关系调理
无声停顿	23	26	6
填充停顿	15	123	20
笑声填充	0	2	13
重复	2	2	29
中断/打断	4	6	13
删除	6	0	0
插入	2	0	13
替换	10	0	3

表 5-5 清楚地表明，无声停顿和填充停顿的主要功能是会话组织调整。语料分析进一步表明：填充停顿如果出现在整个会话开始处，具有启动话轮和引出话题的全局掌控功能；如果出现在会话进程中间，填充停顿往往具有话轮和话题维持与转换的功能。填充停顿往往伴随无声停顿，两者经常相伴出现，此时多为更恰当地传递信息。

笑声填充的主要功能是人际关系调理，尤其是缓和面子威胁功能。该类非流利标记是本书首次提出的。笑声本来就具有表达发声者愉快、高兴心情的人际功能，而本书的笑声填充还有中断或延迟说话人语流的特征，其目的是缓和交际中的尴尬气氛，降低面子威胁的程度。本书没有发现笑声填充具有信息传递调节功能的例子，其作为会话组织调整的策略也不太常见。

重复的主要功能则是人际关系调理。无论是自我重复还是他人重复，重复都具有极强的意图性，这种意图主要表达说话人自己的情感、态度、价值观或是对交际对方行为的主观看法，起到强调或引起对方注意的作用。

中断/打断的主要功能也是人际关系调理。与重复一样，中断/打断也强调其目的性。与普通中断/打断不同的是，语用非流利中断/打断是说话人有意识、有目的的行为，强调交际者的主观意图，因而其人际关系调理功能尤为明显。

本书的例子表明，删除和替换的功能大都是信息性的，即删除或替换的目的是更好、更恰当地传递信息，它们不具有会话组织调整的功能。中国英语学习者删除或替换的目的也很少是转移或更换话题的，它们都是在同一话题内部进行信息的调整或替换。

插入的主要功能是人际关系调理。本书语料多为他人插入，目的是帮助交际对方顺利、恰当地完成话语表达。语用插入较能体现交际的互动性特征。若按正常的会话原则，插入或插话被认为是不礼貌的行为。但在交际对方遇到表达困难时，仍然遵循古板的交际原则，则会让对方更加尴尬，有损对方面子，显得更加不礼貌。

总结来看，无声停顿和填充停顿的主要功能是会话组织调整；笑声填充、重复、中断/打断以及插入的主要功能是人际关系调理；删除和替换的主要功能是信息传递调节。从语用非流利标记类别的角度来看，语流延迟类承担的功能主要是会话组织调整，话语修正类主要是信息传递调节。

5.4　本 章 小 结

本章首先介绍了中国英语学习者二语会话中出现的语用非流利功能。赢得提取时间功能是语用非流利的语流延迟特征赋予的基本功能。语用非流利作为一种策略资源，可以实施语言应用的三大功能：信息传递调节、会话组织调整以及人际关系调理。语用非流利的信息传递调节功能主要体现在通过非流利标记对已发话语进行调整，以保证信息传递调节的恰当性；会话组织调整功能主要体现在通过非流利标记进行会话组织调整与管理；人际关系调理功能则不仅体现在可以通过非流利标记体现说话人礼貌、保全双方面子等传统人际意义，还可以通过非流利标记体现交际双方在会话过程中的相互理解等主体间性。另外，非流利的延时特征还可为交际者赢得时间，思考信息传递调节的内容和方式，并为遇到语用困难者争取提取语用知识所需的时间。

其次本章进行了定量分析，从与美国英语本族语者对比的角度出发，探讨了中国英语学习者二语会话中语用非流利不同功能的使用特征。

中国英语学习者和美国英语本族语者在语用非流利各交际功能实现频数上存在显著性差异，中国英语学习者在信息传递调节功能的使用频率上低于美国英语本族语者，而在会话组织调整和人际关系调理的使用频率上高于美国英语本族语者。横向来看，两组使用者在语用非流利功能取向上十分相似：语用非流利标记实施会话组织调整功能的比例最高，人际关系调理次之，信息传递调节在最后。中国英语学习者和美国英语本族语者在三种交际功能的使用上都表现出了显著性差异。这表明，中国英语学习者在二语会话中较为关注如何开展会话和实现人际关系调理。也就是说，语用非流利功能更多地体现在会话的方式与策略上，对信息内容的提示不太明显。总的来说，中国英语学习者在语用非流利功能的使用频率上与美国英语本族语者有着一定程度的相似之处，也有着显著性差异。

最后，本章再次从定性分析的角度讨论了中国英语学习者语用非流利标记与语用非流利功能实现之间的关系。本书发现，相同非流利标记在不同的语境中可以实施不同的交际功能；当不同非流利标记处于同一语境下时，可能承担相同的交际功能。本书还简单总结了常用语用非流利标记的主要功能：无声停顿和填充停顿的主要功能是会话组织调整；笑声填充、重复、中断/打断以及插入的主要功能是人际关系调理；删除和替换的主要功能是信息传递调节。

正如本章研究发现的那样，语用非流利的出现可能是由中国英语学习者语用困难导致的，也可能是他们采取的一种策略资源。那么，致使他们出现语用困难或促使他们采取非流利策略的因素有哪些？他们的二语水平是否会影响语用非流利的出现？下一章，本书将从定量分析的角度讨论他们的二语水平对语用非流利出现的影响。

第6章 语用非流利与二语水平的关系

本章主要为定量分析,在考察所收集数据的基础上,结合前两章的讨论,拟探讨二语水平对中国英语学习者语用非流利类别和交际功能取向的影响。

埃利斯（Ellis, 1994）指出,二语水平是二语语用能力发展的基础,是影响二语学习者言语行为能力习得和发展的重要因素之一。他认为,不具备一定的语言手段,二语学习者不可能构建类似本族语者的话语。有研究证明,语法能力限制了低水平二语学习者语用能力的扩展,语言水平是语用能力的基础(Scarcella, 1979; Olshtain & Cohen, 1989; Maeshiba et al., 1996), 二语学习者的语用能力会随着语法水平的提高而增强（Bardovi-Harlig & Dörnyei, 1998; Niezgoda & Röver, 2001; 李民和陈新仁, 2007b）。亦有研究认为,语法能力强并不能保证言语行为能力强,二语学习者经常会说出语法合适但语用不恰当的句子(Eisenstein & Bodman, 1986; Bardovi-Harlig, 1999, 2001)。甚至有研究表明,语用习得不仅不依赖于语法,而且还先于语法习得（Schmidt, 1983）。

其实两者之间的关系远不是这么简单。从实验的过程以及结果可以看出,学习者的语用能力、语法能力以及它们的发展与学习者的学习生活环境有着复杂的联系。纵然如此,本书认为,二语语用能力是有关第二语言使用的能力,除学习者的普遍语用能力外,二语语言水平的高低会在很大程度上影响二语语用能力的强弱。没有一定的语言水平,纵然掌握着完美的二语语用知识,也无法表达出来。作为语用能力体现之一的语用非流利现象,是否也受制于二语语言水平? 本书将在实证数据的基础上,专门探讨二语水平与二语会话语用非流利之间的关系,以便进一步明晰影响语用能力发展的因素。

本章将从语用非流利总体使用频次、语用非流利各标记使用频次、语用非流利类别和语用非流利交际功能取向四个方面,分析中国英语学习者二语水平与语用非流利使用之间的关系。为了客观地描述语言水平与语用非流利使用之间的关系,本书只选择了高水平组和低水平组学习者作为分析对象（具体分组情况及人数见 2.3.2 节）,并将美国英语本族语者的语用非流利使用情况作为参照进行分析。

6.1 二语水平与语用非流利总体使用频次之间的联系

表 6-1 为不同二语水平的中国英语学习者语用非流利总体使用频次。由于一年级和三年级参与人数的不同，并且中国英语学习者每人说话时长差别不大，本节采取人均语用非流利的使用次数作为比较对象。但美国英语本族语者语料中说话人话语时间差别比较大，不便于按人数进行标化。所以表 6-1 中没有提供美国英语本族语者的人均语用非流利使用频次作为参照。

表 6-1 不同二语水平的中国英语学习者语用非流利总体使用频次

学习者二语水平分组	参与人数（名）	总频次（次）	人均频次（次）
低水平组（一年级）	46	182	3.96
高水平组（三年级）	32	149	4.66
总计	78	331	4.31

可以看出，在本书所选的语料中，低水平组学习者人均使用语用非流利标记 3.96 次，高水平组人均使用 4.66 次。低水平组学习者人均语用非流利标记的使用频次略低于高水平组，但总体差异不大。也就是说，语用非流利的使用与学习者的二语水平并没有多大联系，或者说联系不明显。

值得注意的是，虽然高水平组学习者的人均使用频次只比低水平组高了 0.7 次，但在人均频次为 4 次左右的情况下，0.7 次也是一个不小的差距。尽管两组之间的差异没有达到显著性水平，但我们大致可以这样说，学习者的语言水平越高，语用非流利的人均使用频次也呈现出了增高的趋势。

总的来看，二语水平对语用非流利标记的总体使用频次具有一定的影响作用。下一节，我们将详细考察不同水平的学习者在语用非流利不同标记形式的使用频率上有着怎样的异同。或者说，在各类非流利标记的具体使用频率上，低水平组学习者和高水平组学习者的表现是否也没有显著性差异，抑或在某类非流利标记的使用上有着显著性不同？

6.2 二语水平与语用非流利各标记使用之间的联系

本节从标记形式使用频率的视角分析二语水平对语用非流利使用的影响，并与美国英语本族语者相对比，考察哪组水平的中国英语学习者语用非流利的表现更倾向于美国英语本族语者。为了更清晰地对比语用非流利各标记的使用情况，本节使用了基于原始频次的百分比计算方法，并在此基础上进行了相关对比分析。表 6-2 为不同水平中国英语学习者和美国英语本族语者语用非流利标记总体使用情况。

表 6-2　不同水平中国英语学习者和美国英语本族语者语用非流利标记总体使用情况

使用者	语用非流利标记类别		总计
	纯语流延迟类	话语修正类	
低水平组学习者（次）	152	30	182
百分比（%）	84	16	100
高水平组学习者（次）	122	27	149
百分比（%）	82	18	100
美国英语本族语者（次）	601	140	741
百分比（%）	81	19	100

可以看出，与美国英语本族语者的表现相似，无论低水平组学习者还是高水平组学习者，他们使用纯语流延迟类语用非流利标记的频率大大高于话语修正类语用非流利标记。从水平差异的角度看，两组学习者使用两类语用非流利标记的频率相差不大。卡方检验也表明，两组学习者在纯语流延迟类语用非流利标记和话语修正类语用非流利标记的使用频率上没有显著性差异（χ^2=0.154，p=0.695>0.05）。

总体没有差异并不意味着所有非流利标记的使用频率都没有差异。下面，我们具体考察不同水平的学习者在不同非流利标记的使用频率上有何异同。

6.2.1　不同水平的学习者纯语流延迟类语用非流利标记的使用情况

表 6-3 为不同水平的中国英语学习者和美国英语本族语者纯语流延迟类语用非流利标记的使用情况。4.1.2 节的分析表明，中国英语学习者和美国英语本族语者在纯语流延迟类语用非流利的使用上具有显著性差异。列联表卡方检验表明，无论是低水平组学习者（χ^2=45.890，p=0.000<0.001）还是高水平组学习者（χ^2=67.958，p=0.000<0.001），在纯语流延迟类语用非流利标记的使用上与美国英语本族语者都有显著性差异。那么，两组不同水平的学习者之间有没有显著性差异呢？

从表 6-3 可以看出，低水平组学习者语用标记语的使用频率最高，笑声填充最低,与美国英语本族语者一致;高水平组学习者语音填充的使用频率最高,与美国英语本族语者有较大差异。并且,高水平组学习者笑声填充的使用频率也大大高于美国英语本族语者。三组在重复的使用频率上完全一致。

表 6-3   不同水平的中国英语学习者和美国英语本族语者纯语流延迟类语用非流利标记的使用情况

使用者	纯语流延迟类语用非流利标记					总计
	无声停顿	语音填充	语用标记语	笑声填充	重复	
低水平组学习者（次）	29	48	55	2	18	152
百分比（%）	19	32	36	1	12	100
高水平组学习者（次）	24	42	31	11	14	122
百分比（%）	20	34	25	9	12	100
美国英语本族语者（次）	76	73	362	17	73	601
百分比（%）	13	12	60	3	12	100

卡方检验表明,低水平组学习者和高水平组学习者在纯语流延迟类语用非流利标记的使用上存在显著性差异（$\chi^2=11.149$, $p=0.025<0.05$）。通过对比各语用非流利标记所占各自总体的百分比,可以看出,两组学习者的差异主要体现在语用标记语和笑声填充两类标记的使用频率上,而在无声停顿、语音填充和重复三类标记的使用频率上基本一致,没有多大差异。

表 6-3 的数据显示,低水平组学习者在语用标记语的使用频率上明显高于高水平组学习者。第 5 章提到,语用标记本身具有相应的语用意义,并且在不同的语境中可能会有不同的交际功能,因此,恰当使用这些填充停顿可以让说话人的话语显得自然、流畅。语用标记语的合理使用被认为是较高语用能力的一种体现。结合表 6-3 中的数据,似乎表明,即使没有较高的语言水平,也可以拥有较强的语用能力。也就是说,一年级学习者的语用能力比三年级还要强。这一结论颠覆了我们的认知:语言水平低虽然并不意味着语用能力弱,但也并不能说语言水平低,语用能力就强。结合第 4 章的统计分析,我们发现,学习者语用标记语的使用主要集中在 and（占48%）和 you know（占36%）上,两者占了84%,其他类别的语用非流利标记的使用频率较低。进一步的数据挖掘发现,三年级学习者将 and 和 you know 作为语用标记语的频次仅为 8 次和 10 次,而一年级将其作为

语用标记语的频次高达 33 次和 21 次。尤其是 and 一词的使用，更能说明问题。5.2.2.3 节的分析表明，该词原本只是一个连接词，由于其接续功能，虽然也常被美国英语本族语者当作语用标记语，用来连接话语和引出话轮，但并不像中国英语学习者那样频繁。这说明中国英语学习者过度使用 and 作为语用标记语。可以说，低水平组学习者语用标记语的使用频次被 and 一词的过度使用拉高了，并不能说明一年级学习者的语用能力强。相反地，该词的过度使用，恰恰说明他们语用知识匮乏，语用水平不高。

高水平组学习者使用笑声填充的频率也明显地高于低水平组学习者。笑声虽然是一种非言语类行为，但具有一定的交际功能，可以用来填补交际空白、避免沉默或其他不恰当话语带来的尴尬。笑声填充是交际者有意识发出的用以缓和交际气氛、避免面子威胁的非流利标记。恰当地使用笑声填充也是交际能力的一种体现。从表 6-3 可以推断，笑声填充的使用与交际者的语言能力是有一定关联的。语言能力越强，似乎越倾向于使用笑声填充。这可能是因为，他们对语言的理解与控制力较强，知道某些语言表达会起到什么样的交际效果，使用笑声填充可以提前预防可能出现的消极局面。对于那些二语语言能力不强的学习者来说，寻找恰当的话语表达就已经占据了他们大部分的认知努力，根本没有时间产出恰当的非言语行为。当然，也不排除少数交际能力很强的学习者，他们在语言匮乏的情况下，有可能依据自己的普遍语用能力，使用合适的非言语行为如笑声等来达到自己的交际目的。

两组学习者在语音填充的使用频率上基本一致，没有显著性差异。从表 6-3 也可以看出，无论是低水平组学习者还是高水平组学习者，他们使用无词汇意义的语音填充的频率都非常高。美国英语本族语者使用语音填充的频率相对较低。这说明，中国英语学习者在语用非流利标记的使用上与美国英语本族语者仍存在一定差距，即使高水平组学习者也是如此。二语水平对语音填充的使用没有显著性影响。这一点值得外语教师和语言研究者关注，究竟这些语音填充具有怎样的魔力，以至于中国英语学习者一直无法彻底摆脱这些不地道的语音填充还是这些语音填充真的具有一些研究者尚未了解的特殊功能？

6.2.2　不同水平的学习者话语修正类语用非流利标记的使用情况

表 6-4 为不同水平的中国英语学习者和美国英语本族语者话语修正类语用非流利的使用情况，美国英语本族语者的使用频率为参照数据。4.1.3 节的数据分析表明，中国英语学习者和美国英语本族语者在话语修正类语

用非流利的使用频率上没有显著性差异，两组使用频率最高的均有中断/
打断，最低的都是删除。那么，具体到不同水平的学习者，在话语修正类
语用非流利的使用上有何异同？

表 6-4   不同水平的中国英语学习者和美国英语本族语者话语
修正类语用非流利的使用情况

使用者	话语修正类语用非流利标记				总计
	中断/打断	删除	插入	替换	
低水平组学习者（次）	10	3	10	7	30
百分比（%）	33	10	33	24	100
高水平组学习者（次）	13	3	5	6	27
百分比（%）	48	11	19	22	100
美国英语本族语者（次）	59	18	26	37	140
百分比（%）	42	13	19	26	100

从与美国英语本族语者对比的角度来看，高水平组学习者与美国英语
本族语者在四类话语修正类语用非流利标记的使用频率上一致：使用频率
最高的为中断/打断，其次为替换和插入，最后为删除。尤其是插入，两组
的使用频率完全一致。低水平组学习者使用频率最高的是中断/打断和插
入，其次是替换和删除，与美国英语本族语者有着一定差异。图 6-1 也清
楚地表明，高水平组学习者在话语修正类语用非流利的使用折线趋势上与
美国英语本族语者相似，而低水平组学习者的折线趋势则与两者不同。

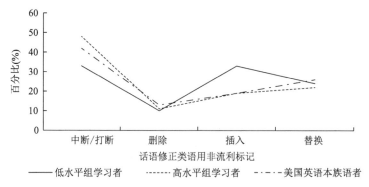

图 6-1   不同水平的中国英语学习者和美国英语本族语者话语修正类
语用非流利的使用情况

从语言水平发展的角度来看，卡方检验表明，低水平组和高水平组学

习者在四类话语修正类语用非流利标记的使用频次上总体没有显著性差异（χ^2=1.982，p=0.576>0.05）。也就是说，语言水平对话语修正类语用非流利标记使用总体上没有显著性影响。

但是，结合每类标记的使用频率以及上述分析，我们发现，低水平组学习者和高水平组学习者在中断/打断和插入两类非流利标记的使用频率上有着明显的差异。虽然中断/打断是两组学习者使用频率最高的语用非流利标记，但高水平组学习者中断/打断的使用频率（48%）明显高于低水平组学习者（33%），并且进一步分析语料发现，低水平组学习者多为自我中断，而高水平组学习者多为他人打断或打断他人。低水平组学习者的自我中断主要是因为遇到了语用困难，借此改变话题或提取恰当表达；高水平组学习者的他人打断主要是缓解他人尴尬气氛，更多地体现了交际互动能力，是语用水平较高的体现。

语用插入的情况则显得很有意思，与语用中断/打断的情况恰好相反。语用插入与语用中断/打断的使用频率一样，都是低水平组学习者使用频率最高的话语修正类语用非流利标记，高水平组学习者语用插入的使用频率（19%）明显低于低水平组学习者（33%），与语用中断/打断一样，语用插入也能体现交际者的互动能力。由此推断，低水平组学习者的互动能力似乎强于高水平组学习者。但我们仔细分析语料发现，低水平组学习者的语用插入虽然频率很高，却主要出现在两组对话（G1-5F-SS-4 和 G1-10F-SS-1）中，并且集中在两位参与者的话语中。语用插入都是这两位参与者在对方语言表达出现问题并有较长时间的停顿时产出的。我们可以说这两名参与者具有较强的互动能力，但在 46 名低水平参与者中，这两名参与者的表现并不具有较好的代表性。因此，我们不能推断低水平组学习者因为语用插入频率较高而具有较强的互动能力，甚至是语用能力。高水平组学习者的语用插入虽然也主要集中在一组对话中（G3-4F-SS-3），但由于该组的会话数量低于低水平组，并且语用插入平均分布在不同的参与者话语中，因此，相对来说，高水平组学习者语用插入的使用情况要好于低水平组学习者。

虽然卡方检验并没有提示低水平组学习者和高水平组学习者在中断/打断和插入两类非流利标记的使用频率上有显著性差异，由于使用频率存在明显高低差异，仍然可以推断中国英语学习者语用非流利标记的使用能力具有不断增强的趋势。或者说，随着语言水平的提高，中国英语学习者的语用能力也在不断增强。

综合上述两小节的分析，低水平组学习者和高水平组学习者在纯语流延迟类语用非流利标记的使用上存在显著性差异，主要体现在语用标记语和笑声填充两类标记的使用频率上；两组学习者在话语修正类语用非流利标记的使用上虽然没有统计意义上的显著性差异，但在语用中断/打断和插入的使用频率上仍有明显差异。进一步分析表明，高水平组学习者在语用非流利标记的使用上优于低水平组学习者。也就是说，随着语言水平的提高，中国英语学习者的语用能力也呈增强的趋势。

6.3　二语水平与语用非流利原因类别之间的联系

上节我们从非流利标记本身的特征讨论了二语水平与语用非流利之间的关系，本节我们从语用非流利原因类别的角度再次考察二语水平与语用非流利之间的关系。2.2.2 节提到，语用非流利可以分为困难型语用非流利和策略型语用非流利。下面，我们具体考察不同水平的中国英语学习者在困难型语用非流利和策略型语用非流利使用频率上的异同。

表 6-5 为不同水平的中国英语学习者和美国英语本族语者语用非流利原因类别的使用情况。可以看出，与美国英语本族语者一样，无论是低水平组学习者还是高水平组学习者，策略型语用非流利的使用频率都远远高于困难型语用非流利的使用频率。列联表卡方检验表明，三组使用者在语用非流利原因类别的出现频次上存在显著性差异（χ^2=29.561，p=0.000<0.001）。

表 6-5　不同水平的中国英语学习者和美国英语本族语者语用非流利原因类别的使用情况

使用者	语用非流利原因类别		总计
	困难型语用非流利	策略型语用非流利	
低水平组学习者（次）	15	167	182
百分比（%）	8	92	100
高水平组学习者（次）	16	133	149
百分比（%）	11	89	100
美国英语本族语者（次）	16	725	741
百分比（%）	2	98	100

进一步检验显示，无论是低水平组学习者还是高水平组学习者，在语用非流利原因类别的出现频次上与美国英语本族语者之间都有显著性差异

（χ^2=16.654，p=0.000<0.001；χ^2=26.341，p=0.000<0.001）。也就是说，无论中国英语学习者的二语水平如何，他们在困难型语用非流利和策略型语用非流利的使用频率上与美国英语本族语者之间均表现出了显著性差异，即中国英语学习者困难型语用非流利的出现频率高于美国英语本族语者，而策略型语用非流利的出现频率低于美国英语本族语者。表 6-5 的描述性数据还表明，低水平组学习者在两类语用非流利的使用频率上更倾向于美国英语本族语者。这似乎说明，虽然语言水平低，但语用水平并不一定低。

从语言水平发展的角度看，虽然列联表卡方检验表明，低水平组学习者和高水平组学习者在两类语用非流利原因类别的使用频次上没有显著性差异（χ^2=0.602，p=0.438>0.05），但低水平组学习者困难型语用非流利的出现频率明显低于高水平组学习者。也就是说，低水平组学习者出现语用困难的情况甚至比高水平组学习者还少。这似乎也意味着一年级学习者的语用能力高于三年级学习者，即语言能力强并不意味着语用能力强。

其实，对于中国英语学习者来说，困难型语用非流利出现频率较低的原因，主要是中国英语学习者在英语会话时出现了"避免提及"的现象，或者说，他们很少考虑交际中的各种语用因素。从语用能力的角度看，这可能是由缺乏语用意识导致的。对于低水平组学习者来说，他们关注最多的是语言形式，至于语用规则，则没有精力注意，甚至根本就没有意识到。这与美国英语本族语者语用水平高而极少会出现困难型语用非流利的情况完全不同。语言水平较高的学习者，则会用更多的注意力来考虑在不同环境下、面对不同交际对象应该选取怎样的语言手段才会使自己的表达更加合适、恰当。这就使得他们在即时交际中较为频繁地使用语用非流利策略来赢得时间，提取相应的二语语用知识。进一步分析表明，低水平组学习者多为语用困难导致的非流利，高水平组学习者多为语用提取引起的非流利。因此，高水平组学习者较高频率的困难型语用非流利并不意味着他们的语用能力弱，相反地，这说明他们具有较强的语用意识。

当然，这也并不意味着高水平组学习者的语用能力强。因为，他们与美国英语本族语者相比，在策略型语用非流利的使用频率上也存在着显著性差异，即他们在策略型语用非流利的使用频率上显著性地低于美国英语本族语者。策略型语用非流利的使用情况可以更加直接地揭示语用能力的强弱。在同时具有语用意识的前提下，恰当的语用非流利策略的使用表明交际者具有较强的语用能力。

低水平组学习者较高频率的策略型语用非流利的出现似乎与上述说法有矛盾。于是，我们仔细分析了两组学习者策略型语用非流利的使用情况。结果发现，低水平组学习者使用最多的非流利策略是话轮管理策略；高水平组学习者使用最多的非流利策略是礼貌策略和互动策略。也就是说，二语水平较低的学习者关注的多为如何开始、维持和结束会话，属于会话的宏观管理；二语水平较高的学习者关注的多为如何更好地利用各种语用资源来展开对话，顺利实现自己的交际目的，属于会话的微观调控。很多情况下，低水平组学习者的会话表现出了时长短、语言表达匮乏等特征；高水平组学习者的会话持续时间较长，话语表达丰富。低水平组学习者过度使用了话轮管理策略，使得该组的策略型语用非流利的出现频率偏高。

可见，二语水平对语用非流利各原因类别的出现频率有着显著的影响。语言水平较低的学习者由于语用意识薄弱，只关注语言形式，忽略了语用规则，使得其困难型语用非流利的出现频率较低，说明其语用语言能力较弱；语言水平较高的学习者可以有额外的时间考虑语用规则对交际效果的影响，但由于语用语言能力还处于发展之中，使得其话语中出现了较高频率的困难型语用非流利。另外，由于二语水平有限，低水平组学习者出现了过度关注会话的宏观组织现象，无法顾及具体的话语表达方式；高水平组学习者则有能力关注会话的细节调控，使得自己的话语表达符合即时交际环境以及交际者的交际目的。

6.4　二语水平与语用非流利交际功能取向之间的联系

中国英语学习者通过语用非流利实施的交际功能也可能与其二语水平有一定的联系。许多研究（Maeshiba et al.，1996；李民和陈新仁，2007b；李民，2011a）表明，二语水平越高，学习者的社交语用能力也会相应地增强。本节讨论中国英语学习者二语水平与语用非流利总体交际功能实施、信息传递调节各功能、会话组织调整各功能和人际关系调理各功能之间的联系。

6.4.1　二语水平与语用非流利总体交际功能实施之间的联系

如表 6-6 所示，无论是低水平组学习者还是高水平组学习者，利用语用非流利来实施会话组织调整的频率最高，其次是人际关系调理功能，最后是信息传递调节功能。这一趋势与美国英语本族语者是一致的，但在各类功能的具体使用频率上，两者是有显著性差异的（详见 5.2 节）。

表 6-6　**不同二语水平的中国英语学习者和美国英语本族语者**
语用非流利总体交际功能的实施情况

使用者	交际功能			总计
	信息传递调节	会话组织调整	人际关系调理	
低水平组学习者（次）	38	91	55	184
百分比（%）	21	49	30	100
高水平组学习者（次）	22	65	50	137
百分比（%）	16	47	37	100
美国英语本族语者（次）	175	329	192	696
百分比（%）	25	47	28	100

从与美国英语本族语者对比的角度来看，低水平组学习者在三大交际功能的实施频率上与美国英语本族语者没有显著性差异（χ^2=1.634，p=0.442>0.05），而高水平组学习者与美国英语本族语者之间却表现出了显著性差异（χ^2=7.124，p=0.028<0.05）。这似乎意味着低水平组学习者在语用非流利交际功能的实施上更加接近于美国英语本族语者，而高水平组学习者的表现似乎还不如低水平组学习者。这一现象耐人寻味。仔细考察表 6-6 中的数据并结合相关语料，我们发现，高水平组学习者与美国英语本族语者之间的差异主要表现在人际关系调理功能的实施频率上。也就是说，相对于美国英语本族语者和低水平组学习者而言，二语水平较高的中国英语学习者更加关注会话中的人际关系调理。

就二语水平差异而言，虽然卡方检验提示低水平组和高水平组学习者在三大交际功能的使用频次总体上没有显著性差异（χ^2=1.999，p=0.368>0.05），两组在各功能的使用频率上仍有明显不同。低水平组学习者在信息传递调节和会话组织调整两大交际功能的使用频率上，都显著性地高于高水平组学习者（χ^2=4.267，p=0.039<0.05；χ^2=4.333，p=0.039<0.05）。根据 6.4.2 节的数据分析，我们发现低水平组学习者在二语会话中更倾向于使用语用非流利标记调整命题表达的内容，而不太关注命题表达的方式。命题表达的方式多与语言策略有关，可以体现交际者的语用语言能力。可见，语言水平对学习者的语用语言能力有着极大的影响。

低水平组学习者也倾向于在二语会话中使用语用非流利标记来启动、维持与结束一轮对话。语用非流利的会话组织调整功能在三大交际功能中使用频率最高，我们甚至可以说会话组织调整功能是语用非流利的基本功能。但在低水平组学习者会话中，语用非流利实施会话组织调整功能得到了放大。这可能是因为低水平组学习者语用语言能力和社交语用能力都较弱，要么没有习得相应语用知识或即使具有某种语用知识但暂时无法提取出来，才使用非流利标记来赢得时间、组织会话，并尽量用自己所掌握的语言知识来传递相关信息。高水平组学习者已经具备了一定的二语语言知识以及语用知识，可以较为顺畅地启动和展开会话，只有在考虑其他社交语用因素的时候才会使用非流利标记来达到自己的交际目的。

低水平组学习者和高水平组学习者在人际关系调理功能的使用频率上没有表现出显著性差异（χ^2=0.238，p=0.626>0.05），即两组学习者利用语用非流利实施人际关系调理功能的频率没有多大差别。这也意味着语言水平对语用非流利人际关系调理功能的实施影响不大。

通过第 5 章的分析与讨论我们知道，语用非流利的三大交际功能都有各自不同的子功能。虽然不同水平的学习者在信息传递调节和会话组织调整两类功能的使用频率上有显著性的差异，而在人际关系调理功能的使用频率上没有显著性差异，但这并不一定能保证两组学习者在各子功能的使用趋势上与其主功能一致。如上节分析表明，低水平组学习者和高水平组学习者在人际关系调理功能的实施频率上没有显著性差异，但在表达情感态度、缓和面子威胁和体现互动理解三个子功能上是否也都没有显著性差异呢？

下面，6.4.2 节～6.4.4 节对中国英语学习者通过语用非流利标记实施各种交际功能的情况进行微观分析。

6.4.2　二语水平与信息传递调节各功能之间的联系

从实施信息传递调节各功能上看（表 6-7），无论是低水平组学习者还是高水平组学习者，使用语用非流利调整命题表达内容的频率均高于选择命题表达方式的频率。两组学习者该功能的使用频率总体上与美国英语本族语者的表现较为一致。但从两类次功能的具体使用频率上来看，低水平组学习者调整命题表达内容的频率（89%）远远高于美国英语本族语者（59%），而选择命题表达方式的频率（11%）则大大低于美国英语本族语者（41%），两组之间表现出了显著性差异（χ^2=12.354，p=0.000<0.001）；高水平组学习者在这两类次功能的使用频率上与美国英语本族语者之间相差不大（64% vs. 59%；36% vs. 41%），并没有显著性差异（χ^2=0.144，p=0.704>0.05）。高水平组学习者在信息传递调节各功能的表现上与美国英语本族语者更为接近。这说明语言水平不同，信息传递调节各功能的使用频率也不同。

表 6-7 不同水平的中国英语学习者和美国英语本族语者信息传递调节各功能的实施情况

使用者	信息传递调节各功能		总计
	选择命题表达方式	调整命题表达内容	
低水平组学习者（次）	4	34	38
百分比（%）	11	89	100
高水平组学习者（次）	8	14	22
百分比（%）	36	64	100
美国英语本族语者（次）	71	104	175
百分比（%）	41	59	100

从二语水平发展的角度看，列联表卡方检验表明，低水平组学习者和高水平组学习者在选择命题表达方式和调整命题表达内容两类次功能的使用频次上存在显著性差异（χ^2=5.813，p=0.016<0.05）。表 6-7 中的描述性统计数据显示，低水平组学习者利用语用非流利标记调整命题表达内容的频率（89%）显著性地高于高水平组学习者（64%），而利用语用非流利标记选择命题表达方式的频率（11%）显著性地低于高水平组学习者（36%）。

信息传递调节是会话交际的基本目的。正如参与会话的中国英语学习者在受访时说的那样，一年级学习者较为关注自己所要传递的信息内容能否完整地表达出来，而没有能力再去兼顾自己的话语是否准确、恰当。也就是说，他们的话语交际只在于完成基本的交际目的，甚至不顾交际完成的质量。因此，他们产出语用非流利标记的主要目的就是争取时间，尽可能地利用自己所掌握的语法、词汇来完成自己的会话，传递信息。只要能把主要内容表达出来就可以了，他们不知道也没有能力去考虑相关语用因素。如果一时无法传递出自己脑中的信息内容，他们会利用语用非流利的语流中断延时来重新选择以自己现有语言能力可以表达的命题内容，而不会去选择其他表达方式来继续表达原来的信息内容。

不同的命题表达方式是语用语言知识的一部分。同一命题的不同话语方式有着各自不同的语用含义，会产生不同的语用效果。因此，选择恰当的命题表达方式是语用语言能力的体现。高水平的二语学习者在丰富的语言知识的基础上，可能会对不同表达方式的交际效果有着较为深刻的理解，其语用语言能力相对较强。因此，他们二语会话中出现的语用非流利标记多是为了赢得时间来选择恰当的命题表达方式，使自己的话语更加得体、交际目的更易实现。

可见，二语水平对中国英语学习者语用非流利信息传递调节功能的实施有着显著性影响。或者说，语言水平不一样，中国英语学习者实施信息传递调节各功能的频率也不一样。低水平的二语学习者倾向于利用语用非流利标记调整命题表达的内容，而高水平的二语学习者倾向于使用语用非流利标记选择恰当的表达方式。

6.4.3　二语水平与会话组织调整各功能之间的联系

表 6-8 为不同水平的中国英语学习者和美国英语本族语者会话组织调整各功能的实施情况。从总体上看，无论是低水平组学习者还是高水平组学习者，使用语用非流利进行话轮管理的频率均高于话题掌控的频率。这一趋势与美国英语本族语者的表现较为一致。

表 6-8　不同水平的中国英语学习者和美国英语本族语者会话组织调整各功能的实施情况

使用者	会话组织调整各功能		总计
	话轮管理	话题掌控	
低水平组学习者（次）	59	32	91
百分比（%）	65	35	100
高水平组学习者（次）	54	11	65
百分比（%）	83	17	100
美国英语本族语者（次）	259	70	329
百分比（%）	79	21	100

但从两类次功能的具体使用频率上来看，低水平组学习者使用非流利标记实施话轮管理的频率（65%）低于美国英语本族语者（79%），而实施话题掌控的频率（35%）则高于美国英语本族语者（21%），两组之间表现出了显著性差异（χ^2=7.477，p=0.006<0.05）；高水平组学习者在这两类次功能的使用频率上与美国英语本族语者之间相差不大（83% vs. 79%；17% vs. 21%），两组之间并没有显著性差异（χ^2=0.630，p=0.427>0.05）。也就是说，高水平组学习者在会话组织调整各功能的表现上与美国英语本族语者更为接近。

从二语水平发展的角度看，列联表卡方检验表明，低水平组学习者和高水平组学习者在话轮管理和话题掌控两类次功能的使用频次上存在显著性差异（χ^2=6.319，p=0.012<0.05）。根据表 6-8 中的描述性统计数据，低水平组学习者利用语用非流利标记进行话轮管理的频率（65%）显著性地低于高水平组学习者（83%），而利用语用非流利标记进行话题掌控的频率（35%）显著性地高于高水平组学习者（17%）。

话轮管理是对整个会话的宏观调控，涉及话轮的启动、维持、转换与结束。因此，无论语言水平高低，中国英语学习者都十分注意在会话中做好话轮管理工作，否则，整个会话就无法进行下去。但是，话轮只是会话的形式载体，话题才是会话的内容，是会话的目的与核心。在会话中如果没有话题，或话题掌控不当，话轮的组织形式再好，也只是一个空壳子，达不到交际目的。本书语料为自然发生语料，并非事先设定好话题、有意收取的语料，因此，会话中的话题是参与者自行引出、协商而定的。合适的话题掌控、恰当的话轮管理是会话组织调整能力的基本要求。

上述数据分析表明，二语语言水平不同，中国英语学习者在语用非流利会话组织调整各功能的使用频率上也有显著性差异。相对于低水平组学习者，高水平组学习者更加注重话轮管理；相对于高水平组学习者，低水平组学习者则较为关注话题掌控。我们认为，高水平组学习者会利用自己丰富的语用语言知识对某一既定话题进行深入讨论，使得话轮的多次启动与转换，出现了话轮管理功能频率相对较高的现象。由于语言水平较高，他们对话题掌控的能力也相对较强，不需要使用非流利标记就能顺畅地维持和转换话题。对于低水平组学习者来说，有时对某个话题可能不太熟悉，语言水平又较低，没有能力熟练地表达自己的观点。他们便会求助于语用非流利标记来赢得时间，要么竭尽全力寻找自己能想到的语言表达，维持原有话题；要么借机改变原有话题，另外启动一个自己可以掌控的话题。进一步的语料分析发现，低水平组学习者改变话题的频率略高于维持原话题的频率。

话轮管理相当于会话的表达方式，话题掌控就是会话的信息内容。从这个角度看，本节的发现与选择命题表达方式和调整命题表达内容的分析结果相呼应：低水平组学习者较为关注会话的信息内容，高水平组学习者更加注重会话的表达方式。相对于低水平组学习者只要能够通过语言传递出相关信息即可的现象，高水平组学习者却开始考虑如何才能使用准确的话语来恰当、合理地传递相关信息，从而顺利地实现自己的交际目的。也就是说，随着语言水平的提高，学习者开始考虑二语语用因素对会话交际的影响。这也是他们语用能力提高的一种体现。

语用非流利是实现上述目标的一种策略手段。通过分析语用非流利的交际功能，我们就可以清楚地了解中国英语学习者使用非流利标记是为了组织话轮还是为了掌控话题，并结合其二语语言水平，分析其语用能力发展情况。

6.4.4 二语水平与人际关系调理各功能之间的联系

表 6-9 显示，无论是低水平组学习者还是高水平组学习者，他们在人际关系调理各功能的使用频率上与美国英语本族语者都有一定的差异。低水平组学习者使用语用非流利标记表达情感态度的频率最高（44%），体现互动理解的频率最低（16%）；高水平组学习者利用语用非流利标记缓和面子威胁的频率最高（50%），表达情感态度的频率最低（20%）；美国英语本族语者利用语用非流利标记体现互动理解的频率最高（37%），表达情感态度的频率最低（29%）。

列联表卡方检验也表明，三组使用者之间在语用非流利人际关系调理各功能的使用频数上存在显著性差异（$\chi^2=13.567$，$p=0.009<0.05$）。不过，进一步的检验显示，低水平组学习者在人际关系调理三类次功能的使用上与美国英语本族语者有显著性差异（$\chi^2=8.993$，$p=0.011<0.05$），而高水平组学习者在这三类次功能的使用上与美国英语本族语者没有显著性差异（$\chi^2=4.223$，$p=0.121>0.05$）。也就是说，高水平组学习者利用语用非流利标记实施人际关系调理各功能时的表现与美国英语本族语者更为接近。

表 6-9 不同水平的中国英语学习者和美国英语本族语者人际关系调理各功能的实施情况

使用者	人际关系调理各功能			总计
	表达情感态度	缓和面子威胁	体现互动理解	
低水平组学习者（次）	24	22	9	55
百分比（%）	44	40	16	100
高水平组学习者（次）	10	25	15	50
百分比（%）	20	50	30	100
美国英语本族语者（次）	55	66	71	192
百分比（%）	29	34	37	100

从二语水平发展的角度看，低水平组学习者和高水平组学习者在语用非流利人际关系调理三类次功能的使用频率上存在显著性差异（$\chi^2=7.235$，

p=0.027<0.05）。进一步的卡方检验表明，低水平组学习者利用语用非流利标记来表达情感态度的频率（44%）显著性地高于高水平组学习者（20%）（χ^2=5.765，p=0.016<0.05），而在缓和面子威胁和体现互动理解的使用频率上没有表现出显著性差异。虽然没有达到统计意义上的显著性差异（χ^2=0.191，p=0.662>0.05；χ^2=1.5，p=0.221>0.05），但百分比数据显示，两组学习者在这两类次功能的使用频率上还是有相当差别的，分别相差 10 个百分点和 14 个百分点。

利用语用非流利标记表达交际者的情感、态度，是低水平组学习者使用频率最高的人际关系调理功能，缓和面子威胁则是高水平组学习者使用频率最高的人际关系调理功能。情感、态度是交际者自己主观情绪的表达，而面子威胁多为对交际对方而言。对于二语水平较低的学习者来说，他们十分重视在交际过程中自己能够做什么，怎样表现才能表达出自己所要传递的信息内容。他们将大部分注意力都放在了自己身上，总是担心自己的语言能力无法完美地参与到会话中。为了体现自己参与交际的价值，通常会使用重复、插入等语用非流利标记来表达自己当时的情感、态度，配合交际对方的话语行为。高水平组学习者则不用担心自己的语言水平不能表达自己的问题，他们考虑更多的则是交际对方的情感需求，尤其是自己的话语和行为是否会损害到对方的面子，从而影响交际的顺利进行。

对于中国英语学习者来说，由于受到谦逊的品质的影响，更加注重给交际对方留面子。上述数据分析表明，高水平组学习者缓和面子威胁功能的出现频率高达 50%，比低水平组学习者高出了 10 个百分点，比美国英语本族语者高出了 16 个百分点。本书认为，这是由语用迁移所致的。相关研究表明，二语水平与语用迁移的关系基本呈正相关关系，即语用迁移的程度随着学习者语言水平的提高而增强。低水平组学习者由于没有足够的二语语言能力，无法将复杂的母语语用规则表达出来，而高水平组学习者已经习得了足够的二语语言知识和语用知识，完全有能力将自己的母语语用规则用二语表达出来（Takahashi & Beebe，1987；Olshtain & Cohen，1989；卢加伟，2010）。本书语料验证了这一结论：高水平组学习者经常利用填充停顿、重复等语用非流利标记来缓和对交际对方的面子威胁以及交际中的尴尬气氛。在即时交际中，低水平组学习者由于语言能力较低，自顾尚且不暇，哪有精力考虑对方的情感需求，更没有能力将复杂的母语语用规则迁移到二语中去。需要说明的是，语用迁移并不意味着学习者的语用能力不强。"此时的语用迁移已经不再是一个具有影响学习者语用能力发展的消极因素，而成为他们语言习得的一种认知策略。"（卢加伟，2010：24）

互动理解应是会话交际中的一个基本原则或要求。会话的基本特点是参与者轮流说话，每次至少一方，但又不多于一方在说话。互动的一方发出当前话轮，另一方根据这一话轮提供的语境背景信息和社会规约习惯等作出判断、推测，然后发出相关的下一话轮，如此循环直至言谈终止。也就是说，会话交际是互动的，并非一方长篇大论，另一方沉默不语，只做听话人。因此，会话中应及时配合交际对方，适时参与互动。本书语料显示，低水平组学习者体现互动理解功能的使用频率最低，与美国英语本族语者有显著性差异（χ^2=8.321，p=0.004<0.01），而高水平组学习者体现互动理解功能的使用频率与美国英语本族语者没有显著性差异（χ^2=0.731，p=0.392>0.05）。虽然两组学习者之间没有显著性差异，但这至少说明低水平组学习者的会话互动能力稍弱于高水平组学习者。语料分析也证明了这一点：低水平组学习者的会话往往是一位参与者说完（直到没话说），指定另一位参与者，主动抢话轮的现象很少见。

综上分析，语言水平不同，中国英语学习者在语用非流利各交际功能的使用频率上也显著不同。低水平组学习者往往利用非流利标记表达自己的主观情绪，如情感、态度等。高水平组学习者比较关注交际对方的面子需求，往往利用非流利标记寻求恰当的话语表达来缓和可能给对方造成的面子威胁。另外，低水平组学习者主动参与会话的频率大大低于高水平组学习者。除了话题等相关因素外，二语水平差异应是一个重要的影响因素。

6.5 本 章 小 结

本章考察了学习者的二语水平对二语会话中语用非流利使用的影响。结果发现，二语水平对学习者语用非流利的使用在宏观层面都没有表现出显著性的影响。但是进一步的数据分析表明，在微观层面，即在不同语用非流利标记的具体使用频率、语用非流利各类别的出现频率以及语用非流利各功能的实施频率上，不同水平的中国英语学习者还是表现出了相当大的差异。

本章数据分析显示，二语水平不同的学习者在纯语流延迟类语用非流利标记和话语修正类语用非流利标记的使用频率上总体没有显著性差异。但在纯语流延迟类语用非流利标记各形式的使用上表现出了显著性差异，主要体现在语用标记语和笑声填充两类标记的使用频率上：低水平组学习者在语用标记语的使用频率上明显高于高水平组学习者；高水平组学习者使用笑声填充的频率明显地高于低水平组学习者。两组学习者在话语修正类语用非流利标记不同形式的使用上虽然没有统计意义上的显著性差异，但在语用中断/打断和插入的使用频率上仍有明显差异。进一步分析表明，高水平组学习者在语用非流利标记的使用上优于低水平组学习者。

　　二语水平对语用非流利各类别的出现频率也有着显著的影响。语言水平较低的学习者困难型语用非流利的出现频率也较低。这主要是由"避免提及"或"无法提及"造成的，说明低水平组学习者语用意识薄弱，语用知识匮乏。语言水平较高的学习者话语中出现了较高频率的困难型语用非流利。这是因为虽然他们具有一定的语用知识，但语用语言能力还处于发展之中，出现了提取不畅现象。另外，由于二语水平有限，低水平组学习者出现了过度关注会话的宏观组织现象，无法顾及具体的话语表达方式；高水平组学习者则有能力关注会话的细节调控，使得自己的话语表达符合即时交际环境以及交际者的交际目的。

　　二语水平对语用非流利宏观功能的实施频率没有显著性影响。但是，两组学习者在各功能的使用频率上仍有明显不同。低水平组学习者在信息传递调节和会话组织调整两类功能的使用频率上，都显著性地高于高水平组学习者。两组学习者在人际关系调理功能的使用频率上没有表现出显著性差异，即两组学习者利用语用非流利实施人际关系调理功能的频率没有多大差别。就各功能的不同次功能来看，两组学习者在选择命题表达方式和调整命题表达内容两类次功能的使用频次上存在显著性差异：低水平组学习者利用语用非流利标记调整命题表达内容的频率显著性地高于高水平组学习者，而利用语用非流利标记选择命题表达方式的频率显著性地低于高水平组学习者。两组学习者在话轮管理和话题掌控两类次功能的使用频次上存在显著性差异：低水平组学习者利用语用非流利标记进行话轮管理的频率显著性地低于高水平组学习者，而利用语用非流利标记进行话题掌控的频率显著性地高于高水平组学习者。两组学习者在语用非流利人际关系调理三类次功能的使用频率上存在显著性差异：低水平组学习者利用语用非流利标记来表达情感态度的频率显著性地高于高水平组学习者，而在体现互动理解和缓和面子威胁的使用频率上没有表现出显著性差异。

第7章 语用非流利与二语语用能力发展的关系

本章采用定性分析和定量分析相结合的方法考察语用非流利标记与二语语用能力发展之间的关系。首先对二语语用发展研究作简要介绍，然后讨论话语语用学范式下语用能力的内涵及其评估，最后考察不同语用水平的学习者在语用非流利标记、原因类别及其交际功能的产出异同，试图发现哪类语用非流利标记的使用影响二语语用能力发展，以及如何影响二语语用发展。

7.1 二语语用发展研究简述

二语语用能力的发展既是二语习得和中介语语用学研究的主要内容之一，也是外语教学领域关注的焦点。1981 年，卡斯珀（Kasper，1981）的专著《中介语中的语用层面》（*Pragmatische Aspekte in der Interimsprache*）使第二语言语用研究引起了人们的关注；1993 年，卡斯珀和布鲁姆-库尔卡（Kasper & Blum-kulka，1993）的论文集《中介语语用学》（*Interlanguage Pragmatics*）的出版标志着二语语用研究已成为一个独立的研究领域。中介语语用学也在近 30 年的发展中取得了丰硕的研究成果，但大都是对二语学习者言语行为的理解和使用情况的研究，很少涉及二语语用习得和语用能力的发展过程，直到 20 世纪末才有学者开始关注二语习得领域内有关中介语语用习得的若干问题。2002 年，《语言学习》（*Language Learning*）的专刊《第二语言语用发展》（*Pragmatic Development in a Second Language*）从指导理论、研究方法和研究内容等各个方面对二语语用发展研究做出了细致全面的论述，使该领域的研究掀起了一个新的高潮。

目前的语用发展研究主要是通过考察学习者实施的目的语言语行为，分析语言/语法能力、语用输入/学习环境、语用迁移、语用教学以及个体特征（年龄、性别、动机、态度、社会心理距离等）等因素对学习者语用能力发展的影响。

（1）语言/语法能力。语言/语法能力与语用能力的关系是二语语用发展研究初期探讨的较多的话题，研究结论也不一。有研究者指出，二语水平是二语语用能力发展的基础，是影响其言语行为能力习得和发展的重要因素之一，不具备一定的语言手段，学习者不可能构建类似本族语者的话语（Ellis，1994）；语法能力限制了低水平组学习者语用能力的扩展，语言水平是语用能力的基础（Scarcella，1979；Olshtain & Cohen，1989；Koike，1996），二语学习者的语用能力会随着语法水平的提高而增强（Bardovi-Harlig & Dörnyei，1998；Niezgoda & Röver，2001；李民和陈新仁，2007b）。也有研究者认为，语法能力强并不能保证言语行为能力强，学习者经常会说出语法合适但语用不恰当的句子（Eisenstein & Bodman，1986；Bardovi-Harlig，1999，2001）。甚至有研究表明，语用习得不仅不依赖于语法，而且还先于语法习得（Schmidt，1983）。

其实两者之间的关系远不是这么简单。从实验的过程以及结果可以看出，学习者的语用能力、语言/语法能力以及它们的发展与学习者的学习生活环境有着复杂的联系。随着语法和语用概念的外延，两者的区分度会越来越模糊，因为彼此有相互包容、相互作用的趋势，但并不是相互的依赖或一方为另一方的基础（戴炜栋和陈莉萍，2005）。

（2）语用输入/学习环境。卡斯珀和施密特（Kasper & Schmidt，1996）指出，语用的定义决定了语用知识与社会文化背景知识密切相关，语言学习环境会极大地影响学习者语用能力的发展。在英语作为第二语言（English as a Second Language，ESL）的环境中学习英语比在英语作为外语（English as a Foreign language，EFL）的环境中学习英语更能获得丰富的语料，因而语用输入/学习环境更利于语用能力的提高。相关研究证明，在二语环境中的学习者的语用能力发展情况远远优于在外语学习环境下学习者的语用能力的发展（Takahashi & Beebe，1987；Bardovi-Harlig & Dörnyei，1998；Schmidt，1983；Cohen，1997）。但也有研究发现，EFL 学习者的语用能力表现与 ESL 相似，也就是说在非外语学习环境中培养学习者的语用能力是可行的（Niezgoda & Rover，2001）。

（3）语用迁移。高桥和毕比（Takahashi & Beebe，1987）不但指出了语用迁移现象的存在,而且还指出了语用迁移与语用能力发展之间的关系，提出了二语水平与语用迁移正相关的假设。虽然他们自己的研究没能反映出语言水平对语用迁移产生所预料的影响，但是其他几项研究都分别报告出有限的二语语言知识阻碍学习者将复杂的第一语言表达式运用于二语之中（Blum-Kulka，1982，1991；Olshtain & Cohen，1989；Cohen，1997）。前芝等（Maeshiba et al.，1996）以两组英语为二语的日本学习者作为受试对象试图验证正相关假设，最后发现在执行道歉行为时中级组比高级组更多地运用迁移策略。希尔（Hill，1997）发现，高级组往往发生语用语言负迁移，在表达请求时通常使用过于复杂的句法结构代替简单的结构。事实上，语用习得研究者对第一语言和第二语言中语言行为的语法复杂性与语用迁移是如何相互作用的仍没有进行深刻的研究，只是从一些共时的研究结果推断出语言水平与语用迁移有着内在联系。

（4）语用教学。有很多研究结果也都表明外语语用能力的提高受益于课堂教学（Olshtain & Cohen，1989；Bouton，1994；Liddicoat & Crozet，2001；Rose & Kasper，2001；Kasper & Rose，2002）。有研究者认为，如果鼓励学习者在实施言语行为中注意目的语的文化习俗，他们就会养成自觉的语用分辨能力，养成语用习惯的"自我意识"（Bardovi-Harlig & Hartford，1996；Bouton，1994）。有的研究者还从显性语用教学和隐性语用教学的角度探讨了不同的教学方法对学习者语用能力提高的作用（Kasper，2001；Rose & Ng，2001）。但目前对语用教学的研究仍处在初级阶段，对语用教学的理论、方法和测试手段等都有待进一步深化。

（5）个体特征。已有研究者开始关注性别（Kasper & Schmidt，1996；Kim，2000）、交际意愿（Salsbury & Bardovi-Harlig，2000）、学习动机（Peirce，1995；LoCastro，1998）以及学习者性格（Cohen，1997）等个体特征对二语语用能力发展的影响。但是目前的相关研究总体来说还不是很多，或可成为今后研究关注的重点方向。

目前二语语用能力发展研究中有许多关键性的问题仍存在很大争议，如语法能力与语用能力的先后顺序，语用迁移是限制还是促进二语语用能力发展，语言学习环境是否是学习者语用能力发展的关键因素，语用教学能否促进语用能力的发展以及学习者的个体差异对其语用能力发展的影响如何等，其中，对以下三个问题的讨论将在很大程度上影响二语语用发展研究的趋势。

（1）从实践上来看，二语语用发展研究的对象不是很明确。卡斯珀和罗斯（Kasper & Rose，2002）指出，话语的理解与表达、语用迁移和语用失误是中介语语用学研究的四大内容，讨论的角度是言语行为的分类、实施言语行为的策略、言语行为实现手段等的差异。但研究内容不等于研究对象。目前二语语用发展研究的主要对象是学习者实施的各种言语行为，如请求、拒绝、道歉、建议、邀请等，研究对象似乎很明确。虽然言语行为能力的发展可以体现语用能力的发展情况，但是，语用发展并不完全体现在言语行为一种形式上。

（2）从理论上来看，需要深入探讨语用能力的内涵。比亚韦斯托克（Bialystok，1993）认为，语用能力是在语境中使用并理解语言的各种能力，它包括：①说话人使用语言实现不同目的的能力，如请求、命令等；②听话人超出字面含义理解说话人真实意图的能力；③使用一定规则将话语连接起来的能力，如话语轮换、合作、粘连等。比亚韦斯托克对语用能力的理解主要侧重使用与理解非字面语言形式的能力。它不仅包含了卡斯珀和罗斯（Kasper & Rose，2002）的"施为"能力和"理解"能力，而且扩大了"施为"能力和"理解"能力的范围，将语用能力上升到抽象的认知高度，突出强调语言使用者的个性认知能力，从而将语用能力纳入认知的范畴。弗雷泽（Fraser，1983）则从认知推理的角度，将语用能力视为传达态度和识别态度的能力。他认为，成功的交际取决于听话人是否理解了所听到的话语，并且意识到了说话人表达话语内容的态度。"态度的传达"往往需要借助间接言语手段，而"态度的识别"则需透过语言形式，找到说话人的真实意图。

（3）从语用能力测试研究上来看，目前外语学习者语用能力的测试方法采用的都是赫德森等（Hudson et al.，1992，1995）设计的六种测试方法：书面话语填充任务（written discourse completion task，WDCT）、多项选择话语填充任务（multiple-choice discourse completion task，MDCT）、口头话语填充任务（oral discourse completion task，ODCT）、话语角色扮演任务（discourse role-play task，DRPT）、话语自我评估任务（discourse self-assessment task，DSAT）、角色扮演自我评估（role-play self-assessment，RPSA）。这些测试方法基本上是可信的和有效的。但是，这种研究还处于初始阶段，还有许多问题需要解决，比如，这些测试方法大都是单独使用，内容也很简单，不能全面反映学习者的能力发展情况。正如赫德森（Hudson，2001）所说的，在这些测试方法用于大规模考试之前还有很多工作要做。

本书试图拓展语用非流利的研究对象，认为语用非流利也是二语语用发展研究的话语形式之一，并结合话语语用学的理念，对语用能力的内涵提出新的阐释，认为它除了包括语用知识外，还涉及动态的意识和话语表现；同时，提出了对语用能力的测试也应该体现其人际互动性的特征，并制定了相应的语用评估框架。

7.2　话语语用学研究范式下的语用能力

语用能力是什么，发展语用能力包括哪些内容或指标，至今没有统一

的说法。下面，我们先简单了解一下语用能力界定的基本情况，然后介绍
话语语用学研究范式下的语用能力观以及本书对语用能力的工作定义。

7.2.1　语用能力的传统界定

目前对语用能力的理解有三种代表性的观点。第一种是从行为角度考
察的，认为语用能力是为了达到一定的目的和理解语境中的语言而有效运
用语言的表现。托马斯（Thomas，1983）把语用能力定义为有效地使用语
言以取得某种目的的能力和理解在具体情景中如何使用语言的能力。利奇
（Leech，1983）认为语用能力可分为语言语用能力和社交语用能力。前者
包括在一定的语境中正确使用语言形式以实施某一交际功能的能力，后者
是指遵循语言使用的社会规则进行得体交际的能力。郑（Jung，2002）认
为语用能力具有层级性：实施言语行为的能力、表达与理解非字面意义的
能力、实施礼貌功能的能力、实施语篇功能的能力与使用文化知识的能力。
第二种是从知识方面考察的，认为语用能力是一个人整个知识体系中的一
部分，是在不同的语境中必须遵循的社会、文化和话语规则的知识。乔姆
斯基（Chomsky，1980）把语用能力看作一个系统，认为语用能力就是对
恰当使用语言的条件和方式的了解，即对规则以及决定怎样有效地使用一
种语言的语法原则的了解。巴克曼（Bachman，1990）将语用能力分为施
为能力和社交语言能力，将其看成是交际者在话语过程中根据语境情况实
施和理解具有社交得体性的施为行为所运用的各类知识。巴克曼和帕尔默
（Bachman & Palmer，1996）认为语用知识包括功能知识和社会语言学知识。
前者涉及概念功能知识、操作功能知识、启发功能知识和想象功能知识。
后者指使人们能够创造并且理解适合某一具体情景的语言。罗斯（Rose，
1997）认为语用能力至少由两部分组成：语用系统知识和恰当使用语用系
统的知识。巴伦（Barron，2003）认为语用能力包括某一语言中用以实现
特定言语行为的语言资源的知识、言语行为程序的知识和语言资源在恰当
语境中使用的知识。第三种是"知识和能力"的平衡观，认为语用能力是
在一定的语境中，按照目的语国家的社会、文化和话语规则恰当地使用二
语/外语的知识，以及根据不同语境恰当使用语言的能力（Kasper，1997）。

学者对语用能力的内涵进行了较为系统的界定，但目前还没有一个统
一的说法，并且存在至少以下几点不足。

首先，传统语用能力的理解偏重的是一种静态的结果而非动态的过
程。就语用行为而言，它关注的是交际者最终的表现，而不是交际者为何
会有如此表现；就语用知识而言，它关注的是交际者具不具备完成有效交

际所需的条件，而不是交际者如何获得这些知识。语用行为和语用知识固然是衡量语用能力的两个重要指标，但从能力发展的角度来看，目前对这两者内容与含义的界定并不能充分地表现出语用能力形成的动态性特征。

尽管有些学者的语用能力定义中都同时提及交际中表达和理解的两个方面，但本质上仍强调说话人对话语意义的单方面表达，或听话人对话语意义的单方面理解，忽视了交际中的意义（包括施为用意、会话含意）、礼貌甚至交际目标等不是出说话人或听话人单方面确定的，而是由交际双方互动、协商、建构产生的。

其次，虽然语境因素在语用能力的理解中起着至关重要的作用，但大部分研究都将其看做是语用能力形成的一个外部制约条件，而没有将语境看成是语用能力的一部分。作为交际能力的重要组成部分，语用能力所涉及的语境应该具有极强的动态性特征。然而，目前对语用能力的理解中涉及语境的部分大都是静态观下的语境，他们将语境看成是一个已经存在的环境，语用能力的表现要受到这种环境的制约。实际情况是，交际主体具有主观能动性，在言语交际中不会完全受制于语境或仅仅是识别语境，为了达到交际目的，他们会利用各种策略去影响甚至是重建语境。

再次，上述定义基本上都是知识型的，即将语用能力描述成某种知识，概括而言涉及语用语言知识和社交语用知识，或描述为以上述知识为前提的能力。它背后的假设是：①这些知识是固定不变的；②特定形式与特定功能之间的匹配是确定的；③特定语言形式与特定语境的关系是固定的；④交际者一旦拥有了上述知识，就能开展得体交际（陈新仁，2013）。这些认为语言形式有固定意义、功能、语境等的观念忽视了语言形式在交际中的意义是动态的、可以协商的，甚至是可以发生变异的，忽视了语言形式与语境关系的匹配是可以发生临时变化的，是会受到交际因素的影响的（Drew，2011）。

最后，上述关于语用能力的界定基本上都是基于孤立的、单话轮的，甚至未必是真实的对话语料加以阐述的，无法展现言语行为实施可能涉及多话轮的情况、礼貌表达在特定情境下未必礼貌、说话人意义可能在话语序列中经历调整乃至修正的潜在性等。

7.2.2　话语语用学研究范式下的语用能力观

从上述简介中可以看出，语用能力一般被理解为能够恰当地使用言语行为程式、理解间接意义或选择合适的话语风格等。但正如田口（Taguchi，2011：34）所说：“语用学是否可以简化到仅包括这一套孤立的语言系统来标示与礼貌相关的社会功能和其他风格及行为。"这种简化主义观点受到了后结构主义的挑战，它认为语用行为在本质上是动态的，是交际参与者之间通过互动行为（而非在互动中）协商和构建而成的（Kasper，2006）。后结构主义认为，语言基本上是不稳定的，因场景不同而变化，通过互动，也会发生变化。意义产生于语篇之中，通过各种形式的符号行为（包括文本、图像、手势以及空间变化等）得到调控。后结构主义的这一观点被语用学所接纳，融入到话语语用学研究范式之中。

从话语语用学的角度看，语用能力是"参与者在话语过程中共同构建的一种浮现状态，而不再是个体学习者所掌握的单一、孤立的语用特征"（Taguchi，2011：304）。也就是说，话语语用学研究范式下的语用能力观强调参与者的互动能力，包括参与会话和根据语境构建话语意义的能力。它是交际者使用互动组织能力借助语言和其他资源以恰当的方式参与真实的社会活动的能力。互动组织能力包括话轮选择、话轮设计、序列组织、优先组织和修正。互动能力与语用行为是不可分的，是为完成互动活动而在互动过程中产生的能力（李清华和徐鹰，2016）。

值得强调的是，上述关于语用能力的阐述应该不只是涉及特定方面（如语用语言形式、语用规范等）的知识或能力，还包括元语用意识，体现为对交际场合的敏感性、交际双方关系的敏感性、打破常规情况进行交际的能力（这一策略能力原先被忽视）等。而且，语用能力不只是涉及表达和理解话语的能力，还包括宽容、共情等主观态度。

话语语用学关注自然发生的、"互动中的言谈"，强调分析交际者之间的互动，包括话语的相互回应以及对交际伙伴认知、心理等的感知，为本书研究交际者在具体交际事件中展示的语用能力情况提供了方法论指导。基于此，陈新仁（2013）提出了语用能力分析的基本方法：聚焦完整交际实例，以整个交际事件而非单一行为为分析对象；考察交际目标、意义、身份关系、礼貌建构的整体、前后一致性；关注交际者的元语用意识及其带来的影响。

话语语用学对语用能力界定的另一重要意义在于，它突出强调了语用能力中的会话组织能力。其实，在语用能力界定中，会话组织能力很早就受到了相关学者的关注。虽然郑（Jung，2002）未明确提出会话组织能力的概念，但其研究中"实施语篇功能的能力"主要指开展会话的能力。陈新仁（2009）则明确将会话组织能力纳入整个语用能力分析框架之中，认为语用能力是交际者在具体语境中运用话语进行得体交际从而实现交际目的（包括行事、人际目标）的能力，并提出从语用语言能力、社交语用能力、语用认知能力和语篇组织能力四个维度对语用能力进行分析（图 7-1），其中，语篇组织能力指"构筑语义连贯、格式规范独白语篇和参与自然会话组织"的能力（陈新仁，2009：204）。它可进一步分为篇章组织能力和会话组织能力。前者主要包括运用语言连接手段提示连贯的能力、宏观语篇结构搭建的能力；后者主要包括话轮操控（如起始、转换、维持、交接、结束）的能力、会话调整（如修正、重述、标记语的使用等）的能力、话题掌控（如话题的选择、维持、转换等）的能力等。

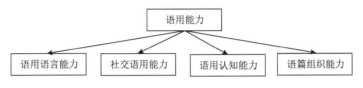

图 7-1　语用能力分析框架（陈新仁，2009：204）

7.2.3　本书对语用能力的工作定义

本书借鉴陈新仁（2009）的语用能力分析框架（图 7-1），结合话语语用学的动态性特征，提出如下语用能力的工作定义：语用能力是交际者利用各种话语资源参与会话互动的能力，包括识别和产出一定的话语风格和语境线索的能力、话题共建与话轮维持的能力以及构建和谐交际关系的能力。

识别和产出一定的话语风格和语境线索的能力，包括识别和产出两个视角，前者要求参与者具有较强的语用意识，对交际场合、交际双方关系具有一定的敏感性；后者要求参与者具有较好的语用表现，能够将语用意识体现出来。话语风格和语境线索属于语用知识的范畴，包括各种语用语言知识和社交语用知识。语用能力要求参与者在语用意识的作用下，能够将自己的语用知识适时地转化为语用表现。

话题共建与话轮维持的能力是参与者语篇组织能力的一部分。说话人掌握话轮转换规则、避免交际沉默、进行话题转换等会话技巧能力，体现了其会话组织能力（陈新仁，2009）。

构建和谐交际关系的能力体现了语用能力的人际互动特征，这也是社交语用能力的一种体现。人际意义指"在话语情景中说话人和听话人之间的互动关系，以及说话人对所说内容的态度"（Halliday，1994：68）。它包括两部分：参与者之间关系的互动（除与社会权势关系相关外，还可以通过话语构建）和参与者对所表达命题的态度（包括宽容、共情等）。

可以看出，上述界定将陈新仁（2009）语用能力的四个维度融合在一起，说明它们之间并不是相互独立的，而是相互影响、相互渗透的。本书所强调的会话互动能力要依靠语用语言能力、社交语用能力和语用认知能力才能体现出来。

7.3　语用能力评估

鉴于对语用能力有各种不同的理解，语用能力评估也就成了一项极其复杂的任务。下文将首先简要回顾语用能力评估的历史，然后重点介绍本书语用能力的构念及其评估框架。

7.3.1　语用能力评估回顾

奥勒（Oller，1979）提出了语用能力评估（pragmatic proficiency test）这一概念，认为应当把具体的语言使用环境融入语言测试之中，测试题目应该促使考生结合语言外环境（extralinguistic context）来处理语言内容和语言形式。他认为语用水平测试必须满足两个条件。第一，试题必须能使考生用实际生活中出现的语言来处理试题中的语言。例如，在阅读理解试题中，考生应该把文章中的句子放在交际层面上来理解，而不是把每个单词的意义简单地相加起来。第二，试题中使用的语言也应该和日常生活中自然出现的语言相似，即语言测试的自然性。此后，赫德森等（Hudson et al.，1992）对语用能力评估的内容与手段进行了较为详细的讨论，语用评估开始受到语用学者和二语习得研究者的关注。

对二语语用能力的评估是随着人们对语用能力的理解不断发展变化的，目前共经历了三个认识阶段，主要涉及评估的理论基础、评估内容和评估工具三大方面。二语语用能力评估的理论基础主要包括言语行为理论、礼貌理论、会话含义理论、话语分析理论和会话互动理论等语用学经典理论。相应地，语用评估的内容涉及言语行为的产出、语用理解、语用/礼貌惯例语、互动语言行为等。常用的语用评估工具有多项选择、话语填充任务、角色扮演（role play）等。

语用评估的第一个认识阶段认为语用能力就是实施言语行为的能力，语用评估就是评价学习者对各种言语行为及其功能的习得情况。法尔哈迪（Farhady，1980）从功能角度设计了一套选择填空试题来测试学生表达请求、建议、争执等言语行为的能力。试题的设计经过多个阶段的调查、资料收集以及测试。最后，每个情景的四个选项分别为语用适当和语言准确的选项、语用适当但语言不准确的选项、语用不适当但语言准确的选项以及语用不适当和语言不准确的选项。结果显示他设计的试卷有较高的信度和效度，不同性别、专业、国籍以及母语的学生在这种考试中有明显的差异。之后，岛津（Shimazu，1989）设计了一套"美国英语语用能力"试题来测试学生有关请求的语用能力。题目的设计步骤、方法和原理基本上是按照法尔哈迪进行的。结果也同样显示岛津的试卷有很好的效度。

赫德森等（Hudson et al.，1992，1995）的研究是第一项大规模的语用测试研究，也是基于言语行为理论的经典语用评估研究。他们的研究包括请求、道歉、拒绝三种言语行为，并考察了不同社交权势、社会距离和面子强加程度对实施这些言语行为的影响。他们花了近五年时间设计出总共六种测试语用能力的方法：书面话语填充任务、多项选择话语填充任务、口头话语填充任务、话语角色扮演任务、话语自我评估任务、角色扮演自我评估。

虽然他们设计的试卷经过多次改进和完善，但是他们并没有进一步去验证这六种测试方法的信度和效度。尽管如此，这些测试工具仍然受到了随后研究者的高度认可。山下（Yamashita，1996）对这六种测试方法的信度和效度进行了研究。根据多种统计分析的结果，她总结说，这六种测试方法除了多项选择话语填充任务之外，全部有很高的信度和效度。另一项针对这六种测试方法的研究结果显示，除了多项选择话语填充任务和书面话语填充任务的信度和效度不高外，其他四种方法都有较高的信度和效度（Enochs & Yoshitake-Strain，1999）。

这一阶段的语用评估在很大程度上属于言语行为传统，其测试成绩体现的是学习者对某种言语行为相关知识的习得情况。

语用评估的第二个认识阶段是对第一阶段的拓展，认为语用能力不只体现在言语行为上，测试内容除了言语行为外，还涉及其他语用层面，如含义的理解、语用程式的识别，甚至一些互动语篇。这一阶段最典型的特征是语用评估对实用性的关注，以体现语用测试是为了今后的现实交际。该阶段的第一项相关研究是罗弗（Roever，2005）设计的网络化语用能力测试。该测试包括三部分：测试学生理解英语会话含义的能力，测试学生理解英语习惯用语的能力以及测试学生有关英语言语行为的能力。第一和第三部分采用多项选择测试方法，而第二部分采用书面话语填充方法。罗弗用定量和定性研究方法从多个层面对他设计的试卷的信度和效度进行验证，结果显示他设计的试卷有较好的信度和效度。但罗弗是通过网络收集的资料，并没有对收集来的资料的真实性进行过调查。不过，他使用了定性研究，这在一定程度上弥补了网络收集资料这一缺陷。田口（Taguchi，

2005）考察了日本大学英语学习者对间接表达请求、拒绝，传递信息的理解情况，并首次把反应时作为评估语用理解能力的指标。之后，她通过类似的研究设计开发了考察目的语为日语和汉语的二语语用理解试题（Taguchi，2008；Taguchi et al.，2013）。语用惯例语（pragmatic routines）指适应某特定交际目的或社会情景的惯例表达；灵活恰当地使用语用惯例语能使学习者的语言更自然、流畅，更容易达到交际目的（Coulmas，1981）。罗弗（Roever，2005，2006）以多项选择题的形式对英语学习者的惯例语进行了测试，发现对于外语环境下的学习者，情景型惯例语（situational routines）的使用比功能型惯例语（functional routines）更困难。巴多维-哈利格（Bardovi-Harlig，2009）设计了听力辨别和口语产出任务考察英语学习者惯例语的接触和使用情况，发现学习者的惯例语使用率低，且过多地使用其熟悉的少量惯例语。

　　语用评估的第三个认识阶段将语用能力扩展到互动能力（Ross & Kasper，2013），认为言语行为理论指导下的语用评估考察语言使用者掌握的言语行为及其社会语境因素的静态知识，忽略现实语言交际中的互动和变化，提倡将互动能力纳入语用能力构念中。互动能力即语言使用者参与互动的能力。卡斯珀（Kasper，2006）批判了基于言语行为理论的二语语用评估研究范式，认为对言语行为的分析只体现研究者的主观判断而忽视会话参与者对会话的理解及会话语篇内部语境，提倡采用会话分析手段考察语言交际中会话参与者的互动能力。语用学和会话分析领域早有对交际互动现象的研究，具体关注会话中的序列结构、话轮转换、话语标记语等会话特征（Richards & Schmidt，1983；Young，2009；Young & He，1998），与传统测试学具有全然不同的研究范式。研究者一般通过收集会话的音频、视频资料，进行细致而规范的转写，尽量如实记录会话过程的细节，然后从学习者会话内部分析互动的基本机制。会话分析作为新型的语用评估手段，能揭示会话交际的动态变化，具有较高的效度（黄玮莹和李忻洳，2016）。

　　这一阶段最常用的工具为角色扮演。虽然言语行为框架下的语用评估也使用角色扮演，但多是为了诱发特定言语行为，并且只测评这些言语行为；本阶段测评的却是整个拓展的语篇。沃尔特斯（Walters，2009）通过考察学习者在角色扮演中的评价、赞扬的相邻对的使用情况测试其互动语用能力。云（Youn，2015）通过角色扮演任务考察了高水平学习者在学术英语交际中的互动语用能力，他利用会话分析提炼出学习者在交际互动中的综合语用能力的具体体现，包含内容、语言使用、情景敏感性、互动强度和话轮组织五个方面。罗斯和卡斯珀（Ross & Kasper，2013）专门收集了六个探讨口语能力面试（oral proficiency interview，OPI）中学习者互动行为评估的实证研究，包括对修正策略、话轮转换、序列、话题延续、非语言交际策略等具体互动语言行为的考察，为互动语用能力评估提供了范例。

目前测试领域的研究往往与语用能力的理论研究相脱节，其研究人员仅仅提供了各种各样的测试方法而没有指出对语用能力的不同理解。因此，使用哪种方法来评测学习者的语用能力同研究者对语用能力的理解密切相关。

7.3.2　本书语用能力评估框架

"随着近期对互动能力的关注，二语语用评估内容延伸到学习者在互动交际中的语言行为，如话轮转换、邻近语对等会话结构的掌握，及语言、非语言的互动策略。"（黄玮莹和李忻洳，2016：86-87）这样一来，虽然语用能力评估的构念越来越完善，但也增加了评估可操作性的难度。

范·康普诺利（van Compernolle，2013：327）认为，二语语用评估之所以如此复杂，是因为对如下关键问题还未达成一致："语用能力是学习者自身内在的二语能力，还是在互动中产生的，因而也与话语行为其他参与者密不可分呢？"前者认为语用能力是将之前习得的知识应用到以后交际的恰当语境中；后者认为语用能力体现在话语互动中，与其他交际参与者的行为密切相关。但互动能力观并不否认个人语用知识的存在，只是强调交际活动的共建和人际特征，即意义是在与他人实时互动中在线建构的。可见，语用能力评估包括对语用知识的评估和对互动能力的评估。

卢加伟（2013b）提出了语用能力评估的三大内容：语用知识、语用意识与语用表现。语用知识是语用能力系统中必不可少的因素，包括语言形式、功能意义和相关语境特征。能力是一个抽象的概念，多数情况下，能力的判定都是以最终产生的行为表现为参照的。语用意识指学习者对第二语言运用的规则及交际实现过程有一个清晰、深刻的认识，至少体现在以下三个层面上：对语言形式、功能意义和相关语境特征的注意，对一般语用准则的理解以及对它们所反映的社会文化准则的解释。语用意识强调了能力发展的认知过程，揭示了能力发展的动态性特征，在二语学习者的语用发展中发挥着至关重要的作用。卢加伟（2015b）又从体验认知的角度对语用能力的三大内容进行了更为详细的介绍，进一步探讨了二语语用能力发展的认知过程。从认知角度看，语用知识的形成、产出以及贯穿其中的语用意识，是语用能力动态性的内在体现。

　　本书将互动能力纳入语用表现评估中，制定了图 7-2 所示的语用能力评估框架。下面结合上文对语用能力的工作定义，具体说明语用知识、语用意识和语用表现三大评估内容。

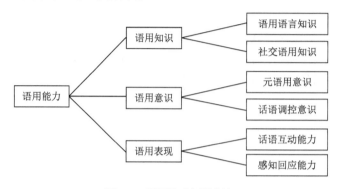

图 7-2　语用能力评估框架

　　语用知识指交际者为了完成交际过程、实现交际意图所使用的一切话语资源，包括语用语言知识和社交语用知识，既涉及语言知识，也涉及非语言知识。语用语言知识涉及语音、词汇和句法知识、重音、语调和伴随语言的动作举止等副语言知识以及语言的各种功能；社交语用知识指对各种交际环境、社会文化价值观念和会话原则的了解。交际者头脑中要有关于交际时间、地点、事件和相关参与者的大致信息，要对谈话各方的相对权力、距离、强加程度和权利或义务的关系有所认识，要具有言语行为、话语和话题的损益关系知识，要懂得会话中诸如合作原则、礼貌原则和语篇原则等知识（卢加伟，2015b）。

　　语用意识指学习者对第二语言运用的规则及交际实现过程有一个清晰、深刻的认识，包括元语用意识和话语调控意识。元语用意识是指对相关语言形式和语用效果进行元表征和解释的能力，它是语言使用者在做出语言选择之前，在大脑中对语言形式、交际场景和目的之间如何选择所进行的协商和调整（Ifantidou，2011；姜晖和范晓龙，2018）。话语调控意识是交际者在交际过程中根据对交际语境的认知，包括交际场合、交际参与者身份等，调节话语的产出和互动，促进交际的顺利展开和交际意图的实现。

　　语用表现是语用知识在特定交际环境下通过认知机制作用后的交际行为[①]，其表现形式即为交际参与者之间为促进会话展开而付诸的各种行

---

　　① 有关语用能力的认知讨论，详见卢加伟. 2015b. 体验认知语用观下的二语语用能力研究. 外语学刊，（5）：28-32。

为，包括言语的和非言语的以及交际者参与者之间的互动。互动性是语用表现的基本特征，包括话轮转换等话语互动和对交际伙伴认知、心理、态度等的感知回应。

从交际角度看，语用知识的外显、语用意识的调节和语用行为的实施是语用能力动态性的外在体现。在以下语用评估中，本书主要是要评估学习者所掌握的语用知识、内在的语用意识以及相应的语用行为。

7.3.3　本书语用能力评估工具

数据收集工具通常在数据本身的可靠性和结论的可靠性两方面起着至关重要的作用。按照性质来看，语用学研究中的语料包括直觉语料、诱发语料与自然语料三种（陈新仁等，2021）。本书因涉及对语用能力三项指标的评估，使用了诱发语料和自然语料：对语用知识的评估为诱发语料，对语用意识的评估包括诱发语料和自然语料，对语用表现的评估为自然语料。本书分别制定了三种相应的数据收集与评价工具，即多项选择话语填充任务（multiple-choice discourse completion task，MDCT）用来评估受试者的语用知识，开放式问题（open-ended question）用来评估受试者的语用意识以及语篇动态评估（dynamic discourse assessment，DDA）用来评估受试者的语用表现。

7.3.3.1　多项选择话语填充任务

多项选择话语填充任务在跨文化交际和中介语语用学中被广泛使用，它可以使研究者在较短的时间内收集大量数据，尽管它存在许多的问题，例如它"缺乏语境变体"，"将复杂的交际简单化"，是一种"假想的自然环境"（Nelson et al.，2002：168）。根据布朗（Brown，2001），语篇补全任务包括多项选择话语填充任务和书面话语填充任务两种形式。多项选择话语填充任务是一种受研究者控制的诱发测验，受试者先阅读一段情景描述，然后从备选项中选出从文化和文体角度最适合给定语境的选项。

本书中，多项选择话语填充任务调查问卷是基于何自然的语用能力调查（何自然，1988）和刘健达（Liu，2006）的《英语作为外语学习者中介语语用知识测试》（*Measuring Interlanguage Pragmatic Knowledge of EFL Learners*）一书中采用的多项选择话语填充任务测试改编而成的，共25道题，每道题均提供了一个不同的场景，通过问卷星发放调查，要求学生阅读这些情景，然后从 3~4 个选项中选出他们认为最合适的一项。每题 1分，系统自动评分，满分 25 分。这种形式最为常见，不再举例说明。

7.3.3.2 开放式问题

语用意识有两个程度，在注意层面上的意识和在理解层面上的意识。为了获得语用能力，"人们必须既注意到话语的语言形式又注意到与之相关的社会及语境特征"（Schmidt，2001：30）。因此，可以从两个方面对语用意识进行评估：能否注意到两种语言形式间的差异以及能否理解语言中体现的相关的社会及文化背景特征。对语用意识的评估，涉及交际者的主观认知，须采用开放式的调查问卷或访谈才能既获得受试者产出的语言形式，又能了解他们是否意识到两种语言背后的社会文化差异。在中介语语用学领域，尽管有些研究已涉及语用意识和元语用意识方面的内容（Rose & Ng，2001），但是仍没有一个相应的工具可以用来检测学习者目的语的语用意识。卡尔佩珀（Culpeper et al.，2018）在其《二语语用学：从理论到实践》（*Second Language Pragmatics: From Theory to Research*）一书中，讨论了元语用意识的测量方式，主要是量表式调查问卷和元语用意识访谈，主要涉及的问题包括：交际环境的社会文化因素有哪些？特定语境下某种言语行为的哪些策略更合适？某种语用语言形式映射了什么样的社交意义？特定情境下，学习者在做语言选择时需要考虑什么样的信息？在此基础上，结合卢加伟（2013b）设计的语用意识评估问卷，本书制定了一份调查问卷，增加了对交际中互动的注意，用来全面评估受试者的元语用意识和话语调控意识。为了保证评估的合理性与科学性，仍然请5位教师对学生的回答进行评分，取平均分。

情景：Michelle 刚找到一份新工作。今天她完全忘记要和老板在办公室开一个非常重要的会议。一小时后，她去老板办公室道歉。问题是，这已经是她来公司后短短几天内第二次发生类似事情。老板明显很生气，问她："这次是怎么回事？"以下是她的回答：

Michelle: So sorry, Mr. Peterson. I have sleeping problems and then I missed the bus. I can make it up to you.

[1] 请根据所提供信息及双方话语表现（注意：是话语所呈现出来的事实，而非理应如何！），判断：

老板的社交地位： 低 ◄─────► 高

社交距离：   近 ◄─────► 远

道歉诚意度：   弱 ◄─────► 强

[2] 老板如何理解 Michelle 的话语？

[3] 如果 Michelle 是你的朋友，对于她的说话方式你有何建议？

（Culpeper et al.，2018：125）

本小题共 9 分，每小题 3 分。如果受试者能够根据上述语境及话语信息判断出在本次对话中：老板社交地位低、双方社交距离近和道歉诚意度弱；老板会觉得 Michelle 道歉毫无诚意，在找借口，对工作不上心；建议她用直接言语行为进行道歉，实话实说，承诺下次一定不再出现类似问题等。那么，该受试者具有非常强的语用意识，本部分可得 7～9 分。如果受试者对老板的社交地位、两者的社交距离以及道歉诚意度没有清晰的认识，也判断不出此事会影响老板对她的印象，甚至觉得 Michelle 的回应没有问题，那么该受试者的语用意识相当弱，可根据话语表现给 1～3 分，甚至 0 分。

在本书中，共有 8 项（含小问题）开放式问题是检验学生对中文和英文在语用惯例语和言语行为语言差异方面的语用意识，同时也检验学生对暗含在这些形式下的社会文化层面根源的理解程度；2 项检验学生对交际互动的意识程度。10 项共 35 分，每题分值不等，5 位教师根据学生的回答给出相应分值，最后取平均分。

7.3.3.3 语篇动态评估

语用表现评估采用语篇动态评估法，主要参考范·康普诺利（van Compernolle，2013）的二语语用能力动态评估框架和云（Youn，2015）的互动语用能力评估框架。这两个框架在考虑语用知识的基础上，重点评估互动能力，强调交际活动的共建性与人际性特征以及交际双方在线磋商意义的能力，体现了语用能力评估的动态性。他们还特别注重一些微观互动特征的作用，如话语的启动时间、沉默、停顿、打断等，以及话语调节的序列结构，如互动双方如何启动、诱发、协商、最终完成某个话轮。这一评估理念与本书的理论框架以及语用非流利功能相一致。

范·康普诺利（van Compernolle，2013）只是做了定性的讨论，并未给出具体的评分标准及分值。云（Youn，2015）通过角色扮演任务考察了高水平学习者在学术英语交际中的互动语用能力，他利用会话分析提炼出学习者在交际互动中的综合语用能力的具体体现，包含内容、语言使用、情景敏感性、互动强度和话轮组织 5 个方面。参与互动的评价标准包括使用认可信号和话语标记语以及承接话轮等。

本书在此基础上，综合考虑会话的时间序列和空间序列，结合现行的大学英语四六级口语考试评分方法及标准和 2018 年发布的《中国英语能力等级量表》中有关语用知识与语用能力的描述，提出语用表现评估的主要内容，并制定 5 档评分标准，由 5 位教师（其中一位为笔者）对本书收集的 78 名英语专业本科生的 34 段对话进行评估和打分。本部分总分 40 分，最后每位学习者的语用表现成绩为 5 位教师对其所评判分值的平均分。

语用表现评估的内容主要包括以下 5 个方面。

（1）能够按照相应话轮结构和相关语用知识实施和识别常见言语行为，恰当表达自己和领会他人的意图，如请求、邀请、提供、建议、劝说、询问、拒绝等。

（2）能够使用合适的话语表达和话语标记语如 well、you know 等，以及时间序列如停顿、打断等来启动、维持、转换和结束话轮，并在对方使用这些交际策略时能够识别出来并采取合适的回应策略。

（3）能够在会话中采取合适的话语策略提出、转换、维持和结束己方话题，并能够结合语境信息识别对方话题的提出、转换、维持和结束。

（4）能够根据交际对方的身份、地位、社交距离等选择礼貌策略，表达和回应恰当。

（5）能够应用恰当的话语策略表达自己并能够根据上下文以及背景知识等语境信息推断对方的观点、情绪、态度等，并作出合理回应；能够根据语境信息判断交际对方是否遇到交际障碍，并采用适合的交际策略及时提供相应帮助。

语用表现评估是对交际者整个会话行为的评估，涉及交际的全过程。多数情况下，上述行为都会体现在交际者的会话交际中。当然，有时交际者并不一定把上述 5 项全部展现出来，打分者须依据交际者的整体表现综合打分。

按此标准，结合本书语料，借鉴《中国英语能力等级量表》中语用能力总表的分级方法，制定以下评分标准，详见表 7-1。

表 7-1　本书语用表现评估标准

分值	标准
33~40 分	能准确把握不同场合中对方表达的交际意图 能根据交际目的与交际对象，灵活运用恰当的语言和丰富的社会文化知识与他人交流，得体使用各种话语标记语和话轮掌控策略，应对不同的交际情境，准确表明立场、倾向、态度等；能顾及对方感受，适时予以反馈或帮助，交际效果圆满

续表

分值	标准
25~32 分	能理解正式或非正式等不同场合中对方表达的特定意图 能就不同话题与他人交流，有效表达自己的观点、情感和态度，话语符合身份及社会文化规约，交际得体，沟通顺畅；能较好地判断信息与话题之间的关联性，恰当使用话语标记语等语言形式；能顾及对方感受，并适时予以回应或帮助，交际得体，实际效果良好
17~24 分	能理解常见社交场合中对方表达的观点、情感、态度、意图等 能就熟悉的或共同关心的话题与他人交流，根据社交场合的正式程度，选择恰当的语言形式，礼貌、委婉地表达歉意、抱怨、感激等较广泛的意图；能判断信息与话题之间的关联性，基本得体地表达自己的观点、情感、态度，注意到文化习俗差异，体现对交际对象应有的尊重，实现有效沟通
9~16 分	能理解交际对方直接或间接传递的交际意图 能就日常话题运用简单的语言与他人交流，表达邀请、建议、赞扬等意图；有一定的社会文化意识，能经常使用话语标记语或话轮管理策略，与对方互动，并能在对方出现表达困难时予以适时帮助，交际基本得体
0~8 分	能理解交际对方传递的大部分交际意图 能用简短话语，尤其是常用的套语，表达问候、感谢、请求等交际意图，能对他人话语进行程式化回应；但交际中只知道自我表达，未顾及他人感受，未使用话语标记语或话语策略来管理话轮

为了保证打分尽可能的合理，我们对除笔者之外的其他 4 位教师进行了培训，将本书研究的基本情况和语用评估的相关要求，尤其是语用表现评估的具体内容和标准等向 4 位教师做了详细的介绍。然后让 5 位教师对其中两段对话进行语用表现打分，其最大差异在 5 分之内，说明 5 位教师的打分一致性较强，结果详见表 7-2。

表 7-2 《附录三 标注语料节选》中节选一和节选三评分示例

学生编号	打分 1	打分 2	打分 3	打分 4	打分 5	均分	评价标准
S2 （节选一）	20 分	15 分	18 分	15 分	17 分	17 分	能理解对方传递的交际意图，表达打招呼、建议、请求等言语行为。有一定的社会文化意识，能使用语用惯例语与对方互动，交际基本得体
S64/S65 （节选三）	38 分	35 分	36 分	38 分	38 分	37 分	能根据交际目的与交际对象，灵活运用恰当的语言和丰富的社会文化知识，得体使用各种话语标记语和话轮掌控策略，准确表明立场、情感、态度等，能顾及对方感受，适时予以反馈或帮助交际效果圆满

在节选一中，S2 邀请老师当英语演讲比赛的评委，能就该话题运用程式化语言与他人交流，实现相应的交际意图，如她知道使用"Good morning, Mr. Aven."相对正式的表达跟老师打招呼，而没有使用"Hi, Aven."等不太正式的表达；知道使用 can you do me a favor 来实施请求言语行为，而没有像有些受试者那样使用 I'd like to invite you to be our judge；知道使用 could you be a little earlier to be there 来提建议等。但在话语标记语的使用、交际互动以及表达情感态度方面几乎没有体现出来，因此综合 5 位打分者的得分，S2 语用表现的最终得分为 17 分。

在节选三中，S64 和 S65 的讨论让打分者眼前一亮。两者以恭维及回应开场，话语表达恰当。能使用 you know 等具有丰富含义的话语标记语；能使用 would you like to be the companion of my study 来实施请求言语行为，朋友之间能得体地调侃等，更重要的是两者的互动与共情给人印象深刻。两人都能准确表明立场、情感、态度等，能顾及对方感受，适时予以反馈。会话过程中出现的无声停顿如 You sad about what? About my (1.11) 以及他人打断如[You can speak] to yourself 对[find some]的打断，都是两者共情的表现。整个会话也正是因为有了这些回应及反馈才显得自然、流畅，得到了 5 位打分者的一致认可，两人的语用表现最终都获得了 37 分的高分。

7.4   语用非流利与语用能力的关系：定性分析

在日常会话中，任何一种非流利现象的出现都有其存在的意义。不论是语用困难引起的非流利，还是作为交际策略或互动资源的非流利，都有可能是语用能力的一种体现。本书认为，语用非流利的使用能够体现说话人的多维语用能力。冉永平和杨青（2016）在讨论英语作为国际通用语背景下的语用能力时认为，自我修正、重复、复述等是一种信息互明策略，用以帮助建构临场语境下的共知信息，实现交际信息的相互明晰。

在论证语用非流利与语用能力各维度之间的关系之前，我们先简要说明语用非流利与语用能力能够发生关联的文献依据。

首先，语用非流利标记本身的特征可以体现相应的语用能力。语用非流利标记中的话语标记语被称为元语用指示语，可以非常清楚地反映学习者的语用语言能力，是语用能力的一种体现（Verschueren，1999；冉永平，2002；李民和陈新仁，2007b）。另外，语音填充类标记语本身不具有任何语用意义，但在具体语境下与话语标记语一样，可以承担相应的交际功能。其他各种纯语流延迟类和话语修正类语用非流利标记则可以反映出学习者的社交语用能力、语用认知能力，尤其是语篇组织能力中的会话组织能力。语用非流利标记可以体现学习者连贯语篇的能力、话轮操控（如起始、转换、维持、交接、结束）的能力、会话调整（如修正、重述、标记语的使用等）的能力、话题掌控（如话题的选择、维持、转换等）的能力等。另外，语用非流利标记还具有信息传递调节和人际关系调理的功能。学习者掌握语用非流利标记的正确使用方式，就可以在即时交际环境下实施信息传递调节，并自如地和交际对方开展人际互动。因此，恰当使用非流利标记是评估语用能力的标准之一。

其次，从衡量语用能力标准之一的语用流利度的角度来看，语用非流利不仅不是"不流利的"话语，而且还有助于会话的顺利开展。语用流利度是豪斯于 1996 年提出的，它包括话语的语用合切性和话语进行时的流畅连贯。豪斯（House，1996）认为以本族语的标准去衡量语用流利度主要有以下几个方面：①常规语用方面的运用，即开始话题、话语策略及言语行为；②运用合适的常规开始话题和话题转换的能力；③在大量评论的话语中"赢得重视"的能力；④体现适切的参与及应答行为，在固定和重叠话语中明确话题结束的预测，以及在常规回答中合切"第二方"的语言运用能力；⑤合切的语速、填充与非填充的停顿类型以及话语修复功能与频率。可以看出：①语用流利度的标准主要关注会话组织，尤其是相关语用标记出现的位置；②非流利标记在其中起着重要作用，恰当的非流利标记有助于语用流利度；③这些标准似乎适用于本书所区分的策略型语用非流利，而困难型语用非流利的标准则与其相反。

最后，从语用非流利原因类别的角度来看，它可以体现出学习者语用能力的强弱。如果学习者话语中由语用困难导致的非流利现象很多，说明学习者语用能力不强；如果这些非流利现象是学习者采用的一种语用策略，则说明学习者具有一定的语用意识，语用能力较强。

以上从非流利标记本身的特征、语用流利度以及非流利产生的原因类别三方面说明了语用非流利与语用能力之间产生关联的依据。下面，本书结合语用能力分析框架，从定性分析的角度举例论证语用非流利与语用语言能力、社交语用能力、会话组织能力以及语用认知能力之间的关系。

7.4.1 语用非流利体现语用语言能力

语用语言能力指说话人运用语言资源（如词汇、语法知识等）实现特定交际目的的能力。语言资源主要包括惯例语（如 excuse me、you're welcome 等）、话语标记语（如 well、you know、I think 等）以及实现特定言语行为的规约表达（如 would you please、I would like to 等）。这些语言资源通常都具有特定的含义和语用功能，已经形成了其词汇意义的一部分。对这些知识的掌握和使用情况可以直观地体现出学习者的语用能力。

语用非流利与语用语言能力之间的关系可以从两个角度进行论证：语用非流利中的语言标记携带特定的语用含义，属于语用语言知识；非语言类标记如无词汇意义的语音填充、停顿等则可以根据上下文语境提示说话人对相关语言资源的使用情况。对于学习者来说，语用非流利的出现，可以揭示学习者对这些语言资源的习得情况。

7.4.1.1　语用非流利作为语用语言知识

正如在第 4 章中讨论的那样，填充停顿可以分为无词汇意义的语音填充和有词汇意义的语用标记语。后者主要是一些常见的语用标记语如 well、you know、I mean 等，它们既不构成话语的命题内容，也不受句法结构的限制，其主要作用是调节话语表达方式和促进交际互动。它们一方面具有自己的词汇或短语意义，另一方面也有词汇意义之外的话语功能。是否了解并能够熟练、恰当地使用这些非流利标记是评估语用能力高低的重要指标之一。表 7-3 列出了常用语用标记语及其交际功能。

表 7-3　常用语用标记语及其交际功能

语用非流利标记	词汇意义	交际功能
well	好；（语气词）嗯，哎呀	话语起始和延缓标记；信息修正；威胁缓和
like	像……一样；比如	话语延缓；信息追加/强化
yeah	是的	填充/保持话轮；强调之前话语；表达同情与理解
and	和，并且	语篇连接/话轮维持；信息追加/修正；命题态度
I mean	我是说	话语修正
you know	你知道	话轮衔接/维持；提醒/引起对方注意；互动理解

结合第 5 章的讨论，这些语用标记语主要承担以下三大交际功能：信息调整、话轮掌控和人际互动。在交际中，说话人有意识地使用这些标记语来调整话语，达到自己的意图。

（7-1）【Lynne 是一名学生，专业是动物学，当被问及今天为何没去练习钉马掌时，她做出如下回答。】

　　1 Lynne: (H) We're not gonna do the feet today, I'm gonna wait till

like <FP2>,

2　　　　early in the morning .. to do those,

3　　　　cause y-- I mean <FP2> you get s=o tire=d.

4　　　　(H) (1.356) en you just, (1.63), it takes,

5　　　　well <FP2>, it takes me longer than most people,

6　　　　cause you know <FP2>, I'm not as stro=ng and, (H)

7　　　　(...) and I'm not as good, as like somebody that would do it
(…) all the ti=me.

8　　　　(...) You know <FP2>.

9　　　　(...) I mean <FP2>,

10　　　(...) (H) % <X Oh X> --

11　　　I mean <FP2> I trim horses=, and stuff like that,

12　　　but I mean <FP2>, I'm not like,

13　　　(H) (...) <@ I'm no=t uh= @>, @

14　　　(H) I don't know how to say it.

15　　　But you know <FP2>, they do it for a living.

16　　　You know <FP2>,

17　　　(...) most people that you would get to trim your horse do it ..
all the ti=me.

18　　　(...) (H)= and I'm not (Hx) (...) that good or,

19　　　(...) [and I'm not] very strong.

（SBC001）

在例（7-1）中，Lynne 综合利用 like、well、I mean、you know 四个语用标记语为自己没有去练习钉马掌辩解。Lynne 是一名动物学专业的学生，今天本来是要去练习钉马掌的。家里来了客人，跟她闲聊，提到了她的专业，问及她为何没有去练习钉马掌。她最初的回答是"我们今天不练习钉马掌"，然后接着解释"我得一大早去练习才行"，言外之意是今天有点晚了，来不及去练习了。随后她列出了两点理由：自己身体不好，做得慢；我将来不是以此为生，不用一直练习。整个语篇中，Lynne 共用了四次 I mean、四次 you know，前者用来调整自己的话语，后者为了寻求对方的共鸣。这说明她其实不想去练习钉马掌，但在客人面前又不好直接说，于是找各种借口来解释，以期得到对方的理解。

7.4.1.2　语用非流利提示语用语言能力

除语用标记语之外的其他非流利标记，虽然自身并不是语用语言知识，但它们的使用可以提示相关语用知识的使用或习得情况。

以用英语打电话为例。它有一套固定的惯例语，是英语学习者练习口语常用的场景。对这一套惯例语的把握即是语用知识。在课堂上练习时，很多同学都能够对答如流；但到真正的实际应用中，可能会出现不流利的现象，如例（7-2）。

（7-2）【学生 S49 打电话请老师 T2 担任即将举行的全校英语演讲比赛的评委。】

　　1 S49: Hello (...).

　　2 T2: Hello.

　　3 S49: En <FP1><DPD2><CM1> is that Nelson speaking?

　　4 T2: Yeah, speaking please.

　　5 S49: Yes, this is Deniel, and this is Deniel speaking.

　　6　　And en (...) <FP2/FP1/UFP><SPD><CM3>

　　7　　we are going to have an English speaking contest (...)

　　8　　so er (...) <FP2/FP1/UFP><SPD><CM3/IP3>

　　9　　I like to invite you as en as a as the judge.

　10 T2: Ok, [great.

　11 S49:　　[So do you have (...) [Ok, <SUB><SPD><IP2>

　12 T2:　　　　　　　　　　　[Yeah, enhen.

　13 S49: Will you do me a favour?

　14 T2: Sure. What's that about?

（G3-2T-TS-3）

英语中打电话，可以是接电话的人主动说"Hello, this is … speaking."，也可以是打电话的人先说"Hello, is that … speaking?"。在例（7-2）中，S49 说完 Hello 后，出现了无声小停顿，在 T2 回应了 hello 后在第 3 行进行了接续，完成了电话惯例语。第 3 行的填充停顿 en 为困难型语用非流利，暗示 S49 在提取这一电话惯例语时遇到了困难，但最终提取成功，说明 S49 具有这一电话惯例语的语用知识。

随后 S49 准备实施请求言语行为，邀请 T2 担任英语演讲比赛的评委。需求性陈述是实施请求言语行为的一种常用策略，用以陈述请求的原因或理由。S49 显然具有这一语用知识。不过，S49 在产出这一策略的具体内容时在第 6 行和第 8 行的话语中出现了填充停顿 en 和 er，随后伴随无声停顿。此处具体的原因属于信息类，对于 S49 来说，不属于产出困难。因此，这两行出现的填充停顿均为策略型语用非流利，即 S49 用来引出请求内容而采取的策略。

从语用能力习得的视角来看，无论是对电话惯例语还是请求策略，学习者都具有相应的语用知识，且最终均产出了恰当的语用表现。在电话惯例语中，语用非流利填充停顿 en 一方面提示学习者遇到了语用困难，另一方面可看做学习者语用意识的体现，即学习者知道用英语打电话有固定的程式，并为此付出了努力，且最终将语用知识成功转化为恰当的语用表现，交际意图得以实现。在实施请求言语行为中，语用非流利填充停顿 en 和 er 是 S49 有意识采取的交际策略。

例（7-2）说明学习者具有相应的语用语言知识，并且最终成功地转化为语用表现。语用非流利填充停顿 en 和 er 在其中的作用不言而喻：可以为交际者提取出合适的语用知识赢得时间，同时缓解尴尬的气氛。也就是说，语用非流利是语用知识转化为语用表现及语用语言能力的外在提示器。

7.4.2　语用非流利体现社交语用能力

社交语用能力指基于社会-文化因素的考虑进行得体交际的能力，主要包括对面子需求的考虑、对礼貌的表达、对态度或情感的传达与识别、对语体正式程度的把握等方面。也就是说，说话人能够根据交际对象的身份、地位、权势等产出适切话语的能力（Thomas，1983；何自然和陈新仁，2004）。各种非流利标记在社交语用能力中充当言语行为的修饰语、加强语或缓和语，在交际中起着重要的作用。下面以请求言语行为为例。

请求通常被认为是威胁听话人面子和行为自由的言语行为（Brown & Levinson，1978）。为了减缓对听话人的面子威胁，说话人在实施请求言语行为时往往会采取相应的策略。布鲁姆-库尔卡等（Blum-Kulka et al.，1989）将请求策略分为 3 种策略类型（直接策略、规约性间接策略和非规约性间接策略）和 9 种策略形式（语气引导型、显性施为动词型、隐形施为动词型、义务陈述型、需要陈述型、建议表达型、探询型、强暗示型和弱暗示型）。他们认为，在请求言语行为实施过程中所有语言都使用相似的语用策略类型，只是在不同语境中学习者对礼貌价值观和言语行为直接程度感知的不同，导致使用不同的语用策略形式，这种选择带有明显的社会文化烙印。

(7-3)【学生 S2 打电话邀请老师 T1 担任英语演讲比赛的评委。】

    1 S2: Good morning, Mr. Aven.

    2 T1: Morning, Steve.

    3 S2: En, how are you doing?

    4 T1: Oh, I'm fine. Thank you.

    5 S2: <u>(2.44) Ahn <UFP/FP1><PD2><CIP1></u> can you do me a favor?

    6 T1: Sure, how can I help you?

    7 S2: <u>Er (...) <FP1/UFP><SPD><CM3></u> we have an English contest next Monday

    8   and I wish you could be our judge.

    9   and <u>er <FP2><SPD><CM1></u> could you (...) just do me the favor?

    10 T1: Yeah, sure. But you first need tell me when and where so I can check my schedule, right?

（G1-2F-TS-2）

    无论是在英语还是汉语中，规约性间接策略被认为是最礼貌的，因为它给被请求者留有余地，不"强加于人"（Blum-Kulka et al.，1989）。在请求者认为自己身份地位低于被请求者时，尤为如此。例（7-3）为师生对话，S2 想邀请 T1 担任演讲比赛的评委。由于请求的对象是老师，为了表达礼貌和缓和对对方面子的威胁，S2 先后采用了探询型"can you do me a favor?"和需要陈述型（第 7、8 行）两种策略形式来实施请求言语行为，并且又重复了一次探询型策略形式（第 9 行）。但无论是哪种策略形式，S2 均使用了填充停顿。这说明语用非流利可以引出后续规约表达的指示词，甚至成为请求策略的一部分。

(7-4)【S65 获得了英语演讲比赛的冠军，S64 是她的同班同学，前来恭贺并向她请教练习英语口语的方法。】

    1 S64: Congratulations! (...) You won a prize again! I'm so proud of you.

    2 S65: Thank you:.

    3 S64: (...) But actually I'm a little sad.

    4 S65: (...) Why?

    5 S64: <u>@@ <LF><SPD><IP3></u>

6 S65: You sad about what? <u>About my (1.11)?</u> <UFP><SPD> <CM1/IP2>

7 S64: No, no, no, (…) because you know

8　　my oral English is always poor. I'm so worried about it. I want to improve it,

9　　but (…) I don't know how (…) yeah (…) How do you study English so well?

10 S65: <u>(2.51)</u> <UFP><SPD><IP1> Can I say it's a gift? @@@ <LF><SPD><IP3>

11 S64: Oh! <u>(1.19)</u> <UFP><DPD2><CIP1>

12 S65: Er [I'm kidding], I'm kidding.

13 S64: 　　[Oh, my God!] How can I do it?

14 S65: (2.482) En, (…)

15 S64: Don't kid me. Just tell me the secrets, tell me the secrets.

16 S65: (1.947) Yeah, <u>(2.712)</u> <UFP><SPD><CM1> you know

17　　English learning is process of (1.976) accumulation. So (…)

18 S64: Yeah.

19 S65: Just like Rome isn't built one day, you need (3.506) perseverance in (…)

20　　studying and speaking English (…) every day.

（G3-2F-SS-4）

当交际双方身份、地位相当时，通常使用直接策略进行请求。在例（7-4）中，S65 获得了英语演讲比赛的冠军，S64 是她的同班同学，前来恭贺并向她请教练习英语口语的方法。由于两人是同学关系，社会权势和社交距离基本对等，S64 直接向 S65 请教"How can I do it?"，并用祈使句向她提出请求"Just tell me the secrets, tell me the secrets."，tell me the secrets 的重复使用看似给对方带来了压迫感，但 S64 和 S65 均并未因此觉得这一话语不礼貌。重复起到了强调的作用，凸显了 S64 的急切心情。她们是同学、好朋友，从对话的前文可以看出，两者经常开玩笑。由于都是女生，此处的重复略含撒娇的意味。

另外，说话人在传达命题内容的同时，还可能会表达自己对命题内容的态度或立场，这对于听话人获取说话人的交际意图十分重要（Bachman & Palmer，1996）。

（7-5）【Alina 十分不喜欢某个阿姨的女儿 Cassandra，她同朋友 Lenore 的谈话中多次表现出了对 Cassandra 的厌恶之情。她提到有一次听说 Cassandra 又来自己家做客时的情景。】

　　　　1 Alina: (...) (H) So the first thing, I get inside the house, and there's Cassandra,
　　　　2　　　　jumping up and down.
→　　3　　　　<u>Jump, jump, jump, jump, jump, jump, jump.</u>
　　　　　<RT><SPD><IP1>
　　　　4　　　　<VOX And I grabbed her, and held her [down,
　　　　5 Lenore:　　　　　　　　　　　　　　　　[@@@]
　　　　6 Alina: and I go.]
　　　　7 Lenore: @@@@
　　　　8 Alina: listen you little p=iss ass, (...) this is my house,
　　　　9　　　　and today you are not going to jump.
　　　　10　　　　Today you're gonna act like a h=uman. You got that VOX>?

　　　　　　　　　　　　　　　　　　　　　　　　　　　　（SBC006）

　　在例（7-5）中，Alina 描述了 Cassandra 在自己家做客时的行为，说她"上蹦下跳"，并重复使用了 7 个 jump（第 3 行）来表达自己的厌恶、愤怒之情。这从第 4、6、8～10 行她使用的话语及语调可以得到验证。说话人这种标识自我情感、态度的能力是社交语用能力的有机组成部分（陈新仁，2009）。这种标识多数情况下会通过语用非流利重复、修正等实现。

7.4.3　语用非流利体现会话组织能力

　　会话分析为语用学研究提供了新的视角。萨克斯等（Sacks et al.，1974）提出的话轮转换机制，为分析和理解日常会话提供了理论基础。说话人掌握话轮转换规则、进行话题转换等会话技巧的能力，体现了其会话组织能力。陈新仁（2009）明确将会话组织能力纳入整个语用能力分析框架之中，填补了以往分析框架的不足。虽然大部分语用学教材和研究都将会话分析界定为语用学的主要内容和研究方法之一，但以前关于语用能力的分析框架中都没有明确会话组织能力在语用能力中的具体位置。"陈新仁的分析框架在区分会话组织能力和篇章组织能力的基础上，指出二者均为语篇组织能力的有机组成部分，且语篇组织能力是语用能力的四大分析维度之一，为以后语际语用学中与会话或篇章分析相关的研究提供了分析视角与依

据。"（李民和肖雁，2012：54）

陈新仁（2009）将会话组织能力分为三部分：话轮操控（如起始、转换、维持、交接、结束）的能力、会话调整（如修正、重述、增量语的使用等）的能力、话题掌控（如话题的选择、维持、转换等）的能力等。可以看出，修正、重复等非流利标记在会话组织能力中起着至关重要的作用。卡斯珀（Kasper，2006）更是认为，非流利可以操控话轮、调整会话，体现了交际者的互动参与能力。"话轮内部的非流利特征如延迟、错误启动、回溯等，可以反映受试者能否流利地转换话轮。"（Youn，2015：9）可见，语用非流利是会话组织能力的重要体现形式之一。

我们在第 5 章讨论语用非流利的交际功能时提到，会话组织调整功能主要通过非流利标记进行会话组织与管理，体现在话轮管理和话题掌控两方面（卢加伟和陈新仁，2019）。此处的话轮管理与上述陈新仁（2009）会话组织能力中的话轮操控和会话调整一致，因此，本书中语用非流利的会话组织能力包括话轮管理能力和话题掌控能力两部分。

话轮管理就是对会话的整个过程，包括起始、发展以及结束进行操控和调整。会话的过程总是充满了各种不确定性，不一定按照说话人预先设计好的那样进行，如可能出现的思维中断、犹豫、沉默甚至是话语冲突等，说话人会根据情况进行相应的调整。这些不确定性及其相应的调整通常都会在话语产出过程中留下痕迹，而各种非流利标记就是其中最常见的形式之一。也就是说，语用非流利可以用来进行话轮管理，包括话轮启动、转换、维持以及结束等。

语用非流利标记中用来进行话轮管理的主要是填充停顿，包括语用标记语如 you know、well、I mean 等，以及无词汇意义的语音填充 er、en、ahn 等。这些填充语可以出现在话轮转换处，用来回应之前话轮或引出新话轮；也可以出现在话轮内部，用以维持话轮。

（7-6）【Alina 和 Lenore 是一对姐妹，两人闲聊时提到了偷收音机的 Mike。】

       1 Alina: [Well you know], remember Tyke? .. Lived next door to Mom?

       2 Lenore: (...) Yeah=.

       3 Alina: (…) Okay. .. Two weeks ago I'm watching TV,

       4   (…) and David Horowitz was going to have, this former car (...) radio thief on.

5 Lenore: (...) It's her boyfriend?

6 Alina: (…) Yeah, her ex-boyfriend. (...) Mike.

7 (...) He's the one that stole this radio.

8 Lenore: (…) How do you know?

9 Alina: <u>Well,</u> (…) cause <u>well</u>, (...) he – (...) he was a cocaine addict. So he's talking about,

10 he – <u>you know</u>, he's, yeah, he's gonna show us, (...) <u>you know</u>, how X not X.

（SBC006）

第 1 行为整个会话的开始，Alina 使用了 well 和 you know 两个语用标记语来引起 Lenore 的注意，从而启动话轮的同时也引出了谈论的话题，即 Mike 偷收音机这件事。第 9 行第一个 well 出现在话轮转换处，用来回应 Lenore 的疑问"你怎么知道是 Mike 偷的"；第二个 well 和第 11 行的两个 you know 都处在话轮内部，用来维持话轮，解释她是如何知道是 Mike 偷了收音机：因为 Mike 是个瘾君子，正是他自己告诉其他人他所做的一些事情，偷收音机是其中一件。例（7-6）中这些标记语的使用，一方面调控着话轮的起始、转换，另一方面也引导着话题的讨论不断深入。

一般情况下，会话开始的标记语既是话轮的启动者，也是话题的启动者。出现在会话过程中的标记语，多起到引出或转换话题的作用。如例（7-7）中，医生 Breed 在和病人 Darren 打过招呼后，用 well 引出话题，主动询问有关情况。

（7-7）【医生 Breed 在给病人 Darren 做检查前的闲聊。】

1 Breed: (...) Hey man.

2 Darren: Hey.

3 Breed: (...) Good to see you, @@

4 (...) <u>we=ll</u>, <FP2>

5 (...) I see you went ahead with your plans to do a little skiing there?

6 Darren: (...) I did. @@

7 Breed: <u>We=ll</u>, <FP2> I'm glad you didn't hurt yourself too bad.

8 Darren: Me too.

（SBC046）

在外语会话中，能否熟练掌握和使用这些语用标记语是会话组织能力高低的重要体现。有些学习者能较好地使用这些语用标记语来调控话轮和话题。

（7-8）【学生 S72 是班长，想邀请同学们参加圣诞晚会的节目表演。】

　　1　S72: <u>You know <FP2></u>,

　　2　　　our (…) our class will hold a Christmas party.

　　3　　　So I want to invite you three to join us and play performances on the stage.

　　4　　　Would you like to go?

（G3-4F-SS-7）

you know 的语用功能非常强大，可以用在话轮管理和话题掌控的任何环节。也就是说，它可以启动、更改、维持甚至结束话轮和话题。此外，它还具有拉近交际双方心理距离的人际功能。如在例（7-8）中，S72 是班长，想邀请同学们参加圣诞晚会的节目表演。事实上，这是一个请求言语行为。S72 使用 you know 启动话轮并在随后提出话题。

还有一类无词汇意义的语音填充。由于这些语音填充不具有任何词汇意义，交际对方很难从这些片段中推测出更多的信息。但在美国英语本族语者看来，无词汇意义的语音填充一般暗示的都是一些消极信息，如思维中断、语言障碍或面子损害等。不过，在中国英语学习者会话语料中，这些语言片段似乎不再附有"积极"或"消极"的烙印。语料显示，此种类型的语用非流利多出现在话轮起始处和转换处，作为一种表达或应答标记，起到会话组织调整的功能，但也仅仅是具有话轮管理的作用，并不附带任何额外意义。并且，有意思的是，学习者即使在实施一种对对方有益的言语行为时（如邀请），他们仍然使用 en 或 er 来启动话题，使得该行为在本族语者看来显得不太真诚。另外，虽然学习者话语中的无词汇意义的语音填充具有一定的交际功能，但由于无词汇意义的语音填充"大而全"的形象，使得其语用含义晦涩不明。

（7-9）【学生 S50 打电话邀请老师 T2 参加自己的生日聚会。】

　　1　S50: (2.68) Hello.

　　2　T2: Hello.

　　3　S50: Hello. You are professor Tom? ↗

　　4　T2: Yes, speaking please.

5 S50: (...) <u>En <FP1></u>, this is Jackson (…) And <u>er <FP2></u> how are you doing?

6 T2: (...) Great. How are you doing Jackson?

7 S50: (1.06) Yes. I'm pretty well. <u>(...) En (...) <UFP/FP1/UFP></u> Are you available this Saturday?(...)

8 T2: Ah, this Saturday? Let me see (...) Yeah, I think I am free. So (...) how can I help you?

9 S50: (1.5) <u>En (...) en (...) <FP1/UFP/FP1/UFP></u> this Saturday is my birthday.

10 T2: [Oh.

11 S50: [And I'd like to invite you to my (…) to my birthday party.

（G3-2T-TS-4）

在例（7-9）中，S50 其实是在实施邀请言语行为，请 T2 参加自己的生日聚会。第 5 行前一句为电话惯例语，后一句为寒暄语。对多数学习者来说，这两种行为应该是较为熟悉的，但 S50 却分别使用了 en 和 er 两个语音填充。事后访谈得知，S50 对电话惯例语和寒暄语的使用不熟练，出现了语用提取困难。第 7、9 和 11 行为 S50 实施邀请言语行为的过程。这本是一个惠及 T2 的言语行为，但 S50 却用了 3 个 en 来提出，似有不诚意之嫌。仔细考查发现，S50 似乎在用 en 来回应话轮、引出话题、维持话轮，同时赢得时间来组织话语表达，以更礼貌的方式来邀请 T2。但可惜的是，S50 并不清楚，这些无任何意义的语音填充在美国英语本族语者看来，通常是一种消极行为的体现。

可见，听话人为了理解无任何意义的语音填充所要传递的信息，需要依赖更多语境，付出更多语用努力，但这又与话语产出与理解的经济原则相悖。因此，同语言非流利研究的结论一样，本书认为，无词汇意义的语音填充是一种不地道的语用填充方式。但令人遗憾的是，中国英语学习者在此类非流利标记的使用频率上远远高于其他标记，占了纯语流延迟类语用非流利标记的一半以上，这说明中国英语学习者的语用语言知识还较为匮乏，语用水平提升空间还很大。

7.4.4　语用非流利体现语用认知能力

语用认知能力指在话语表达和理解中提供或捕捉最佳关联的能力，主要包括会话含意的推理、预设的把握、话语标记语的掌握以及在常规情况下使用简洁的语言表达方式以便减轻话语的处理负担等。

关联理论认为,人们在交际过程中总是会对交际对象的认知能力和语境资源做出某种假设,并据此选择合适的话语(冉永平,2004),保证"对方在处理自己的话语时不会为获得预期的语境效果而付出不必要的努力"(陈新仁,2004:48),从而产出具备最佳关联的话语。说话人可以从两个方面来实现此目的:一是根据对方的认知能力和语境资源调整自己的话语内容或话语方式;二是通过使用话语标记语等手段来提示命题之间的关系,降低话语的处理难度。

需要指出的是,日常会话大多是快速的、无准备的言语互动,说话人往往还没有来得及根据语境因素将相关的概念表达组织好,就不得不接过话语权,这可能导致说话人对听话人的认知语境做出错误的推测,从而出现说出的话语关联性较弱的情况。此时,说话人通常会对自己刚刚产出的话语进行调整,使话语具备最佳关联,调整的形式之一便是语用非流利。请看例(7-10)。

(7-10)【一个 13 岁的小女孩(Tyke)找了一个 26 岁的男朋友。Alina 提到此事时,做出如下评论。】

　　　 1 Alina: They all live down like in Del Mar.

　　　 2　　　(…) Super ritzy area.

　　　　　　　　　　　　　　　　　　　　　　　　(SBC0006)

在例(7-10)中,说话人 Alina 在第 1 行指出,那个小女孩和她的男朋友好像生活在 Del Mar 这个地方。经过短暂停顿后,Alina 觉得听话人可能不知道 Del Mar 到底是个什么地方,因此不易产生自己预期的语境效果,从而影响自己意图的传达。基于对听话人认知语境的这种评估,说话人在第 2 行以停顿加替换的方式对第 1 行话语中的 Del Mar 做了进一步解释、说明,指出 Del Mar 是一个超级时髦的地方。通过第 2 行中的话语,听话人即使不知道 Del Mar 这个地方,也能推测出 Alina 的会话意图,即该小女孩和她的男朋友很时髦(这里指年龄差异太大)。通过这种方式,说话人使自己的话语在当前语境下具备了最佳关联。

7.5　语用非流利与二语语用发展的关系:定量探讨

7.4 节我们从理论上论证了语用非流利与二语语用发展之间的内在联

系。那么,这种关系是如何体现在语用非流利的标记、类别与功能上的呢?困难型语用非流利和策略型语用非流利的使用是如何反映学习者的语用能力的?语用能力低的学习者是否会出现较多的困难型语用非流利现象或使用较少的策略型语用非流利?语用能力较高的学习者是否会出现较少的困难型语用非流利现象而使用较多的策略型语用非流利?不同语用水平的学习者的语用非流利各功能的实现情况如何?下面,我们通过实证调查定量探讨语用非流利的使用与二语语用能力发展之间的关系。

7.5.1 语用非流利与二语语用能力关系的总体趋势

表 7-4 为 78 名中国英语学习者语用能力测试结果的描述性统计数据。可以看出,中国英语学习者总体语用能力水平并不理想,平均值仅为 66.77 分。具体来看,中国英语学习者语用知识的均值为 19.15 分,较为接近满分 25 分;语用意识和语用表现与其各自满分值分别相差将近 13 分和 15 分。这似乎说明,即使中国英语学习者掌握了一定的语用知识,但由于语用意识程度不高,导致语用知识无法转换成语用表现。如在语用意识测试中,当问到"在用英语请求或拒绝他人时,你会先考虑对方的身份地位,然后选择合适的语言形式和表达策略吗",有中国英语学习者回答道"没有,当时只想着英语单词怎么说了"。

表 7-4　语用能力测试结果的描述性统计数据　　（单位：分）

统计量	语用能力			
	语用知识	语用意识	语用表现	总体语用能力
分值（总分）	25	35	40	100
均值	19.15	22.56	25.06	66.77
百分制成绩	76.60	64.46	62.65	—
中值	20.00	26.00	25.00	71.00
众数	20.00	30.00	22.00	72.00
方差	7.43	31.71	27.98	67.12
极小值	12.50	10.00	14.00	36.50
极大值	25.00	33.00	38.00	96.00

为便于比较,我们将这三项成绩换算成了百分制,见表 7-4 百分制成绩一行。可以看出,语用知识的得分最高,其次是语用意识,最后是语用表现。也就是说,受试者的最终语用表现并不好。如前所述,语用知识是

语用能力的基础，如果没有一定量的语用知识，语用意识再高，也无法凭空产出合适的表现；但即使有相当量的语用知识，如果语用意识不强，交际时提取不出来，也无法产出恰当的语用表现。从表 7-4 可以看出，一方面，受试者的语用知识并不是特别丰富，部分受试者甚至连英汉语之间打招呼的差异都不清楚；另一方面，受试者的语用意识也比较薄弱，导致语用表现的表现并不理想①。

　　为了详细考察语用非流利的使用与二语语用能力之间的关系，我们根据所获得的学习者语用能力评估数据，将 78 名学习者分为语用能力低水平组和语用能力高水平组，其中排名约前 40%为语用能力高水平组（包括 70 分及以上成绩者），其余为语用能力低水平组（70 分以下成绩者），详见表 7-5。独立样本 T 检验表明，两组学习者在语用能力水平上存在显著性差异（T=-11.755，p=0.000<0.001），分组有效。

　　表 7-5 表明，两组学习者在语用知识方面相差不大，平均分只有不到 3 分的差异；在语用意识和语用表现上差异较大，平均分分别有约 8 分和 6 分的差异。这说明语用水平较高的学习者语用意识更强，语用表现更恰当。这一发现进一步验证了"语用意识是连接语用输入和语用输出的桥梁，贯穿整个学习过程"（卢加伟，2015b：31）以及"在语用意识层面上，交际者能够全面掌控语用知识的习得与激活以及调控语用表现所涉及的所有认知机制和手段"。（卢加伟，2014a：36）也就是说，学习者语用水平的高低，在很大程度上取决于交际者是否具有较强的语用意识。

表 7-5　不同语用水平组学习者语用能力总体情况

语用能力	语用能力分组	人数（名）	均值	标准差
语用知识	低水平组	47	18.0426	2.69829
	高水平组	31	20.8226	1.75854
语用意识	低水平组	47	19.2979	3.92270
	高水平组	31	27.5161	2.88526

---

①　其实，还有另一种可能：语用迁移的影响。它包括对语用知识的评估内容和评判标准，本书仍以美国英语本族语者的产出为标准。所以，如果出现语用迁移，可能判分就比较低甚至零分。实际上，对二语语用知识和语用表现的评判正在发生着一定的变化，如"吃了吗？"为常见的中国人打招呼方式，以前如果我们用英语跟本族语者说"Have you eaten?"，他们可能认为你真的在问对方吃了饭了没。但如果我们现在再这样说，对于有些本族语者来说，可能就会明白这是中国人的打招呼的方式，而不会认为你的语用能力弱。尤其是在倡导中国文化走出去、争取国际话语权的背景下，这种类型的语用迁移对语用能力的影响是消极的还是积极的，有待进一步讨论。

续表

语用能力	语用能力分组	人数（名）	均值	标准差
语用表现	低水平组	47	22.6809	4.30927
	高水平组	31	28.6774	4.57812
总体语用能力	低水平组	47	60.0213	6.76304
	高水平组	31	77.0161	5.88428

"语用意识是语用能力概念系统的组织者，是典型的认知过程，要求交际者对语言运用的规则及交际实现过程有清晰、深刻的认识。"（卢加伟，2015b：31）在这一过程中，无论是对语用输入的调控还是对语用输出的调控，都需要一定的时间，有时可能就会出现非流利现象。勒韦（Levelt，1983）以及科尔莫什（Kormos，2000）认为，这种非流利现象的出现有可能是说话人在进行自我修正，主要是错误修正和恰当性修正。恰当性修正是指说话人意识到虽然所要传递的信息是准确的，但为了最佳关联交际，达到语境效果，需要对话语表达进行修补（Levelt，1983）。寻求最佳关联，则是语用意识的内在要求。

下面，本书来详细考察语用非流利与二语语用能力之间的关系。首先来看不同语用水平的学习者语用非流利标记的使用情况，然后考察语用非流利原因类别与二语语用能力之间的关系，最后讨论不同语用水平的学习者会话中语用非流利交际功能的产出情况。

7.5.2　语用非流利标记的使用情况与二语语用能力

如前所述，语用非流利标记本身可以是语用知识的一部分，可以揭示学习者对相关语言资源的习得和使用情况，直接或间接体现语用能力。那么，不同类型的语用非流利标记在不同语用水平的学习者话语中的出现频率如何？即它们是否会对学习者的二语语用发展产生影响？表 7-6 为不同语用水平的学习者不同类型语用非流利标记的使用频次。

表 7-6　不同语用水平的学习者不同类型语用非流利标记的使用频次

（单位：次）

语用非流利类别	语用能力分组		合计
	低水平组	高水平组	
纯语流延迟类	169	105	274
话语修正类	20	37	57
合计	189	142	331

表 7-7 皮尔逊卡方值表明，不同语用水平的学习者在语用非流利标记的使用上存在显著性差异（χ^2=13.620，p=0.000<0.001）。从表 7-6 的描述性数据来看，差异主要体现在低水平组纯语流延迟类语用非流利标记的使用频次（169 次）高于高水平组的使用频次（105 次），而话语修正类语用非流利标记的使用频次（20 次）则低于高水平组的使用频次（37 次）。这似乎意味着语用能力较低的学习者很少进行话语修正，使用非流利仅仅是为了语流延迟，缓解言语输出压力。在对部分受试进行访谈时，他们表示"不想犯错误，尽量想一次就说对"，"之所以停顿是因为暂时还没有找到合适的表达"。这种现象更多的是一种心理暗示，也说明受试者可能对语用知识掌握不熟悉，但其语用意识还是较高的。相比而言，语用能力较高的学习者会对自己的话语进行适当的调整或修正，包括恰当层次修正、连贯性修正、语言质量修正以及实用性修正等，以更好地达到交际目的。实用性修正指的是说话人根据语境进行修正；语言质量修正是指说话人根据自己语言掌握的程度，关注到词汇运用的层面，选择更加精练或复杂的表达方式（Levelt，1983）。这一现象也可从对受试者的访谈中看出一二："尤其是在选择使用哪个单词时最纠结。"

表 7-7　语用非流利标记使用与语用能力交叉列联表卡方检验

项目	值	df	渐进 Sig.（双侧）	精确 Sig.（双侧）	精确 Sig.（单侧）
Pearson 卡方	13.620[a]	1	0.000	—	—
连续校正[b]	12.556	1	0.000	—	—
似然比	13.540	1	0.000	—	—
Fisher 的精确检验	—	—	—	0.000	0.000
线性和线性组合	13.579	1	0.000	—	—
有效案例中的 N	331	—	—	—	—

注：a. 0 单元格（0.0%）的期望计数少于 5。最小期望计数为 24.45。b. 仅对 2×2 表计算。

下面，我们详细看一下，不同语用水平的学习者在具体非流利标记的使用上有何异同。纯语流延迟类语用非流利标记主要包括无声停顿、语音填充、语用标记语、笑声填充和重复等。表 7-8 为不同语用水平的中国英语学习者纯语流延迟类语用非流利的使用情况。

列联表卡方检验表明，语用能力低水平组和语用能力高水平组在纯语流延迟类语用非流利标记的使用上存在显著性差异（χ^2=27.497，p=0.000<0.001）。从描述性数据来看，语用能力低水平组使用语音填充的频率最高（37%），其次是无声停顿（25%）和语用标记语（21%），最

后是重复（13%）和笑声填充（4%）。语用能力高水平组使用频率最高的
非流利标记为语用标记语，频率高达 49%，几乎达到纯语流延迟类语用非
流利标记的一半，其次是语音填充（26%），然后是无声停顿（10%）和
重复（10%），最后是笑声填充（5%）。

表 7-8　不同语用水平的中国英语学习者纯语流延迟类语用非流利的使用情况

语用能力分组	非流利标记类别					合计
	无声停顿	语音填充	语用标记语	笑声填充	重复	
低水平组（次）	43	62	35	7	22	169
百分比（%）	25	37	21	4	13	100
高水平组（次）	10	28	51	6	10	105
百分比（%）	10	26	49	5	10	100
合计	53	90	86	13	32	274

　　语用标记语本身具有一定的语用意义与功能，熟练地使用这些标记语
是语用能力的重要表现之一。从获得的数据来看，语用能力高水平组在这
些语用标记语的使用上表现确实好于语用能力低水平者，而且，他们使用
语用标记语的类别相对也很丰富，最常见的是 you know 和 well，其次是
so、and、yeah 等。可以说，语用标记语使用越多，语用能力越强。

（7-11）【学生 S48（Anny）想邀请老师 T2（Qiao）担任即将举行的
　　　　英语演讲比赛的评委。】
　　　1 T2: Hello, Anny, thank you for calling. So how can I help you?
　　　2 S48: (1.4) Er well <FP2><SPD><CM1/IP3> I wonder if you could
　　　　do me a favor?
　　　3 T2: (...) Yeah, sure. So what's it about?
　　　4 S48: (1.32) Er you know <FP2><SPD><CM1/IP2> we are going to
　　　　have an English
　　　5　　　　speech contest this Friday afternoon, and I want you to be
　　　　one of our judges.

（G3-2T-TS-2）

　　在例（7-11）中，S48 在对 T2 实施一项威胁对方面子的请求行为。为
了缓和对对方面子的威胁程度，S48 使用了 well 这一功能强大的语用标记
语，并使用了实施请求的常规英语表达 "I wonder if you could do me a

favor?"。这是一个比较标准的英语请求话语。在说出具体的请求内容时，使用了情感互动性较强的语用标记语 you know，进一步拉近了与 T2 的心理距离，使得请求行为成功的可能性大增。在语用意识测试中，针对第 4 题"在用英语请求或拒绝他人时，你会先考虑对方的身份地位，然后选择合适的语言形式和表达策略吗"，S48 回答道："会考虑。要尊老爱幼。对长辈和领导说话要客气。也会考虑使用不同的英语表达。但有时候，不知道哪些是对的，只能使用一些比较保险的，老师在课堂上讲过的。"可见，语用水平较高的学习者，不仅语用意识强，也有相应的语用知识，恰当的语用表现也就可期了。

值得关注的是，在语用水平较低的学习者话语中，语用标记语的使用频率也达到了 21%，说明学习者还是习得了相应的语用标记语。但遗憾的是，他们使用较多的是 and、so 等语用含义不那么明晰的标记语，well 和 you know 等具有丰富语用意义的标记语的使用频率较低。表 7-5 的语用能力测试结果表明，低水平组在语用知识的得分上与高水平组之间并没有显著性差异。这就值得深思了：既然大家的语用知识相似，为何在这些语用标记语的使用上却表现出了显著性差异呢？显然此时并不能用语用意识来解释了，因为既然学习者知道使用 and 和 so 等语用标记语，那就说明他们是具有相应语用意识的。一个合理的解释恐怕与使用频次相关：埃利斯（Ellis，2002）认为，对某一语言项目的反复操作可以使语言知识强化，从而使学习者对知识体系形成长期记忆；内申（Nation，1989）在检测口语产出的流利度和准确度时证明，口语水平随着复述次数的增加而提高。对 well 以及 you know 等语用标记语来说，学习者需要不断地增加使用频次，反复使用，体会其丰富的语用含义，进而提高自己的语用能力。

无词汇意义的语音填充是一些本身没有任何词汇意义的语音填充。语用性质的语音填充是说话人在考虑相关语用因素时产出的，用以赢得时间或者表达相应语用含义，它们的语境依赖性极强，语用意义具有不确定性，在很大程度上要靠交际对方去识别与理解，往往提示了交际者的语用能力不强。数据也表明，这类标记语在低水平组会话语料中出现的频率最高，达到了 37%。

（7-12）【学生 S47 打电话邀请老师 T2 参加他的生日聚会。】

　　1 S47: (…) Er, hello Mr. Qiao. How are you doing?

　　2 T2: 　(…) Hello, I'm doing good. (1) How are you doing?

　　3 S47: (…) I'm fine. (1.13) <u>En, \<FP1\>\<SPD\>\<CM1/IP3\></u>

4   I'm calling to see if (…) whether you are free this weekend.

5 T2:   (…) Ahn this weekend? (…) [Yeah] I guess so.

6 S47:   [Yeah]

7 T2:   So (…) what's that about?

8 S47:   (…) Ahn (1.95), <FP1/UFP><DPD1><CIP1> if you're free,
        that's great.

9   [Would] you be interested in coming to my birthday party?

10 T2:   [Enhen] (1.19) Great. So you are celebrating your birthday,
        (…)   [this weekend?]

11 S47:   [Yeah, (…) yes.

12 T2:   Oh, [great.

（G3-2T-TS-1）

在例（7-12）对话中，交际双方相互打过招呼后，S47 准备实施邀请言语行为（第 3 行）。在 1.13 秒的无声大停顿之后，是一个无词汇意义的语音填充 en。据参与者 S47 说："我主要是觉得前面停的时间太长了，不能一直不说话，有声音总比没声音好，我们都是这样。"可见，此处的 en 是说话人故意发出的，目的是维持自己的话轮，缓和尴尬气氛，并拖延时间以便自己尽快想出相应表达。第 8 行中的 ahn 也是为说话人赢得时间想出实施邀请行为的恰当表达。

但这些没有词汇意义的语音填充，如果没有其他暗示或相关语境信息，交际对方很难获得类似 S47 自述的那些信息，甚至有可能会认为说话人无话可说或语言能力不强。有时候这些策略会取得积极的效果，但多数情况下都是消极的效果，如第 8 行说话人 ahn 后产出的表达就不太地道。因为邀请是对对方有益的言语行为，不必拐弯抹角。有可能更糟的是，对于 T2 来说，结合 ahn 之后的无声停顿，S47 给人一种支支吾吾的感觉，他很可能误以为 S47 会实施一个对自己不利的言语行为。学习者本来想表达的积极性言语行为由于使用了无词汇意义的语音填充而有可能被对方误解。

另外一个值得注意的现象是，无词汇意义的语音填充在高水平组会话语料中所占比例也较高，仅次于语用标记语。对比来看，在低水平组会话语料中，这些无词汇意义的语音填充出现在话轮起始处的频率较高，其功能多是为了话轮掌控；在高水平组会话语料中，它们出现在话轮转换和话题转换处的频率较高，其功能多是为了话题掌控，有时也会传递一定的人际意义。

（7-13）【City A 最近雾霾严重，学生 S69、S70 和 S71 对此多有抱怨。】

1 S71: And we we can't see our money in our wallet.

2 S70: So what?

3 S69: Money? That is your eye problem.

4 S70: En <FP1><SPD><CM1> on the last week, on the last week Sunday morning

5　　I got up at 7, 7 a.m. to go to the class.

6　　And I can hardly see the, the, the er the roommate, the roommate with me.

7　　She is only 2 meters 2 meters with me. But I can't see her.

8 S69: Er <FP1><SPD><CM1> last week,

9　　when I planned to go shopping with a happy mood

10　　but when I got out of our er … dormitory, I can't see anything!

11　　En <FP1><SPD><CM1> I thought that our … er the building before us disappeared.

　　　　　　　　　　　　　　　　　　　　　　　　（G3-3F-SS-6）

在例（7-13）中，S70 和 S69 均为低语用水平学习者，两人使用了无词汇意义的语音填充 en 和 er 来接续他人话轮，S69 使用 en 来维持话轮。在例（7-14）中，S2 为高语用水平学习者，在 5、7 和 9 行使用了 ahn 和 er 两个语音填充，以缓和面子威胁，引出后面的请求言语行为。

（7-14）【学生 S2 打电话邀请老师 T1 担任英语演讲比赛的评委。】

1 S2: Good morning, Mr. Aven.

2 T1: Morning, Steve.

3 S2: En, how are you doing?

4 T1: Oh, I'm fine. Thank you.

5 S2: (2.44) Ahn <UFP/FP1><PD2><CIP1> can you do me a favor?

6 T1: Sure, how can I help you?

7 S2: Er (…) <FP1/UFP><SPD><CM3> we have an English contest next Monday

8　　and I wish you could be our judge.

9　　and er <FP2><SPD><CM1> could you … just do me the favor?

10 T1: Yeah, sure. But you first need tell me when and where so I can check my schedule, right?

（G1-2F-TS-2）

可以看出，无论语用水平高低，学习者使用的这些语音填充具有一定的交际功能，主要是会话组织。这也可以从另一个角度说明，学习者具有强烈的交际、表达意愿，即较高的语用意识，但缺少或提取不出相应的话语手段，只能使用这些无词汇意义的语音填充来赢得时间，同时表达一定的人际功能。再一次说明，中国英语学习者总体语用知识不丰富，在教学中应当引起高度重视。

另一点值得注意的是，类似 er、en 以及 ahn 等使用频次较高的语音填充，很有可能出现语用化现象，使某一语用功能固化，成为像 well 等真正的话语标记语（邱述德和孙麒，2011；张秀松，2019）。

7.5.3 语用非流利原因类别与二语语用能力

下面我们来看一看不同语用水平的中国英语学习者困难型语用非流利和策略型语用非流利的出现情况。按照二语语用发展的正常轨迹，语用水平越高，困难型语用非流利出现的频次越低，策略型语用非流利出现的频次越高；语用水平越低，困难型语用非流利出现的频次越高，策略型语用非流利出现的频次越低。

表 7-9 中的描述性数据基本印证了这一点：在 31 次困难型语用非流利中，高水平组话语中只出现了 10 次，而低水平组话语中出现了 21 次，前者比后者少了一倍。但令人意想不到的是，在 300 次策略型语用非流利中，高水平组话语中只出现了 144 次，甚至少于低水平组话语中的 156 次。

表 7-9 不同语用水平的中国英语学习者原因类别与语用非流利使用情况

（单位：次）

语用非流利类别	语用能力分组		合计
	低水平组	高水平组	
困难型语用非流利	21	10	31
策略型语用非流利	156	144	300
合计	177	154	331

列联表卡方检验也表明，高水平组和低水平组在语用非流利原因类别的出现频率总体上没有显著性差异（$\chi^2=2.799$，$p=0.094>0.05$）。表 7-10

"线性和线性组合"一行为卡方趋势检验结果是 $\chi^2=2.790$，$p=0.095>0.05$，差异没有统计学意义，说明语用水平与语用非流利原因类别之间没有线性相关关系，即困难型语用非流利或策略型语用非流利的出现频次不会因为语用水平的高低而增加或减少。

表 7-10　中国英语学习者语用水平与语用非流利原因类别列联表卡方检验

项目	值	df	渐进 Sig.（双侧）	精确 Sig.（双侧）	精确 Sig.（单侧）
Pearson 卡方	2.799[a]	1	0.094	—	—
连续校正[b]	2.202	1	0.138	—	—
似然比	2.870	1	0.090	—	—
Fisher 的精确检验	—	—	—	0.129	0.068
线性和线性组合	2.790	1	0.095	—	—
有效案例中的 N	331	—	—	—	—

注：a. 0 单元格（0.0%）的期望计数少于 5。最小期望计数为 14.42。b. 仅对 2×2 表计算。

这一结果与本书预先估计的并不相符，尤其是低水平组策略型语用非流利的出现频率竟然略高于高水平组。这似乎推翻了本书对学习者语用水平的分组。为了找出问题所在，下面详细考查困难型语用非流利和策略型语用非流利出现的详细情况。

困难型语用非流利主要表现为缺乏语用知识和语用提取困难两方面。表 7-11 为不同语用水平的中国英语学习者困难型语用非流利的使用情况。虽然列联表卡方检验表明两组学习者在困难型语用非流利出现频次总体上没有显著性差异（$\chi^2=0.797$，$p=0.372>0.05$），但表 7-9 的描述性数据表明，无论是缺乏语用知识还是语用提取困难，低水平组话语中两者的出现频次均高于高水平组。可见，语用水平较低的学习者不仅缺乏一定的语用知识，即使有了相应的语用知识，实际交际过程中出现提取困难的情况也比较频繁。对于语用水平较高的学习者来说，语用提取困难也很常见，10 处困难型语用非流利中，有 4 处是由于提取困难所致。

表 7-11　不同语用水平的中国英语学习者困难型语用非流利的使用情况

（单位：次）

困难型语用非流利	语用能力分组		合计
	低水平组	高水平组	
缺乏语用知识	9	6	15
语用提取困难	12	4	16
合计	21	10	31

结合表 7-6 和表 7-11 的数据，两组学习者在语用知识的习得上相差不大，那么困难型语用非流利出现的主要表现就在于提取困难。也就是说，学习者没能自如地将自己掌握的语用知识输出为恰当的语用表现。卢加伟（2015b：30）认为，"语用表现是以话语形式再现出来的认知语境，是对语用知识的认知处理，包括知识分析和语境关联与激活的过程"。在这一认知过程中，语用意识起着关键的桥梁作用。在语用意识层面上，交际者要能够全面掌控语用知识的习得与激活以及调控语用表现所涉及的所有认知机制和手段（卢加伟，2014a）。学习者困难型语用非流利的出现，一方面说明他们可能在知识分析或语境关联与激活的某个环节出了问题，另一方面也说明他们正在使用语用意识进行调控，语用非流利是认知调控的手段。困难型语用非流利作为提示语用能力高低的关键就看这种认知调控的效果如何：如果学习者通过语用非流利策略的认知调控最终产出了恰当的语用表现，那么，这种非流利就说明学习者的语用能力高；反之，则说明学习者的语用能力低。

（7-15）【学生 S48（Anny）想请老师 T2（Qiao）担任即将举行的英语演讲比赛的评委，下面是电话接通后两人的部分对话。】

> 1 S48: (4.29)
>
> 2 T2: Hello.
>
> 3 S48: (1.4) Hello. (H) (3.28) <UFP><DPD1><CIP1>
>
> 4 T2: Who is calling?
>
> 5 S48: (1.9) It's Anny, from Anny.
>
> 6 T2: Oh, hello Anny, how are you doing Anny?
>
> 7 S48: Er, oh, (3.12), er (…) <FP1/UFP/FP1/UFP><DPD2><CIP1>
>
> 8 T2: Hello, Anny, thank you for calling. So how can I help you?
>
> 9 S48: (1.4) Er well <FP2><SPD><CM1/IP3> I wonder if you could do me a favor?
>
> 10 T2: (...) Yeah, sure. So what's it about?

（G3-2T-TS-2）

在例（7-15）中，从整个会话尤其是第 9 行可以看出，S48 应该具有打电话和实施请求言语行为的基本语用知识，也具有一定的语用意识。但可惜的是，第 7 行 S48 使用了 er、oh、er 三个无词汇意义的语音填充和一个长达 3.12 秒的无声停顿，最终还是没有提取出打电话的相关语用知识，这是困难型语用非流利的表现。据 S48 所言，自己当时太紧张了，根本就没有考虑打电话的惯例语言，"因为我一直在想，这个[请老师当评委]，怎么跟老师说"。在例（7-2）中，S49 也是在打电话实施请求言语行为，他在第 3 行通过 en 所提取出来的"is that Nelson speaking?"并不是合适的电话开头用语，这也属于语用提取困难。可以看出，此处的填充停顿和无声停顿是受试者语用努力的体现，说明他在语用意识的调控下试图提取出相应的语用表达，虽然最后并没有成功。这两处困难型语用非流利的出现似乎说明学习者语用水平不高。

但其实，大部分情况下，语用提取困难只是暂时的，一旦提取出来，就不再是困难型语用非流利，而变成了策略型语用非流利。策略型语用非流利也是说话人有意识地产出，他们明确知道自己要表达什么样的命题内容，只是将非流利标记当成语用意识调控的策略资源，用以提取出合适的话语表达，达到特定的交际目的。

如例（7-15）第 9 行，S48 在老师的引导下，产出了一句非常地道的请求话语"Er well I wonder if you could do me a favor?"，结合之前的会话语境，这说明受试者一直处在语用意识的调控之下，即自己要用所学的语用知识实施恰当的请求言语行为。此处，er 和 well 就是策略资源，是语用意识调控取得成功的外在话语证据。

例（7-2）其实清晰地呈现出 S49 语用意识的调控过程。S49 实际上是在实施请求言语行为，从整个过程来看，他显然具有请求言语行为的相关语用知识，也具有相应的语用意识，并且也一直为达到最终的交际意图而做出意识调控。在第 6 行和第 8 行，S49 用两处语用标记语来提取表达请求的合适话语，而到第 11 行的时候，他突然发现，之前使用的 I like to invite you as en as a as the judge 似乎不是请求表达话语，而是邀请言语行为，显然并不合适，他一下子想起来其合适的表达应该是第 13 行的"Will you do me a favour?"，于是进行了替换修正。在这个过程中，en/er 以及无声停顿，甚至 ok 都被学习者当成话语调控的手段，成为语用意识调控过程的外显策略。

在上述两例中，同一受试者的同一场会话中，既出现了困难型语用非流利，又出现了策略型语用非流利，说明两者之间是相互交叉的。因此，我们不能简单地认为，困难型语用非流利的出现说明学习者语用能力水平不高，而能够使用策略型语用非流利就说明学习者语用水平高，还要具体情况具体分析。

7.5.4 语用非流利交际功能与二语语用能力

严格来讲，会话中任何形式的非流利现象都具有特殊的交际功能，哪怕是二语学习者话语中出现的磕磕绊绊的、看似体现口语水平不高的非流利现象，也具有提取时间、缓解言语输出压力的功能。除此之外，根据本书第 5 章的分析，中国英语学习者使用语用非流利还可以达到信息传递调节、会话组织调整以及人际关系调理的功能。下面，我们来考察一下语用非流利的三大言语功能与二语语用能力之间的关系。表 7-12 显示了不同二语语用水平的中国英语学习者语用非流利交际功能的实施情况。

表 7-12　不同二语语用水平的中国英语学习者语用非流利交际功能的实施情况

二语语用水平	交际功能			
	信息传递调节	会话组织调整	人际关系调理	合计
低水平组（次）	25	85	46	156
百分比（%）	16	54	30	100
高水平组（次）	35	71	69	175
百分比（%）	20	41	39	100
合计（次）	60	156	115	331

从组内对比来看，无论是低水平组学习者还是高水平组学习者，其利用语用非流利来实施会话组织调整的频率最高，其次是人际关系调理，最后是信息传递调节。这一趋势与语言水平和语用非流利交际功能之间体现出来的特征一致。也就是说，无论语用水平高低，他们都倾向于使用语用非流利来调整会话组织，较少进行信息传递调节，这也与美国英语本族语者的功能取向一致（表 5-1）。

从组间对比来看，表 7-13 的列联表卡方检验表明，不同二语语用水平的受试者在语用非流利三大交际功能的实施频次上具有显著性差异（$\chi^2=6.454$，$p=0.040<0.05$）。

表 7-13　语用水平与语用非流利交际功能列联表卡方检验

项目	值	df	渐进 Sig.（双侧）
Pearson 卡方	6.454[a]	2	0.040
似然比	6.473	2	0.039
线性和线性组合	0.584	1	0.445
有效案例中的 N	331	—	—

注：a. 0 单元格（0.0%）的期望计数少于 5。最小期望计数为 28.28。

　　结合表中的描述性数据，低水平组学习者使用语用非流利实施会话组织调整功能的频次显著性地高于高水平组学习者，而在信息传递调节和人际关系调理的功能上显著性地低于高水平组学习者。换句话说，语用水平较低的学习者倾向于使用语用非流利来组织会话，而语用水平较高的学习者倾向于使用语用非流利来调理人际关系。基于此，结合语用非流利中会话组织调整的总频次，我们可以进一步确认：语用非流利的基本功能是会话组织调整。数据表明，这种会话组织调整功能大多出现在会话或者话轮的开头，用以引出话轮或话题。对学习者的访谈进一步验证了这一点："我一般开头的时候会犹豫，出现停顿，因为不确定其他人要不要说。"

　　下面依据表 7-14 的数据详细看一下不同语用水平的中国英语学习者在语用非流利三大交际功能的实施上有何异同。

表 7-14　不同语用水平的中国英语学习者语用非流利交际功能的实施情况

语用能力分组	语用非流利交际功能							合计
	信息传递调节		会话组织调整		人际关系调理			
	选择命题表达方式	调整命题表达内容	话轮管理	话题掌控	表达情感态度	缓和面子威胁	体现互动理解	
低水平组（次）	11	14	48	43	12	14	20	162
百分比（%）	7	9	30	26	7	9	12	100
高水平组（次）	12	23	30	41	10	28	31	175
百分比（%）	7	13	17	23	6	16	18	100
合计（次）	23	37	78	84	22	42	51	337

　　从表 7-14 可以看出，在信息传递调节的两类次功能中，不同语用水平的学习者在选择命题表达方式上所占比例均为 7%，所占比例也比较低，差异主要体现在调整命题表达内容上。高水平组学习者更倾向于使用语用非流利来调整命题表达内容。实际上，他们所表达的信息内容除了传递客观信息之外，还可能含有某种特定的意图或情感。如在例（7-16）中，S69 和 S70 本来在讨论天气情况，第 4 行前半句 S70 还在感叹着天气的恶劣，但随后突然调整了命题表达的内容，转到了 800 米测试。显然，此处 S70 并不是想提醒大家今天还有 800 米测试，而是意在表达 800 米测试的可怕，再加上恶劣的天气，情况更加恐怖，也说明说话人的心情很糟糕。

（7-16）【学生 S69 和 S70 聊到了 City A 目前的天气情况。】

  1 S69: In the past days, en we (…) have experienced er (…) en (…)

  2   some bad days with er (…) foggy.

  3 S70: Yeah, it's very terrible.

  4 <u>What a terrible (…), the most terrible thing <DL><SPD><CIP2></u>

    is that

  5   we should run the 800m that day.

  6 S69: That let me er feel very er upset.

（G3-3F-SS-6）

  在会话组织调整的两类次功能的使用上，无论是话轮管理还是话题掌控，低水平组学习者的使用频率都远远高于高水平组学习者。低水平组学习者实施话轮管理功能的频次（30%）高于实施话题掌控功能的频次（26%）；高水平组学习者实施话轮管理功能的频次（17%）则低于实施话题掌控功能的频次（23%）。换句话说，低水平组学习者通常使用语用非流利来管理话轮，而高水平组学习者通常使用语用非流利来掌控话题。但这并不是说高水平组学习者不太在意使用恰当的非流利来管理话轮，相反地，从其在整个语用功能的使用频次上所占的百分比（17%）来看，还是相对较高的。他们是在话轮管理的基础上来掌控话题，尤其是当语用非流利出现在句首时。

（7-17）【学生 S72 是班长，想邀请同学们参加圣诞晚会的节目表演。】

  1 S72: <u>You know <FP2><SPD><CM1/CM2/IP2></u>,

  2   our (…) our class will hold a Christmas party.

  3 <u>So <FP2><SPD>CM2></u> I want to invite you three to join us

  4   and play performances on the stage.

  5   Would you like to go?

（G3-4F-SS-7）

  在例（7-17）中，S72 使用填充停顿 you know 来启动话轮，实施了话轮管理功能，同时引出话题，实施话题掌控功能。S72 又在第 3 行使用 so 来进一步掌控话题，直到产出恰当的请求言语行为。

  在人际关系调理的三类次功能的使用频次中，无论是低水平组学习者还是高水平组学习者，他们使用语用非流利来体现互动理解的比例最高，其次是缓和面子威胁，最后是表达情感态度。在语用意识评估中，当问到"在课堂讨论中你的伙伴突然不知道说什么了或者想不起来某个单词或某种表达怎么说了，而你恰好知道，你会帮他吗"，大部分受试者都回答会帮助，而且列出了合适的话语表达形式。但在问到"在用英语请求或拒绝他人时，你会先考虑对方的身份地位，然后选择合适的语言形式和表达策略吗"，很多受试者回答会考虑对方的身份地位，主要是为了表达更礼貌。但学习者实际表现出的使用语用非流利来缓和面子威胁的功能的比例并不太高，尤其是在低水平组学习者的话语中更少。这也可能说明他们掌握的这方面的语用知识并不丰富。表达情感态度是语言学习的较高层次，在语用能力总表中属于高阶能力，需要交际者在掌握丰富语用知识的基础上，灵活运用恰当的语言和丰富的社会文化知识与他人交流。学习者总体语用知识不丰富，不管语用水平高低，表达情感态度功能的频率都较低。另外，从语用意识评估来看，学习者的语用意识还是较高的。因此，学习者语用表现或者语用能力水平提高的关键就在于加强对语用知识的学习。只有具有足够丰富的语用知识，学习者才能在较高语用意识的调控下产出恰当的话语表达。

7.6　本 章 小 结

本章简介了二语语用发展研究，提出了话语语用学视角下的语用能力观。在回顾语用能力评估的基础上，制定了本书语用能力评估框架及评估工具，对语用非流利与语用能力之间的关系进行了定性分析，并对不同语用水平的学习者在语用非流利的使用上进行了定量探讨。

本章认为，语用能力是交际者利用各种话语资源参与会话互动的能力，包括识别和产出一定的话语风格和语境线索的能力、话题共建与话轮维持的能力以及构建和谐交际关系的能力。识别和产出一定的话语风格和语境线索的能力要求参与者具有较强的语用意识，对交际场合、交际双方关系具有一定的敏感性。话语风格和语境线索包括各种语用语言知识和社交语用知识。语用能力要求参与者在语用意识的调控下，能够将自己的语用知识适时地转化为语用表现。话题共建与话轮维持的能力是说话人掌握话轮转换规则、避免交际沉默、进行话题转换等会话技巧能力。构建和谐交际关系的能力体现了语用能力的人际互动特征，包括参与者之间的互动和参与者对所表达命题的态度。

本章从定性和定量的角度讨论了语用非流利与二语语用能力之间的

关系。语用非流利标记本身的特征可以体现相应的语用能力。语用非流利标记中的话语标记被称为元语用指示语，可以非常清楚地反映出学习者的语用语言能力，是语用能力的一种体现。语音填充类标记语本身不具有任何语用意义，但在具体语境下与话语标记语一样，可以承担相应的交际功能。其他各种纯语流延迟类和话语修正类语用非流利标记则可以反映出学习者的社交语用能力、语用认知能力，尤其是语篇组织能力中的会话组织能力。各种非流利标记在社交语用能力中充当言语行为的修饰语、加强语或缓和语，起着重要的作用。语用非流利可以实施会话组织调整功能，帮助交际者进行话轮管理和话题掌控。语用认知能力指在话语表达和理解中提供或捕捉最佳关联的能力，语用标记语是常见的可以提示命题之间的关系、降低话语处理难度、帮助说话人寻找最佳关联的手段之一。

本章根据定量数据分析发现，不同语用水平的学习者在语用非流利标记、语用非流利的原因类别以及语用非流利交际功能的出现频次上均存在显著性差异。低水平组和高水平组学习者在纯语流延迟类语用非流利标记的使用上存在显著性差异。语用水平较低的学习者使用纯语流延迟类语用非流利标记的频次高于语用水平较高的学习者，而使用话语修正类语用非流利标记的频次则低于语用水平较高的学习者。这意味着语用能力较低的学习者很少进行话语修正，使用非流利仅仅是为了语流延迟，缓解言语输出压力；语用能力较高的学习者会对自己的话语进行适当的调整或修正，以达到更好的交际目的。

在语用水平较低的学习者话语中，虽然语用标记语的使用频率也达到了 21%，但他们使用较多的是 and 和 so 等语用含义不那么明晰的标记语，well 和 you know 等具有丰富语用意义的标记语的使用频率较低。无词汇意义的语音填充在高水平组学习者话语中所占比例也较高，仅次于语用标记语，它们出现在话轮转换和话题转换处的频率较高，其功能多是为了话题掌控，有时也会传递一定的人际意义。值得注意的是，类似 er、en、ahn 等使用频次较高的语音填充，很有可能出现语用化现象，使某一语用功能固化，成为像 well 等真正的话语标记语。

高水平组和低水平组学习者在语用非流利原因类别的出现频率总体上没有显著性差异，说明困难型语用非流利或策略型语用非流利的出现频次不会因为语用水平的高低而增加或减少。无论是缺乏语用知识还是语用提取困难，低水平组学习者话语中两者的出现频率均高于高水平组。可见，对于语用水平较低的学习者来说，一方面缺乏一定的语用知识；另一方面，在真实的交际过程中也经常出现语用提取困难，即提取不出自以为已经掌握的语用知识。对于语用水平较高的学习者来说，语用提取困难也很常见。这是交际的复杂度使然。

无论是低水平组学习者还是高水平组学习者，利用语用非流利来实施会话组织调整的频率最高，其次是人际关系调理，最后是信息传递调节。也就是说，无论语用水平高低，学习者都倾向于使用语用非流利来调整会话组织，较少进行信息传递调节，不同二语语用水平的学习者在语用非流利三大交际功能的实施频次上具有显著性差异。语用水平较低的学习者倾向于使用语用非流利来组织会话，而语用水平较高的学习者倾向于使用语用非流利来调理人际关系。

第8章 结　论

本章对前文研究进行回顾与总结。8.1 节总结本书的主要发现，8.2 节讨论本书的主要贡献，8.3 节提出本书的不足之处以及对未来研究的建议。

8.1　本书的主要发现

（1）从实现方式上看，中国英语学习者语用非流利的标记形式可以分为纯语流延迟类和话语修正类。中国英语学习者在会话过程中出现的语用非流利标记显著性地多于美国英语本族语者。无论是美国英语本族语者还是中国英语学习者，纯语流延迟类语用非流利标记的使用频率远远高于话语修正类语用非流利标记。

纯语流延迟类语用非流利标记主要体现话语的序列特征，话语的各成分之间被非流利标记阻隔，但其总体序列结构倾向不变，不涉及句法及语义的变化，语流的延迟具有一定的语用意义。这类标记主要包括无声停顿、填充停顿、笑声填充以及重复等形式。语流延迟类语用非流利标记只是纯粹的语流后推，不涉及整体句法结构的变化；话语修正类语用非流利标记则在形式上体现为引起已发话语整体结构的变化，它的出现意味着已发话语的总体序列结构倾向将发生变化，有的句法成分没有完成即遭放弃，有的中间插入新的成分，有的得以进一步完善，当然语义也与之前不同，最主要的是修正后被赋予了特定的语用意义。话语修正类语用非流利标记也具有语流延迟的功能。中国英语学习者会话语料中出现的话语修正类语用非流利标记主要有中断/打断、插入、删除、替换等四种。

中国英语学习者和美国英语本族语者纯语流延迟类语用非流利标记的使用在总体趋势上具有一定的相似之处：填充停顿出现频率最高，占绝对优势，其次是无声停顿和重复，最后是笑声填充。但不同的是，在填充停顿中，中国英语学习者使用最多的为无词汇意义的语音填充，其次为语用标记语；美国英语本族语者使用最多的为语用标记语，而无词汇意义的语音填充在整个纯语流延迟类语用非流利标记中所占比例几乎是最少的。中国英语学习者和美国英语本族语者在话语修正类语用非流利标记的使用频率上没有显著性差异。

（2）从产生原因看，中国英语学习者二语会话中的语用非流利可分为两大类：困难型语用非流利与策略型语用非流利。中国英语学习者和美国英语本族语者在语用非流利类别的使用频数上具有显著性差异：中国英语学习者困难型语用非流利的出现频率高于美国英语本族语者，而策略型语用非流利的出现频率略低于美国英语本族语者。

困难型语用非流利指交际中遇到了语用困难、不知如何表达而被动产出的非流利现象；策略型语用非流利体现了交际者为了更恰当、合适地表达自己而采用的策略，是交际者主动为之。语用困难主要体现在两个方面：一是学习者缺乏相应语用知识；二是学习者虽然具有一定的语用知识，但在交际当时遇到了提取困难。策略型语用非流利的基本特点是说话人在交际的当时并没有言语表达困难，明确知道自己要表达什么样的命题内容，从而将非流利标记当成一种话语策略，达到特定的交际目的。

无论是美国英语本族语者还是中国英语学习者，策略型语用非流利的使用频率都达到了 90%，远远高于困难型语用非流利。这说明，语用非流利更多的是作为主动的、积极的策略而存在的，而被动、消极的困难型语用非流利则不太常见。对于中国英语学习者来说，困难型语用非流利出现频率较低的原因，主要是因为他们在用英语会话时出现了"避免提及"的现象，或者说，他们很少考虑交际中的各种语用因素。从语用能力的角度看，这应是由缺乏语用意识导致的。

（3）语用非流利作为一种策略资源，可以实施三大交际功能：信息传递调节、会话组织调整以及人际关系调理。中国英语学习者和美国英语本族语者在语用非流利各交际功能的实现频数上存在显著性差异：中国英语学习者在信息传递调节功能的使用频率上低于美国英语本族语者，而在会话组织调整和人际关系调理的使用频率上高于美国英语本族语者。

语用非流利的信息传递调节功能主要体现在通过非流利标记对已发话语进行调整，以保证信息传递调节的恰当性，包括选择命题表达方式和调整命题表达内容；会话组织调整功能主要体现在通过非流利标记进行会话组织调整与管理，包括话轮管理和话题掌控；人际关系调理功能则不仅可以通过非流利标记体现说话人礼貌、保全双方面子等传统人际意义，而且可以通过非流利标记体现交际双方在会话过程中的相互理解等主体间性，包括表达情感态度、缓和面子威胁和体现互动理解。中国英语学习者和美国英语本族语者在信息传递调节两类次功能的使用上存在显著性差异：前者使用非流利标记选择命题表达方式的频率低于后者，而前者调整命题表达内容的频率则高于后者。这说明，中国英语学习者在二语会话过程中过多地关注命题意义的传达，总是希望将自己的观点、看法确切地表述出来。从话轮管理和话题掌控的角度来看，中国英语学习者和美国英语本族语者在会话组织调整的功能上没有显著性差异，即中国英语学习者在会话组织调整方面与美国英语本族语者较为相似。中国英语学习者和美国英语本族语者在人际关系调理三类次功能的使用上存在显著性差异：中国英语学习者使用非流利标记表达情感态度以及缓和面子威胁的频率高于美国英语本族语者，而体现互动理解的频率低于美国英语本族语者。另外，中国英语学习者人际关系调理功能最常见的是缓和面子威胁，其使用频率高达45%；其次是表达情感态度；最低的是体现互动理解。这说明中国英语学习者使用语用非流利主要用来满足个人面子和情感需求。这与中国人的传统，善于表情达意、贬己尊人的礼貌观、面子观密切相关。

总的来说，中国英语学习者已经习得了语用非流利的各种功能：中国英语学习者在语用非流利功能的使用频率上虽然存在显著性差异，但也表现出了一定程度的相似性。无论是在交际功能的类别还是使用频率上，两组使用者都表现出了相当的一致性。这是二语习得中的正常现象：学习者的语用表现与本族语者相比虽然有差异，但在不断地接近过程中。

（4）二语水平对学习者语用非流利的使用在宏观层面没有表现出显著性的影响。但在微观层面，即在不同语用非流利标记的具体使用频率、语用非流利不同类别的出现频率以及语用非流利的各种功能的实现频数上，不同水平的中国英语学习者还是表现出了相当大的差异。

不同二语水平的学习者在纯语流延迟类各标记形式的使用上表现出了显著性差异，主要体现在语用标记语和笑声填充两类标记的使用频率上：低水平组学习者在语用标记语的使用频率上明显高于高水平组学习者；高水平组学习者使用笑声填充的频率也明显地高于低水平组学习者。两组学习者在话语修正类各标记形式的使用上虽然没有统计意义上的显著性差异，但在语用中断/打断和插入的使用频率上仍有明显差异。二语水平对语用非流利各原因类别的出现频率也有着显著的影响。语言水平较低的学习者困难型语用非流利的出现频率也较低。低水平组和高水平组学习者在语用非流利各交际功能的使用频率上有明显不同。低水平组学习者在信息传递调节和会话组织调整两类功能的使用频率上，都显著性地高于高水平组学习者。

（5）语用能力是交际者利用各种话语资源参与会话互动的能力，包括识别和产出一定的话语风格和语境线索的能力、话题共建与话轮维持的能力以及构建和谐交际关系的能力，由语用知识、语用表现和语用意识三部分组成。语用非流利可以作为衡量二语语用能力的一个指标，其习得情况可以反映二语语用发展的情况。

语用非流利标记中的话语标记语被称为元语用指示语，可以非常清楚地反映学习者的语用语言能力。语音填充类标记语在具体语境下与话语标记语一样，可以承担相应的交际功能。其他各种语流延迟类和话语修正类语用非流利标记则可以反映出学习者的社交语用能力、语用认知能力，尤其是语篇组织能力中的会话组织能力。各种非流利标记在社交语用能力中充当言语行为的修饰语、加强语或缓和语，起着重要的作用。语用非流利可以实施会话组织调整功能，帮助交际者进行话轮管理和话题掌控。语用标记语是常见的可以提示命题之间的关系、降低话语处理难度、帮助说话人寻找最佳关联的手段之一。

不同语用水平的学习者在语用非流利标记、语用非流利原因类别以及语用非流利交际功能的出现频次上均存在显著性差异。语用水平较低的学习者使用纯语流延迟类语用非流利标记的频次高于语用水平较高的学习者，而使用话语修正类语用非流利标记的频次则低于语用水平较高的学习者。这意味着，语用能力较低的学习者很少进行话语修正，使用非流利仅仅是为了语流延迟，缓解言语输出压力；语用能力较高的学习者会对自己的话语进行适当的调整或修正，以达到更好的交际目的。高水平组和低水平组学习者在困难型语用非流利和策略型语用非流利的出现频率上没有显著性差异，语用水平的高低不会影响学习者语用非流利原因类别的出现频率。语用水平较低的学习者倾向于使用语用非流利来组织会话，而语用水平较高的学习者倾向于使用语用非流利来调理人际关系。

8.2 本书的主要贡献

本书主要考察了中国英语学习者二语会话中出现的语用非流利现象，涉及语用非流利的标记、类别、功能及其与二语语言水平、二语语用水平之间的关系。作为首次系统探讨非流利现象的研究著作，本书的主要贡献及启示如下所示。

（1）在考察各种非流利标记特征的基础上，区分了信息非流利、语言非流利和语用非流利三种类别，使非流利研究更加深入、更加符合语言的工具性特征。

信息非流利指交际者在表达观点、传递信息时因思维突然遇阻或更改信息内容而出现的延时或修正现象。语言非流利指交际者由于语言困难或为了语言表达正确而出现的非流利现象，它可能出现在语言本体系统的各个层面，如语音、词汇、句法、语义等。语用非流利是交际者由于考虑语用因素而出现的非流利现象，是为了更恰当、合适地表达自己而采用的策略。这一区分超越了语言符号本身，使得语言的工具性特征和交际功能更加凸显，有利于研究者更加深入地探讨非流利现象。

（2）首次提出了语用非流利的概念，并详细考察了其标记、类别、功能以及相关影响因素，为语用非流利的研究提供了基本的分析框架，丰富了中介语语用学的研究内容。

本书首次提出了语用非流利的概念。语用非流利标记与其他非流利标记一样，区别在于语用非流利是交际者主观意识主导之下的产出，并附带了相应的语用含义，可以达到不同的语境效果。目前的研究多停留在对非流利标记形式的描述，只是在研究的最后才会涉及非流利交际功能的讨论，并且这些讨论也大都是条框式的，没有形成系统，也没有形成一个基本的分析框架。本书对语用非流利的系统考察为研究各种非流利现象提供了基本的分析框架，使得对非流利的研究不再局限于纯粹的形式描述，而是上升到了语言应用的方式和功能层次。

（3）在话语语用学研究范式下重新界定语用能力及其评估框架，定性分析和定量探讨了语用非流利与二语语用发展的关系。将语用非流利看作语用能力评估的标准之一，即认为恰当使用语用非流利标记是语用能力的一种体现，为语用非流利研究搭建了理论框架。

本书基于陈新仁（2008，2009）的语用能力分析框架，依据话语语用学的动态性特征，从语篇组织能力的维度考察其中的会话协商能力，强调语用能力是交际者参与会话互动的能力，包括识别和产出一定的话语风格和语境化线索的能力、话题共建与话轮维持的能力以及构建话语身份的能力。

制定了多项选择话语填充任务、开放式问题以及语篇动态评估三种测试工具，分别用以评估语用知识、语用意识和语用表现，尤其是开放式问题和语篇动态评估，在语用意识的调控下，强调交际活动的共建性以及意义的磋商性，从会话的全过程评估交际者的语用能力，体现了语用评估的动态性特征。

（4）创新了研究视角，将多种研究方法与手段相结合。本书在总结前人研究的基础上，将非流利研究从纯语言视角转到了语用视角，从关注非流利导致的问题（消极作用）到聚焦非流利作为一种语用策略（积极作用），实现了研究视角的转换。研究者自行录制二语会话中的自然语料，并采用了访谈法辅助语用非流利的判断与分类。

目前对二语非流利的相关研究使用的语料多为现有语料库中的语料，这些语料一般来源于口语测试，都有特定的话题要求，且有相应的准备时间，体现不出交际的自然性。本书语料为研究者自行录制的课堂会话、课下讨论或英语角交流，没有话题限制，属于自然语料，最大限度地体现了交际的真实性。

此外，本书还使用了对比研究、录音访谈、多人判断、会话分析、SPSS统计分析等研究方法，这些研究方法的综合运用保证了本书结论的科学性、合理性，并对后续相关研究具有一定的参考作用。尤其是本书采用的录音访谈和多人判断，有效地辅助了研究者对语用非流利的判定与分类，使得研究者的主观影响降到最低，研究的结论更加可靠、有效。

8.3　本书的不足之处以及对未来研究的建议

由于笔者水平有限，加之所收集的语料数量较少等因素的限制，本书所做研究尚存在一些不足之处。

（1）对语用非流利的界定与分类有待进一步完善。由于本书是首次提出语用非流利这一概念的，对非流利的语用特征和本质把握得还不是十分透彻，其界定、识别与分类仍然具有一定的主观色彩。本书仅从交际意图的角度界定了语用非流利，对非流利现象的语境特征未做深入讨论。在对语用非流利的分类上，本书是从产生原因的角度进行的，将其分为困难型语用非流利和策略型语用非流利。这一分类的合理性有待进一步验证。因为语用困难可以理解为非流利出现的原因，但语用策略的目的性更强，能否将其看成是一种原因还有待斟酌。未来的研究应进一步探讨语用非流利的本质特征，最好突出其策略性，并从功能的角度对语用非流利进行更加细致的分类，充分挖掘出语用非流利在二语交际中的积极作用。

（2）构建更加完整、合理的语用非流利描写与分析框架。本书只提供了一个大致的描写与分析维度，随后的实证研究并没有非常详尽地考察各维度的所有方面，如在描写语用非流利的会话组织调整功能时，限于篇幅，本书只从话轮管理和话题掌控两大宏观角度进行了简单的讨论，并没有截取完整的会话作为研究对象，后续可以进一步探讨学习者是如何通过非流利标记启动、维持、转换、结束话轮或话题的。

（3）对语用非流利与二语语用能力的关系可从认知的角度进行深入论

证。本书从语用非流利标记本身的特征、语用非流利产生的原因类别以及语用非流利交际功能三方面论证了语用非流利与二语语用能力之间的关系。但三者之间并没有较深的逻辑关系，使得这一论证的系统性稍弱。另外，本书虽然初步验证了语用非流利与语用语言能力、社交语用能力以及会话组织能力的关系，但对语用非流利与语用认知能力之间的关系论证着笔不多。未来研究可以从语用知识、语用意识和语用表现单个指标，尤其是语用意识层面，详细考察语用非流利与语用能力之间的关系，更深入地探讨二语语用能力发展的认知、心理过程。

（4）增加参与人数，扩大语料数量，制定更加有效的访谈问卷。本书录制的语料数量有限，这使得语用非流利标记及其功能的出现频次较少。未来研究应扩大参与人数和语料数量，这样可能有助于发现更多的语用非流利现象。另外，识别语料的主要支撑工具是事后访谈。但是，考虑到访谈只是作为判断语用非流利的辅助工具，我们并未详细设计访谈的内容，也未对访谈问卷做信度、效度的检验。实际上，访谈还可以评估学习者的语用意识，而这对语用非流利的判断尤为重要，同时语用意识也是语用能力的评估标准之一。因此，合理、有效的访谈内容设计既有利于语用非流利的判定，又可以借机考察学习者的语用能力情况。这样，我们收集到的语用非流利的使用语料就会更加真实，更具代表性，研究结论更加可靠，对教学的实践意义更大。

参 考 文 献

常云. 2008. 第二语言口语流利性研究述评. 内蒙古农业大学学报(社会科学版), (1): 223-226.

陈浩. 2013. 第二语言口语非流利产出的重复现象研究. 解放军外国语学院学报, (1): 72-77, 106.

陈立平, 李经纬, 赵蔚彬. 2005. 大学生英语口语自我修正性别差异研究. 现代外语, (3): 279-287.

陈立平, 濮建忠. 2007. 基于语料库的大学生英语口语自我修正研究. 外语教学, (2): 57-61.

陈平文. 2008. 基于国内外口语流利性理论的英语教学研究. 外语界, (3): 40-47.

陈新仁. 2004. 英语首词重复的语用认知阐释. 外语研究, (1): 45-50.

陈新仁. 2008. 关于外语语用能力多维度的思考. 全国首届"语用能力与发展"高层论坛论. 上海: 华东师范大学.

陈新仁. 2009. 新编语用学教程. 北京: 外语教学与研究出版社.

陈新仁. 2013. 基于社会建构论的语用能力观. 第十三届全国语用学研讨会暨第八届中国语用学研究会年会. 杭州: 浙江外国语学院.

陈新仁, 李民. 2013. 社会行为论: 会话分析的新视角. 外语与外语教学, (6): 1-5.

陈新仁, 等. 2013a. 礼貌理论与外语学习. 北京: 外语教学与研究出版社.

陈新仁, 等. 2013b. 语用学与外语教学. 北京: 外语教学与研究出版社.

陈新仁, 等. 2021. 语用学新发展研究. 北京: 清华大学出版社.

戴炜栋, 陈莉萍. 2005. 影响二语语用能力发展的因素. 外语与外语教学, (9): 1-5.

戴朝晖. 2011. 中国大学生汉英口译非流利现象研究. 上海翻译, (1): 38-43.

高莹, 樊宇. 2011. 基于语料库的中美大学生口语叙述中停顿现象比较研究. 解放军外国语学院学报, (4): 71-75.

高莹, 樊宇, 王亚非. 2014. 口语非流利性现象与内在的语言发展之间的相关研究. 外语与外语教学, (4): 63-68.

何莲珍, 刘荣君. 2004. 基于语料库的大学生交际策略研究. 外语研究, (1): 60-65.

何自然. 1988. 语用学概论. 长沙: 湖南教育出版社.

何自然, 陈新仁. 2004. 当代语用学. 北京: 外语教学与研究出版社.

黄玮莹, 李忻洳. 2016. 国外二语语用评估回顾与展望. 解放军外国语学院学报, (2): 82-90.

姜晖, 范晓龙. 2018. 双语理论视角下二语语用能力发展研究. 山东外语教学, 39(5): 52-60.

李健雪. 2008. 论二语语用发展中的概念发展问题. 江南大学学报(人文社会科学版), (6): 122-129.

李民. 2011a. 中国英语学习者会话增量行为习得研究. 北京: 中国社会科学出版社.

李民. 2011b. 英语会话增量的语用功能研究. 现代外语, (3): 245-253.

李民, 陈新仁. 2007a. 英语专业学生习得话语标记语 WELL 语用功能之实证研究. 外语教学与研究, (1): 21-26.

李民, 陈新仁. 2007b. 中国英语专业学生语法/语用意识程度及其能力水平调查. 中国外语, (6): 35-41.

李民, 陈新仁. 2013. 英语专业学生习得会话增量语用功能研究. 外语教学, 34(1): 69-72.

李民, 肖雁. 2012. 语用能力分析框架述评. 外语教学理论与实践, 139(3): 50-56.

李清华, 徐鹰. 2016. 二语语用测评新进展——《二语语用测评》述评. 外语测试与教学, (4): 60-64.

刘绍忠. 1997. 语境与语用能力. 外国语, (3): 25-32.

刘志富. 2011. 话语标记语 "也是". 宁夏大学学报(人文社会科学版), (3): 53-57.

卢加伟. 2010. 语用迁移与二语水平的关系研究. 外语教学理论与实践, (1): 14-25.

卢加伟. 2013a. 国外二语语用教学研究述评. 现代外语, (2): 206-211.

卢加伟. 2013b. 认知框架下的课堂语用教学对学习者二语语用能力发展的作用. 解放军外国语学院学报, (1): 67-71.

卢加伟. 2014a. 认知语境与语用能力. 洛阳师范学院学报, (1): 34-37.

卢加伟. 2014b. 面子论视角下汉英建议礼貌策略的比较研究. 河南科技大学学报(社会科学版), (3): 56-61.

卢加伟. 2015a. 第二语言口语非流利产出研究述评. 洛阳师范学院学报, (4): 105-109.

卢加伟. 2015b. 体验认知语用观下的二语语用能力研究. 外语学刊, 186(5): 28-32.

卢加伟, 陈新仁. 2019. 中国英语学习者二语会话语用非流利及其习得研究. 外语与外语教学, (2): 14-23, 146.

伦道夫·夸克, 等. 1989. 英语语法大全. 王国富, 贺哈定, 朱叶, 等译校. 上海: 华东师范大学出版社.

马冬梅. 2012. 口语非流利产出分类体系研究. 外语与外语教学, (4): 30-34, 52.

马冬梅, 刘健刚. 2013. 英语专业研究生口语非流利重复特征研究. 现代外语, (4): 411-418.

孟悦. 2010. 会话分析方法与二语语用发展的课堂教学. 教育科学, (1): 39-42.

苗兴伟. 1996. 日常会话语篇中的语言非流利现象. 四川外语学院学报, (2): 54-59.

缪海燕. 2009. 第二语言口语非流利产出的停顿研究. 解放军外国语学院学报, (4): 56-60.

缪海燕, 刘春燕. 2013. 英语专业学生的口语非流利填充策略研究. 解放军外国语学院学报, (6): 75-80.

钱冠连. 2002. 汉语文化语用学（第二版）. 北京: 清华大学出版社.

钱永红. 2014.《礼貌新解》述评. 现代外语, (5): 725-728.

邱述德, 孙麒. 2011. 语用化与语用标记语. 中国外语, (3): 30-37.

权立宏. 2010. 中国大学生英语会话中的回指修补研究. 外语教学理论与实践, (2): 8-14.

权立宏. 2011. 中国英语学习者会话修补的策略研究. 外语教学理论与实践, (4): 38-43.

权立宏. 2012. 中国英语学习者会话修补中的重复策略研究. 现代外语, (3): 295-303.

冉永平. 2000. 话语标记语的语用学研究综述. 外语研究, (4): 8-14.

冉永平. 2002. 话语标记语 you know 的语用增量辨析. 解放军外国语学院学报, (4): 10-15.

冉永平. 2003. 话语标记语 well 的语用功能. 外国语, (3): 58-64.

冉永平. 2004. 言语交际的顺应—关联性分析. 外语学刊, (2): 28-33, 112.

冉永平. 2006. 语用学：现象与分析. 北京: 北京大学出版社.

冉永平, 刘平. 2021. 从语言语用学到人际语用学看(不)礼貌的研究嬗变. 外语教学, (4): 31-36.

冉永平, 杨青. 2016. 英语国际通用语背景下的语用能力及其重构. 外语教学与研究, 48(2): 287-299, 321.

冉永平, 张新红. 2007. 语用学纵横. 北京: 高等教育出版社.

沈蔚. 2005. 会话修正研究在国外. 外语学刊, (4): 38-42.

王晓燕. 2007. 英语学习者会话修补年龄差异研究. 解放军外国语学院学报, (5): 65-71.

熊学亮. 1999. 认知语用学概论. 上海: 上海外语教育出版社.

徐捷. 2009. 中国英语学习者话语标记语 you know 习得实证研究. 外语教学理论与实践, (3): 28-33.

徐林荔, 孙蓝. 2008. 言语理解系统对口语非流利现象句法构建的研究述评. 外语教学理论与实践, (1): 87-91.

严敏芬. 2012. 《不礼貌——用语言冒犯人》评介. 现代外语, (2): 209-211.

杨惠中, 卫乃兴. 2005. 中国学习者英语口语语料库建设与研究. 上海: 上海外语教育出版社.

杨军. 2004. 口语非流利产出研究述评. 外语教学与研究, (4): 278-284.

杨柳群. 2002. 英语水平对英语学生口误自我修正行为的影响. 山东外语教学, (4): 74-76.

杨晓红. 2011. 话语标记语 And 的语用功能研究. 齐齐哈尔大学学报(哲学社会科学版), (1): 125-129.

姚剑鹏. 2005. 会话修补的认知研究. 外语教学, (3): 1-6.

张琪. 2010. 学生会话话轮转换处的会话填充语——一项基于语料库的研究. 外语教学理论与实践, (4): 58-63.

张文忠. 1999. 第二语言口语流利性发展的理论模式. 现代外语, (2): 202-217.

张文忠. 2000. 第二语言口语流利性发展的定性研究. 现代外语, (3): 273-282.

张文忠. 2002. 4/3/2 口语练习法之能为与不能为. 现代外语, (4): 418-422.

张文忠, 吴旭东. 2001. 第二语言口语流利性发展定量研究. 现代外语, (4): 341-351.

张秀松. 2019. 话语标记化的性质之争. 外语学刊, (4): 43-50.

周爱洁. 2002. 论 4/3/2 活动对提高英语口语流利性和准确性的影响. 外语教学, (5): 78-83.

Albert, M. 1980. Language in normal and dementing elderly. In L. K. Obler & M. L. Albert (Eds.), *Language and Communication in the Elderly* (pp. 145-150). Lexington: DC Heath and Co.

Allwood, J., Nivre, J. & Ahlsén, E. 1990. Speech management—on the non-written life of speech. *Nordic Journal of Linguistics*, 13(1): 3-48.

André, J. S. 2013. How the Chinese lost 'face'. *Journal of Pragmatics*, 55: 68-85.

Ariel, M. 2008. *Pragmatics and Grammar*. Cambridge: Cambridge University Press.

Arundale, R. B. 1999. An alternative model and ideology of communication for an alternative to politeness theory. *Pragmatics*, 9: 119-153.

Arundale, R. B. 2005. Pragmatics, conversational implicature, and conversation. In K. L. Fitch & R. E. Sanders (Eds.), *Handbook of Language and Social Interaction* (pp. 41-63). Mahwah: Lawrence Erlbaum.

Arundale, R. B. 2006. Face as relational and interactional: A communication framework for research on face, facework, and politeness. *Journal of Politeness Research*, 2(2): 193-216.

Arundale, R. B. 2010. Constituting face in conversation: Face, facework and interactional achievement. *Journal of Pragmatics*, 42(8): 2078-2105.

Bachman, L. F. 1990. *Fundamental Considerations in Language Testing*. Oxford: Oxford University Press.

Bachman, L. F. & Palmer, A. S. 1996. *Language Testing in Practice*. Oxford: Oxford University Press.

Bada, E. 2010. Repetitions as vocalized fillers and self-repairs in English and French interlanguages. *Journal of Pragmatics*, 42: 1680-1688.

Bardovi-Harlig, K. 1999. Exploring the interlanguage of interlanguage pragmatics: A research agenda for acquisitional pragmatics. *Language Learning*, 49: 449-465.

Bardovi-Harlig, K. 2001. Evaluating the empirical evidence: Grounds for instruction in pragmatics? In K. Rose & G. Kasper (Eds.), *Pragmatics in Language Teaching* (pp.13-32). Cambridge: Cambridge University Press.

Bardovi-Harlig, K. 2009. Conventional expressions as a pragmalinguistic resource: Recognition and production of conventional expressions in L2 pragmatics. *Language Learning*, 59(4): 755-795.

Bardovi-Harlig, K. & Dörnyei, Z. 1998. Do language learners recognize pragmatic violations? Pragmatic versus grammatical awareness in instructed L2 learning. *TESOL Quarterly*, 32(2): 233-262.

Bardovi-Harlig, K. & Hartford, B. S. 1996. Input in an institutional setting. *Studies in Second Language Acquisition*, (18): 171-188.

Bardovi-Harlig, K. & Salsbury, T. 2004. The organization of turns in the disagreements of L2 learners: A longitudial perspective. In D. Boxer & A. Cohen (Eds.), *Studying Speaking to Inform Second Language Learning* (pp. 199-227). Clevedon: Multilingual Matters, Ltd.

Barron, A. 2003. *Acquisition in Interlanguage Pragmatics: Learning How to Do Things with Words in a Study Abroad Context*. Philadelphia: John Benjamins Publishing Company.

Beebe, L. M., Takahashi, T. & Uiss-Weltz, R. 1990. Pragmatic transfer in ESL refusals. In R. C. Scarcella, E. S. Anderson & S. D. Krashen (Eds.), *Developing Communicative Competence in a Second Language* (pp. 55-73). Cambridge: Newbury House.

Bell, L., Eklund, R. & Gustafson, J. 2000. A comparison of disfluency distribution in a unimodal and a multimodal speech interface. *Proceedings of 6th International Conference on Spoken Language Processing (ICSLP 2000)*, 3: 626-629.

Bialystok, E. 1993. Symbolic representation and attentional control in pragmatic competence. In G. Kasper & S. Blum-Kulka (Eds.), *Interlanguage Pragmatics* (pp. 43-56). New York: Oxford University Press.

Biber, D., Johansson, S., Leech, G., et al. 1999. *Longman Grammar of Spoken and Written English*. London: Longman.

Bilmes, J. 1985. "Why that now?" Two kinds of conversational meaning. *Discourse Processes*, 8(3): 319-355.

Bilmes, J. 1986. *Language and Behavior*. New York: Plenum.

Blum-Kulka, S. 1982. Learning to say what you mean in a second language: A study of the speech act performance of learners of Hebrew as a second language. *Applied Linguistics*, 3: 29-59.

Blum-Kulka, S. 1991. Interlanguage pragmatics: The case of requests. In R. Phillipson, E. Kellerman, L. Selinker, et al. (Eds.), *Foreign/Second Language Pedagogy Research* (pp. 255-272). Clevedon: Multilingual Matters, Ltd.

Blum-Kulka, S., House, J. & Kasper, G. 1989. *Cross-cultural Pragmatics: Requests and Apologies*. Norwood: Ablex.

Bock, K. 1991. A sketchbook of production problems. *Journal of Psycholinguistic Research*, 20(3): 141-160.

Bortfeld, H., Leon, S. D., Bloom, J. E., et al. 2001. Disfluency rates in conversation: Effects of age, relationship, topic, role and gender. *Language and Speech*, 44(2): 123-147.

Bouton, L. 1994. Can NNS skill in interpreting implicature in American English be improved through explicit instruction?—A pilot study. In L. Boutonand & Y. Kachuru (Eds.), *Pragmatics and Language Learning Monograph Series* (Vol. 5) (pp. 88-109). Urbana, IL: Division of English as an Interlanguage, University of Illinois at Urbana-Champaign.

Brown, J. D. 2001. Six types of pragmatics tests in two different contexts. In G. Kasper & K. Rose (Eds.), *Pragmatics in Language Teaching* (pp. 301-325). New York: Cambridge University Press.

Brown, P. & Levinson, S. 1978. Universals in language usage: Politeness phenomena. In E. Goody (Ed.), *Questions and Politeness: Strategies in Social Interaction* (pp. 56-310). Cambridge: Cambridge University Press.

Brown, P. & Levinson, S. 1987. *Politeness: Some Universals in Language Usage*. Cambridge: Cambridge University Press.

Bussmann, H. 1996. *Routledge Dictionary of Language and Linguistics*. Translated and edited by G. Trauth & K. Kazzazi. London: Routledge.

Carbonell, J. G. & Hayes, P. J. 1983. Recovery strategies for parsing extragrammatical language. *American Journal of Computational Linguistics*, 9(3-4): 123-146.

Carroll, D. 2000. Precision timing in novice-to-novice L2 conversations. *Issues in Applied Linguistics*, 11(1): 67-110.

Carroll, D. 2004. Restarts in novice turn beginnings: Disfluencies or interactional achievements? In R. Gardner & J. Wagner (Eds.), *Second Language Conversations* (pp.

201-220). London: Continuum.

Cenoz, J. 2000. Pauses and hesitation phenomena in second language production. *International Journal of Applied Linguistics*, 127: 53-69.

Chafe, W. L. 1980. Some reasons for hesitating. In H. W. Dechert & M. Raupach (Eds.), *Temporal Variables in Speech: Studies in Honour of Frieda Goldman-Eisler* (pp. 169-180). The Hague: Mouton.

Chambers, F. 1997. What do we mean by fluency? *System*, 25(4): 535-544.

Chomsky, N. 1980. *Rules and Representations*. Oxford: Basil Blackwell.

Clark, H. H. & Wasow, T. 1998. Repeating words in spontaneous speech. *Cognitive Psychology*, 37: 201-242.

Cohen, A. D. 1996. Developing the ability to perform speech acts. *Studies in Second Language Acquisition*, 18: 253-267.

Cohen, A. D. 1997. Developing pragmatic ability: Insights from the accelerated study of Japanese. In H. M. Cook, K. Hijirida & M. Tahara (Eds.), *New Trends and Issues in Teaching Japanese Language and Culture* (Technical Report #15) (pp. 137-163). Honolulu: Second Language Teaching & Curriculum Center, University of Hawai'i at Manoa.

Coulmas, F. 1981. *Conversational Routine*. The Hague: Mouton.

Crystal, D. 1997. *The Cambridge Encyclopedia of Language*. 2nd edn. Cambridge: Cambridge University Press.

Culpeper, J., Mackey, A. & Taguchi, N. 2018. *Second Language Pragmatics: From Theory to Research*. New York: Routledge.

Davidson, J. 1984. Subsequent versions of invitations, offers, requests, and proposals dealing with potential or actual rejection. In J. M. Atkinson & J. Heritage (Eds.), *Structures of Social Action* (pp. 102-128). Cambridge: Cambridge University Press.

Deschamps, A. 1980. The syntactical distribution of pauses in English spoken as a second language by French students. In H. W. Dechert & M. Raupach (Eds.), *Temporal Variables in Speech: Studies in Honour of Frieda Goldman-Eisler* (pp. 255-262). New York: Mouton.

Drew, P. 2011. Conversation, context and action: Requesting. Paper presented at the 12th China Pragmatics Conference & The 6th Annual Conference of China Pragmatics Association. Taiyuan: Shanxi University.

Drew, P. & Heritage, J. 1992. *Talk at Work: Interaction in Institutional Settings*. Cambridge: Cambridge University Press.

Edwards, D. 1997. *Discourse and Cognition*. London: Sage.

Edwards, D. & Potter, J. 1992. *Discursive Psychology*. London: Sage.

Eelen, G. 2001. *A Critique of Politeness Theories*. Manchester: St. Jerome Publishing.

Egbert, M. 1997. Some interactional achievements of other-initiated repair in multiperson conversation. *Journal of Pragmatics*, 27(5): 611-634.

Eisenstein, M. & Bodman, J. W. 1986. "I very appreciate": Expressions of gratitude by native and nonnative speakers of American English. *Applied Linguistics*, 7: 167-185.

Ejzenberg, R. 2000. The juggling act of oral fluency: A psycho-sociolinguistic metaphor. In H. Riggenbach (Ed.), *Perspectives on Fluency* (pp. 287-314). Ann Arbor: University of Michigan Press.

Eklund, R. 2004. *Disfluency in Swedish Human-human and Human-machine Travel Booking Dialogues*. Unpublished doctorial dissertation. Linkoöping: Linkoöping University.

Ellis, N. C. 2002. Reflections on frequency effects. *Studies in Second Language Acquisition*, 24: 297-339.

Ellis, R. 1994. *The Study of Second Language Acquisition*. Oxford: Oxford University Press.

Enochs, K. & Yoshitake-Strain, S.1999. Evaluating six measures of EFL learners' pragmatic competence. *JALT Journal*, 21(1): 29-50.

Farhady, H. 1980. *Justification, Development and Validation of Functional Language Testing*. Unpublished doctoral dissertation. Los Angeles: University of California.

Fathman, A. K. 1980. Repetition and correction as an indication of speech planning and execution processes among second language learners. In H. W. Dechert & M. Raupach (Eds.), *Towards a Crosslinguistic Assessment of Speech Production* (pp. 77-85). Frankfurt: Peter D. Lang.

Fillmore, C. J. 1979. *On Fluency: Individual Differences in Language Ability & Behavior*. New York: Academic Press.

Fox, B. A., Maschler, Y. & Uhmann, S. 2010. A cross-linguistic study of self-repair: Evidence from English, German and Hebew. *Journal of Pragmatics*, 42: 2487-2505.

Fox, B., Hayashi, M. & Jasperson, R. 1996. Resources and repair: A cross-linguistic study of syntax and repair. In E. Ochs, E. A. Schegloff & S. A. Thompson (Eds.), *Interaction and Grammar* (pp. 185-237). Cambridge: Cambridge University Press.

Fox Tree, J. 1993. *Comprehension after Speech Disfluencies*. Unpublished doctorial dissertation. Stanford: Stanford University.

Fraser, B. 1983. The domain of pragmatics. In J. C. Richards & R. W. Schmidt (Eds.), *Language and Communication* (pp 29-59). London: Longman.

Freed, B. F. 2000. Is fluency, like beauty, the eyes (and ears) of the beholder? In H. Riggenbach (Ed.), *Perspectives on Fluency* (pp. 243-265). Michigan: The University of Michigan Press.

Fromkin, V. A. 1988. Grammatical aspects of speech errors. In F. Newmeyer (Ed.), *Linguistics: The Cambridge Survey* (Vol. 2) (pp. 117-138). Cambridge: Cambridge University Press.

Gardner, R. & Wagner, J. 2004. *Second Language Conversations*. London: Continuum.

Gass, S. & Houck, N. 1999. *Interlanguage Refusals: A Cross-cultural Study of Japanese-English*. Berlin: Mouton.

Gibbs, R. 1999. *Intentions in the Experience of Meaning*. Cambridge: Cambridge University Press.

Glenn, P. 2003. *Laughter in Interaction*. Cambridge: Cambridge University Press.

Goffman, E. 1981. *Forms of Talk*. Philadelphia: University of Pennsylvania Press.

Goldman-Eisler, F. 1968. *Psycholinguistics: Experiments in Spontaneous Speech*. New York:

Academic Press.

Goodwin, C. 1981. *Conversational Organization: Interactions between Speakers and Hearers*. New York: Academic Press.

Haakana, M. 2010. Laughter and smiling: Notes on co-occurrences. *Journal of Pragmatics*, 42: 1499-1512.

Halliday, M. A. K. 1994. *An Introduction to Functional Grammar*. 2nd edn. London: Edward Arnold.

Haugh, M. 2007. The discursive challenge to politeness research: An interactional alternative. *Journal of Politeness Research: Language, Behavior, Culture*, 3: 295-317.

Haugh, M. 2010. Jocular mockery, (dis)affiliation, and face. *Journal of Pragmatics*, 42: 2106-2119.

Haugh, M. 2013. Im/politeness, social practice and the participation order. *Journal of Pragmatics*, 58: 52-72.

Haugh, M. & Bargiela-Chiappini, F. 2010. Face in interaction. *Journal of Pragmatics*, 42(8): 2073-2077.

Haugh, M., Kádár, D. Z. & Mills, S. 2013. Interpersonal pragmatics: Issues and debates. *Journal of Pragmatics*, 58: 1-11.

Heritage, J. 1984. A change-of-state token and aspects of its sequential placement. In J. M. Atkinson & J. Heritage (Eds.), *Structures of Social Action: Studies in Conversation Analysis* (pp. 299-345). Cambridge: Cambridge University Press.

Heritage, J. 1997. Conversation analysis and institutional talk: Analysing data. In D. Silverman (Ed.), *Qualitative Research: Theory, Method and Practice* (pp. 161-182). London: Sage.

Heritage, J. 2005. Conversation analysis and institutional talk. In K. L. Fitch & R. E. Sanders (Eds.), *Handbook of Language and Social Interaction* (pp. 103-147). Mahwah: Lawrence Erlbaum.

Hieke, A. E. 1981. A content-processing view of hesitation phenomena. *Language and Speech*, 24(2): 147-160.

Hieke, A. E., Kowal, S. & O'Connell, D. C. 1983. The trouble with "articulatory" pauses. *Language and Speech*, 26(3): 203-214.

Hill, T. 1997. The development of pragmatic competence in an EFL context. Unpublished doctoral dissertation. Tokyo: Temple University.

Hindle, D. 1983. Deterministic parsing of syntactic non-fluencies. In *Proceedings of the 21st Annual Meeting on Association for Computational Linguistics* (pp. 123-128). Stroudsburg: Association for Computational Linguistics.

House, J. 1996. Developing pragmatic fluency in English as a foreign language: Routines and metapragmatic awareness. *Studies in Second Language Acquisition*, 18(2): 225-252.

House, J. & Kasper, G. 1981. Zur Rolle der Kognition in Kommunikationskursen. *Die Neueren Sprachen*, 80: 42-55.

Hudson, T. 2001. Indicators for pragmatic instruction: Some quantitative tools. In K. R. Rose & G. Kasper (Eds.), *Pragmatics in Language Teaching* (pp. 283-300). Cambridge:

Cambridge University Press.

Hudson, T., Detmer, E. & Brown, J. D. 1992. *A Framework for Testing Cross-cultural Pragmatics*. Honolulu: University of Hawai'i at Mānoa.

Hudson, T., Detmer, E. & Brown, J. D. 1995. *Developing Prototypic Measures of Cross-cultural Pragmatics*. Honolulu: University of Hawai'i at Mānoa.

Ifantidou, E. 2011. Genres and pragmatic competence. *Journal of Pragmatics*, 43: 327-346.

Jacoby, S. & Ochs, E. 1995. Co-construction: An introduction. *Research on Language and Social Interaction*, 28: 171-183.

James, D. M. 1973. Another look at, say, some grammatical constraints on, oh, interjections and hesitations. *Proceedings from the Annual Meeting of the Chicago Linguistic Society*, 9: 242-251.

Johnston, W. 1959. *The Onset of Stuttering: Research Findings and Implications*. Minneapolis: University of Minnesota Press.

Jucker, A. H. & Smith, S. W. 1998. And people just you know like 'wow': Discourse markers as negotiating strategies. In A. H. Jucker & Y. Ziv (Eds.), *Discourse Markers: Descriptions and Theory* (pp. 171-201). Amsterdam: John Benjamins.

Jung, J.-Y. 2002. Issues in acquisitional pragmatics. *Working Papers in TESOL and Applied Linguistics*, 2(3): 1-13.

Jung, W. E. 2003. The inner eye theory of laughter: Mindreader signals cooperator value. *Evolutionary Psychology*, (1): 214-253.

Kádár, D. Z. & Haugh, M. 2013. *Understanding Politeness*. Cambridge: Cambridge University Press.

Kasper, G. 1981. *Pragmatische Aspekte in der Interimsprache*. TÜbingen: Narr.

Kasper, G. 1992. Pragmatic transfer. *Second Language Research*, (8): 203-231.

Kasper, G. 1997. Can pragmatic competence be taught? Honolulu: University of Hawai'i, Second Language Teaching & Curriculum Center. Retrieved from the World Wide Web: http://www.nflrc.hawaii.edu/NetWorks/NW06/[2013-02-25].

Kasper, G. 2001. Classroom research on interlanguage pragmatics. In K. R. Rose & G. Kasper (Eds.), *Pragmatics in Language Teaching* (pp. 33-60). New York: Cambridge University Press.

Kasper, G. 2006. Speech acts in interaction: Towards discursive pragmatics. In K. Bardovi-Harlig, C. Félix-Brasdefer & A. S. Omar (Eds.), *Pragmatics & Language Learning* (pp. 281-314). Hawaii: NFLRC.

Kasper, G. & Blum-Kulka, S. 1993. *Interlanguage Pragmatics*. Oxford: Oxford University Press.

Kasper, G. & Rose, K. R. 2002. Pragmatic development in a second language. *Language Learning*, 52(s1): 1-352.

Kasper, G. & Schmidt, R. 1996. Developmental issues in interlanguage pragmatics. *Studies in Second Language Acquisition*, 18: 149-169.

Kim, J.-h. 2000. *Foreign Language Listening Anxiety: A Study of Korean Students Leaning English*. Unpublished doctoral dissertation. Austin: The University of Texas.

Kormos, J. 1999. Monitoring and self-repair in L2. *Language Learning*, 49(2): 302-342.

Kormos, J. 2000. The role of attention in monitoring second language speech production. *Language learning*, (2): 342-384.

Koshik, I. 2003. Wh-questions used as challenges. *Discourse Studies*, 5: 51-77.

Labov, W. 1972. *Sociolinguistic Patterns*. Philadelphia: University of Pennsylvania Press.

Lakoff, R. T. 1973. The logic of politeness: Or minding your p's and q's. Papers from the Ninth Regional Metting of the Chicago Linguistics Society (pp. 292-305). Chicago: Chicago Linguistics Society.

Leech, G. 1983. *Principles of Pragmatics*. London and New York: Longman.

Lennon, P. 1984. Retelling a story in English as a second language. In H. W. Dechert, D. Mohle & M. Raupach (Eds.), *Second Language Productions* (pp. 50-68). Tübingen: Gunter Narr Verlag.

Lennon, P. 1990. Investigating fluency in EFL: A quantitative approach. *Language Learning*, 40: 387-417.

Levelt, W. 1983. Monitoring and self-repair in speech. *Cognition*, 14: 41-104.

Levelt, W. 1989. *Speaking: From Intention to Articulation*. Cambridge: The MIT Press.

Lickley, R. 1994. *Detecting Disfluency in Spontaneous Speech*. Unpublished doctorial dissertation. Edinburgh: University of Edinburgh.

Lickley, R. J. 2015. Fluency and disfluency. In M. Redford (Ed.), *The Handbook of Speech Production* (pp. 445-469). Hoboken: Wiley-Blackwell.

Lickley, R., Shillcock, R. & Bard, E. 1991. Processing disfluent speech: How and when are disfluencies found? *Proceedings of the Second European Conference on Speech Communication and Technology (Eurospeech 1991)*, 3: 1499-1502.

Liddicoat, A. & Crozet, C. 2001. Acquiring French interactional norms through instruction. In K. R. Rose & G. Kasper (Eds.), *Pragmatics in Language Teaching* (pp. 125-144). New York: Cambridge University Press.

Liu, J. 2006. *Measuring Interlanguage Pragmatic Knowledge of EFL Learners*. Frankfurt am Main: Peter Lang.

LoCastro, V. 1998. Learner subjectivity and pragmatic competence development. Paper presented at the Annual Meeting of the American Association for Applied Linguistics. Seattle, WA.

Maclay, H. & Osgood, C. E. 1959. Hesitation phenomena in spontaneous English speech. *Word*, 15: 19-44.

Maeshiba, N., Yoshinaga, N., Kasper, G., et al. 1996. Transfer and proficiency in interlanguage apologizing. In S. Gass & J. Neu (Eds.), *Speech Acts across Cultures* (pp. 155-187). Berlin: Mouton de Gruyter.

Matsumoto, Y. 1989. Politeness and conversational universals—observations from Japanese. *Multilingua*, 8: 207-221.

Mehnert, U. 1998. The effects of different lengths of time for planning on second language performance. *Studies in Second Language Acquisition*, 20: 83-108.

Mey, J. L. 2001. *Pragmatics: An Introduction*. Beijing: Foreign Language Teaching and

Research Press.

Mills, S. 2003. *Gender and Politeness: Studies in Interactional Sociolinguistics.* Cambridge: Cambridge University Press.

Mills, S. 2011. Discursive approaches to politeness and impoliteness. In Linguistic Politeness Research Group (Eds.), *Discursive Approaches to Politeness* (pp. 19-56). Berlin: Mouton de Gruyter.

Nakane, I. 2007. *Silence in Intercultural Communication: Perceptions and Performance.* Amsterdam/Philadelphia: John Benjamins Publishing Company.

Nakatani, C. H. & Hirschberg, J. 1994. A Corpus-based study of repair cues in spontaneous speech. *Journal of the Acoustical Society of America*, 95(3): 1603-1616.

Nation, I. S. P. 1989. Improving speaking fluency. *System*, 17(3): 377-384.

Nelson, R. D., Radin, D. I., Shoup, R., et al. 2002. Correlations of continuous random data with major world events. *Foundations of Physics Letters*, 15: 537-550.

Niezgoda, K. & Röver, C. 2001. Pragmatic and grammatical awareness: A function of learning environment? In K. R. Rose & G. Kasper (Eds.), *Pragmatics in Language Teaching* (pp. 63-79). New York: Cambridge University Press.

Oller, J. W., Jr. 1979. *Language Tests at School: A Pragmatic Approach.* London: Longman.

Olshtain, E. & Cohen, A. D. 1983. Apology: A speech act set. In N. Wolfson & E. Judd (Eds.), *Sociolinguistics and Language Acquisition* (pp. 18-35). Rowley: Newbury House.

Olshtain, E. & Cohen, A. D. 1989. Speech act behavior across languages. In H. W. Dechert, et al. (Eds.), *Transfer in Language Production* (pp. 53-67). Norwood: Ablex.

O'shaughnessy, D. 1993. Locating disfluencies in spontaneous speech: An acoustical analysis. In *Proceedings of the 3rd European Conference on Speech Communication and Technology* (Eurospeech 1993) (pp. 2187-2190). Berlin: Germany.

Oviatt, S. 1995. Predicting spoken disfluencies during human-computer interaction. *Computer Speech and Language*, 9: 19-35.

Pawley, A. & Syder, F. H. 2000. The one-clause-at-a-time hypothesis. In H. Riggenbach (Ed.), *Perspectives on Fluency* (pp. 163-199). Michigan: The University of Michigan Press.

Peirce, B. N. 1995. Social identity, investment, and language learning. *TESOL Quarterly*, 29: 9-31.

Perrin, L., Denise, D. & Claude, P. 2003. Pragmatic functions of local diaphonic repetitions in conversations. *Journal of Pragmatics*, 35: 1843-1860.

Quirk, R., Greenbaum, S., Leech, G., et al. 1985. *A Comprehensive Grammar of the English Language.* London: Longman.

Raupach, M. 1980. Temporal variables in first and second language speech production. In H. W. Dechert & M. Raupach (Eds.), *Temporal Variables in Speech: Studies in Honour of Frieda Goldman-Eisler* (pp. 263-270). New York: De Gruyter Mouton.

Rees, C. E. & Monrouxe, L. V. 2010. "I should be lucky ha ha ha ha'': The construction of power, identity and gender through laughter within medical workplace learning encounters. *Journal of Pragmatics*, 42: 3384-3399.

Richards, J. C. & Schmidt, R. 1983. *Language and Communication*. London: Routledge.

Rieger, C. 2000. *Self-repair Strategies of English-German Bilinguals in Informal Conversations: The Role of Language, Gender, and Linguistic Proficiency*. Edmonton: University of Alberta.

Rieger, C. L. 2003. Repetitions as self-repair strategies in English and German conversations. *Journal of Pragmatics*, 35: 47-69.

Riggenbach, H. 1991. Toward an understanding of fluency: A microanalysis of nonnative speaker conversation. *Discourse Processes*, 14: 423-441.

Robinson, J. D. 2004. The sequential organization of "explicit" apologies in naturally occurring English. *Research on Language and Social Interaction*, 37: 291-330.

Roever, C. 2005. *Testing ESL Pragmatics*. Frankfurt am Main: Peter Lang.

Roever, C. 2006. Validation of a web-based test of ESL pragmalinguistics. *Language Testing*, 23(2): 229-256.

Rose, K. R. 1997. Pragmatics in the classroom: Theoretical concerns and practical possibilities. In L. Bouton (Ed.), *Pragmatics and Language Learning* (pp. 267-295). Urbana: University of Illinois at Urbana-Champaign.

Rose, K. R. & Kasper, G. 2001. *Pragmatics in Language Teaching*. New York: Cambridge University Press.

Rose, K. R. & Ng, C. 2001. Inductive and deductive approaches to teaching compliments and compliment responses. In K. R. Rose & G. Kasper (Eds.), *Pragmatics in Language Teaching* (pp. 145-170). New York: Cambridge University Press.

Ross, S. J. & Kasper, G. 2013. *Assessing Second Language Pragmatics*. London: Palgrave Macmillan.

Sacks, H. 1974. An analysis of the course of a joke's telling in conversation. In R. Bauman & J. Sherzer (Eds.), *Explorations in the Ethnography of Speaking* (pp. 337-353). Cambridge: Cambridge University Press.

Sacks, H. 1987. On the preferences for agreement and contiguity in sequences in conversation. In G. Button & J. R. E. Lee (Eds.), *Talk and Social Organisation* (pp. 54-69). Clevedon: Multilingual Matters, Ltd.

Sacks, H. 1992. *Lectures on Conversation*. Oxford: Blackwell.

Sacks, H., Schegloff, E. A. & Jefferson, G. 1974. A simplest systematics for the organization of turn-taking for conversation. In J. Schenkein (Ed.), *Studies in the Organization of Conversational Interaction* (pp. 7-55). New York: Academic Press, Inc.

Salsbury, T. & Bardovi-Harlig, K. 2000. Oppositional talk and the acquisition of modality in L2 English. In B. Swierzbin, F. Morris, M. E. Anderson, et al. (Eds.), *Social and Cognitive Factors in Second Language Acquisition: Selected Proceedings of the 1999 Second Language Research Forum* (pp. 57-76). Somerville: Cascadilla Press.

Scarcella, R. 1979. On speaking politely in a second language. In C. A. Yorio, K. Peters & J. Schachter (Eds.), *The learner in Focus* (pp. 275-287). Washington: TESOL.

Schachter, S., Rauscher, F., Christenfeld, N., et al. 1994. The vocabularies of academia. *Psychological Science*, 5: 37-41.

Schegloff, E. A. 1991. Reflections on talk and social structure. In D. Boden & D. H. Zimmerman (Eds.), *Talk and Social Structure: Studies in Ethnomethodology and Conversation Analysis* (pp. 44-71). Cambridge: Polity Press.

Schegloff, E. A. 1992. Repair after next turn: The last structurally provided defense of intersubjectivity in conversation. *American Journal of Sociology*, 97: 1295-1345.

Schmidt, R. 1983. Interaction, acculturation and the acquisition of communicative competence. In N. Wolfson & E. Judd (Eds.), *Sociolinguistics and Second Language Acquisition* (pp. 137-174). Rowley: Newbury House.

Schmidt, R. 1992. Psychological mechanisms underlying second language fluency. *Studies in Second Language Acquisition*, 14: 357-385.

Schmidt, R. 2001. Attention. In P. Robinson (Ed.), *Cognition and Second Language Instruction* (pp. 3-32). New York: Cambridge University Press.

Schnadt, M. J. 2009. *Lexical Influences on Disfluency Production*. Unpublished doctorial dissertation. Edinburgh: University of Edinburgh.

Schow, R., Christensen, J., Hutchinson, J., et al. 1978. *Communication Disorders of the Aged: A Guide for Health Professionals*. Baltimore: University Park Press.

Searle, J. R. 1969. *Speech Acts: An Essay in the Philosophy of Language*. Cambridge: Cambridge University Press.

Shewan, D. M. & Henderson, V. L. 1988. Analysis of spontaneous language in the older normal population. *Journal of Communication Disorders*, 21: 139-154.

Shimazu, Y. M. 1989. *Construction and Concurrent Validation of a Written Pragmatic Competence Test of English as A Second Language*. Unpublished doctorial dissertation. San Francisco: University of San Francisco.

Shriberg, E. 1994. *Preliminaries to a Theory of Speech Disfluencies*. Unpublished doctorial dissertation. Berkeley: University of California.

Shriberg, E. 1996. Disfluencies in Switchboard. In *Proceedings of the International Conference on Spoken Language Processing* (ICSLP'96), Vol. Addendum (pp. 11-14). Philadelphia, PA.

Shriberg, E. & Lickley, R. J. 1992. The relationship of filled-pause FO to prosodic context. In *Proceedings of the IRCS Workshop on Prosody in Natural Speech* (Tech. Rep. IRCS-92-37, pp. 20-209). University of Pennsylvania, Institute for Research in Cognitive Science.

Shriberg, E. & Stolcke, A. 1996. Word predictability after hesitations: A corpus-based study. In *Proceedings of the 4th International Conference on Spoken Language Processing (ICSLP 96)* (pp. 1868-1871). Philadelphia, PA.

Sperber, D. & Wilson, D. 2001. *Relevance: Communication and Cognition*. Beijing: Beijing Foreign Language Teaching and Research Press/Oxford: Blackwell.

Swerts, M. 1998. Filled pauses as markers of discourse structure. *Journal of Pragmatics*, 30: 485-496.

Taguchi, N. 2005. Comprehending implied meaning in English as a foreign language. *The Modern Language Journal*, 89(4): 543-562.

Taguchi, N. 2008. Pragmatic comprehension in Japanese as a foreign language. *The Modern Language Journal*, 92(4): 558-576.

Taguchi, N. 2009. *Pragmatic Competence*. Berlin: Mouton de Gruyter.

Taguchi, N. 2011. Teaching pragmatics: Trends and issues. *Annual Review of Applied Linguistics*, 31: 289-310.

Taguchi, N., Li, S. & Xiao, F. 2013. Production of formulaic expressions in L2 Chinese: A developmental investigation in a study abroad context. *Chinese as a Second Language Research Journal*, 2: 23-58.

Taguchi, N. & Roever, C. 2017. *Second Language Pragmatics*. Oxford: Oxford University Press.

Takahashi, T. & Beebe, L. M. 1987. The development of pragmatic competence by Japanese learners of English. *JALT Journal*, (8): 131-155.

Tanaka, H. & Campbell, N. 2014. Classification of social laughter in natural conversational speech. *Computer Speech and Language*, 28: 314-325.

Tavakoli, P. & Skehan, P. 2005. Strategic planning, task structure, and performance testing. In R. Ellis (Ed.), *Planning and Task Performance in a Second Language* (pp. 239-273). Amsterdam: John Benjamins.

Thomas, J. 1983. Cross-cultural pragmatic failure. *Applied Linguistics*, 4: 91-112.

Thomas, J. 1995. *Meaning in Interaction: An Introduction to Pragmatics*. London: R outledge.

Trosborg, A. 2010. *Handbook of Pragmatics*: Vol.7. Berlin: Mouton de Gruyter.

Trouvain, J. & Schröder, M. 2004. How (not) to add laughter to synthetic speech. In *Proceedings of the Workshop on Affective Dialogue Systems* (pp. 229-232). Kloster Irsee, Germany.

Tseng, S.-C. 2003. Taxonomy of spontaneous speech phenomena in Mandarin conversation. In *Proceedings of the ISCA & IEEE Workshop on Spontaneous Speech Processing and Recognition* (pp. 23-26). Tokyo, Japan.

van Compernolle, R. A. 2013. Interactional competence and the dynamic assessment of L2 pragmatic abilities. In S. Ross & G. Kasper (Eds.), *Assessing Second Language Pragmatics* (pp. 327-353). Basingstoke: Palgrave Macmillan.

van Hest, E. 1996. *Self-repair in L1 and L2 Production*. Tilburg: Tilburg University Press.

Verschueren, J. 1999. *Understanding Pragmatics*. London: Arnold; New York: Oxford University Press.

Vinciarellia, A., Pantic, M. & Bourland, H. 2009. Social signal processing: Survey of an emerging domain. *Image and Vision Computing*, 27: 1743-1759.

Wagner J., Lingenfelser F. & André, E. 2013. Using phonetic patterns for detecting social cues in natural conversations. Paper presented at the 14th Annual Conference of the International Speech Communication Association (INTERSPEECH 2013), Lyon, France, August 25-29.

Walters, F. S. 2009. A conversation analysis — informed test of L2 aural pragmatic comprehension. *TESOL Quarterly*, 43(1): 29-54.

Watts, R. 2003. *Politeness*. Cambridge: Cambridge University Press.

Weber, M. 1968. *Economy and Society: An Outline of Interpretive Sociology*. New York: Bedminster Press.

Wilkinson, R. 2007. Managing linguistic incompetence as a delicate issue in aphasic talk-in-interaction: On the use of laughter in prolonged repair sequences. *Journal of Pragmatics*, 39: 542-569.

Wong, J. 2004. Some preliminary thoughts on delay as an interactional resource. In R. Gardner & J. Wagner (Eds.), *Second Language Conversations* (pp. 114-131). London/New York: Continuum.

Wood, D. 2001. In search of fluency: What is it and how can we teach it? *Canadian Modern Language Review*, 57(4): 573-589.

Wu, X. D. 1994. *English Language Development in P. R. China: A Study of the Impact of Some Learner-internal and Learner-external Factors*. Unpublished doctorial dissertation. Hobart: University of Tasmania.

Yamashita, S. 1996. *Six Measures of JSL Pragmatics*. Honolulu: University of Hawai'i at Mānoa.

Youn, S. J. 2015. Validity argument for assessing L2 pragmatics in interaction using mixed methods. *Language Testing*, 32: 199-225.

Young, R. F. 2009. *Discursive Practice in Language Learning and Teaching*. Malden: Wiley-Blackwell.

Young, R. F. & He, A. W. 1998. *Talking and Testing: Discourse Approaches to the Assessment of Oral Proficiency*. Philadelphia: John Benjamins.

Zienkowski, J., Östman, J.-O. & Verschueren, J. 2011. *Discursive Pragmatics*. Amsterdam: John Benjamins.

附录一 语音转录符号说明

Lynne	说话人 Lynne，其他类推；
T1	教师 1，其他类推；
S1	学生 1，其他类推；
@	笑声；
[	话语重叠开始处；
[2	同一话轮中第二处重叠开始处，以此类推。第一次重叠开始处不标号；
]	话语重叠结束处；
2]	同一话轮中第二处重叠结束处，以此类推。第一次重叠结束处不标号；
…	停顿时长少于 0.3 秒；
(…)	停顿时长在 0.3~1 秒；
(3.29)	停顿时长为 3.29 秒，其他类推；
=	音节的延长，拖腔；
(Hx)	呼气；
(H)	吸气；
1	行标记，以此类推；
\<cough\>	咳嗽；会话中的副语言信息描述；
[(DOOR OPENING)]	开门声；会话中的非语言信息描述。
→→	讨论话语的所处行（仅一处讨论时）
##	没有听清楚
--	表示某个单词发音未完成
TSK	咂咂声
%	喉塞音
\<X　X\>	表示不确定是不是这个音
\<VOX　VOX\>	表示此部分是低沉着嗓音说话

附录二 语料标注代码说明

语用非流利标记		语用非流利类别		语用非流利功能	
代码	名称	代码	名称	代码	名称
<UFP>	无声停顿	<DPD>	困难型语用非流利	<CIP>	信息传递调节
<FP>	填充停顿			<CIP1>	选择命题表达方式
<FP1>	语音填充	<DPD1>	缺乏语用知识	<CIP2>	调整命题表达内容
<FP2>	语用标记语			<CM>	会话组织调整
<LF>	笑声填充	<DPD2>	语用提取困难	<CM1>	话轮管理
<RT>	重复			<CM2>	话题掌控
<RP>	修正	<SPD>	策略型语用非流利	<IP>	人际关系调理
<IR>	中断/打断			<IP1>	表达情感态度
<IR1>	自我中断			<IP2>	缓和面子威胁
<IR2>	他人打断			<IP3>	体现互动理解
<DL>	删除				
<SUB>	替换				
<INS>	插入				

附录三　标注语料节选^①

说明：

（1）会话标号说明：G1 代表一年级，G3 代表三年级；2F 代表两人面对面言谈，3F 代表三人面对面讨论，以此类推；2T 代表两人电话交谈；TS 代表师生间会话，SS 代表同学间言谈；2 代表第二个对话，3 代表第三个对话，以此类推。

（2）只标注语用非流利。

（3）被标注语用非流利及标注代码以下划线注明。

（4）标注代码放在<>内，详细标注符号请见"语料标注代码说明"。

（5）针对某一语用非流利，实行标记形式—类别—功能三者顺序标注。

节选一：

G1-2F-TS-2，2′08″　　　　　（一年级-两人面对面-师生-2）

Time duration: 2′08″　　　　（时长：2 分 08 秒）

S2-Female　　　　　　　　（第 2 个学生，女性）

T1-Male　　　　　　　　　（第 1 个老师，男性）

S2: Good morning, Mr. Aven.

T1: Morning, Steve.

S2: En, how are you doing?

T1: Oh, I'm fine. Thank you.

S2: (2.44) Ahn <UFP/FP1><PD2><CIP1> can you do me a favor?

T1: Sure, how can I help you?

S2: Er (…) <FP1/UFP><SPD><CM3> we have an English contest next Monday and I wish you could be our judge and er <FP2><SPD><CM1> could you (…) just do me the favor?

T1: Yeah, sure. But you first need tell me when and where so I can check

---

① 由于篇幅原因，本附录没有涉及美国英语本族语者语料。

my schedule, right?

S2: (2.35) Oh, it it will be held at six p.m.

T1: Six p.m.

S2: At the students' hall.

T1: Uhhen!

S2: En there will be other English teachers and you will be one of them.

T1: Ok, six p.m. On which day?

S2: Next Monday.

T1: Next Monday.

S2: At Students' hall.

T1: Students' hall. And how many contestants will there be?

S2: About 20 contestants and er the title of er title of the speeches is my (2.03) Germany dream.

T1: Your Germany dream. OK! You all have a very good dream.

S2: Of course! Everyone has ### dreams.

T1: Ok!

S2: Em, er <FP2><SPD><IP3> could you be a little earlier to be there. And (…) <FP2/UFP><SPD><CM1>

T1: Ok.

S2: It will take take about two hours to

T1: Two hours, ok, it's pretty long. Ah, anything in particular I have to pay attention to?

S2: Er, no no Er just be sure you could be in ## er (…), just give some er (…) em advice (…) advertise (…) advice

T1: Ok,

S2: And (…) en (…)

T1: So I'm I'm going to speak at the end of the contest?

S2: Yeah!

T1: Ok.

S2: You could also er (…) give some questions to the *

T1: Questions alright. So (…), sure I will be there!

S2: Thank you.

T1: Thank you. Good bye!

节选二:

G3-2T-TS-1 (三年级-两人电话-师生-1)
Time duration: 3'33" (时长 3 分 33 秒)
S47-Male (第 47 个学生，男性)
T2-Male (第 2 个老师，男性)

S47: (4.3) Good morning, is Mr. Qiao speaking?

T2: (...) Morning, speaking, please.

S47: (...) Er <FP1><SPD><CM1>, hello Mr. Qiao. How are you doing?

T2: (...) Hello, I'm doing good. (1) How are you doing?

S47: (...) I'm fine. (1.13) <UFP><DPD2><CIP1> En, <FP1><SPD><CM1/IP3> I'm calling to see if (...) whether you are free this weekend.

T2: (...) Ahn this weekend? (...) [Yeah] I guess so. So (...) what's that about?

S47: [Yeah]

S47: (...) Ahn (1.95), <FP1/UFP><DPD1><CIP1> if you're free, that's great.

[Would] you be interested in coming to my birthday party?

T2: [Enhen] (1.19) Great. So you are celebrating your birthday, (...) [this weekend?

S47: [Yeah, (...) yes.

T2: Oh, [great.

S47: [And], <FP2><SPD><CM1> it should be found (...)

T2: Enhen.

S47: A lot of my classmates would come, and you will so get (...) some new friends.

T2: (...) Ok, (...) I'm looking forward to that so (...) can you tell me when the party will be held, (...) at what time, (...) will it be held?

S47: Ah, (1.02) ah, ok (...) It will be (...) held along seven p.m.

T2: Enhen, seven p.m.

S47: Sunday.

T2: Ok, Sunday.

S47: (...) Yes.

T2: (...) And where is the party held?

S47: (1.52)Ah, er (...) I will send you (...) the adress (1.16) [later]

T2:   [Enhen] ok

S47: I'll send you message.

T2: Great, so attach the message to my mobile phone.

S47: (2.38) Yes.

T2: Ok, great.

S47: I will ## at this number.

T2: (1.65) Alright, so en (...), let me double check, ern it's Sunday, right?

S47: (1.02) Yes.

T2: Ahn, seven p.m. and I will get message from you, (...) which will tell me where the party is held, ok?

S47: Yeah.

T2: Oh, great, so (1.22) shall I get prepared with some gifts for you? What would you like, so, Sweeten, (...) what would you like?

S47: (2.14) Aha, (...) <UFP/FP1/UFP><DPD2><CIP1> I'm sure (...) my classmates and I have everything under control. Thank you for preparing for the gift anyway.

T2: Enhen. OK. So I will give you a surprise gift maybe on Sunday.

S47: Yeah. Thank you.

T2: OK. You are welcome. Looking forward to seeing you and your friend this Sunday.

S47: (2.34) <UFP><DPD1><CIP1> Yes.

T2: Thank you for calling, yeah.

S47: (2.14) <UFP><DPD1><CIP1> I will be very pleased if you will come.

T2: Ok, sure, no problem. Thank you, thank you for calling.

S47: (2.27) Ok <UFP><DPD1><CIP1>.

T2: Bye-bye.

S47: Aha, good bye.

节选三：

G3-2F-SS-4   （三年级-两人会话-同学之间-4）

Time duration: 4'39"　　　　　　（时长 4 分 39 秒）

S64-Female　　　　　　　　　（第 64 位学生，女性）

S65-Female　　　　　　　　　（第 65 位学生，女性）

S64: Congratulations! (…) You won a prize again! I'm so proud of you.

S65: Thank you:.

S64: (…) But actually I'm a little sad.

S65: (…) Why?

S64: @@ <LF><SPD><IP3>

S65: You sad about what? About my (1.11)? <UFP><SPD><CM1/IP2>

S64: No, no, no, <RT><SPD><IP1> (…) because you know <FP2><SPD><IP2> my oral English is always poor. I'm so worried about it. I want to improve it, but (…) I don't know how (…) yeah <FP1><SPD><CM3/IP2/IP3> (…) How do you study English so well?

S65: (2.51) <UFP><SPD><IP1> Can I say it's a gift? @@@ <LF><SPD><IP3>

S64: Oh! (1.19) <UFP><DPD2><CIP1>

S65: Er [I'm kidding], I'm kidding. <RT><SPD><IP1>

S64: 　　[Oh, my God!] How can I do it?

S65: (2.482) En, (…)

S64: Don't kid me. Just tell me the secrets.

S65: (1.947) Yeah, (2.712) <FP1/UFP><SPD><CIP1> you know English learning is process of (1.976) accumulation. So (…)

S64: Yeah.

S65: Just like Rome isn't built one day, you need (3.506) perseverance in (…) studying and speaking English (…) every day.

S64: You speak English every day? (1.341) [Wow,

S65: 　　　　　　　　　　　　　　　　[Not exactly, but almost.

S64: How do you study English? To yourself or (…)　[find some]

S65: 　　　　　　　　　　　　　　　　　　[You can speak] to yourself if you can't find a company. <IR><SPD><IP2>

S64: (1.270) Oh, yeah. (H) Do you have er do you have some time that you (…) you want to quit? <UFP><SPD><IP3> (1.789) Can not persist anymore? <SUB><SPD><CIP2>

S65: Yes, (2.034) I have those times. (1.385) But (1.082)

S64: How can you deal with such situation?

S65: (1.63) You can give yourself (1.341) er (1.515) sort of award if you can finish a task (1.313) you give to yourself.

S64: (…) Enhen, yeah.

S65: (1.962) I think en (2.80) award (…) is the motivation (1.457) to (2.294) to (3.087), yes, motivation. @@ <LF><SPD><IP3>

S64: Oh, passion. Be passionate and energetic. (1.096) Oh, I see. Do you like English?

S65: Of course.

S64: From your bottom of your heart?

S65: Sure I do. Why not.

S64: Why why do you like English? (2.9) Do you [think it boring?

S65:   [I find it very beautiful.

S64: Oh, beautiful? You need to recite words? Endless words?

S65: If you like it, you won't feel boring.

S64: How can I love English? (1.212) O (…) my god.

S65: En I think you can get yourself exposed to some (3.059) en (…) authentic (1.399)

S64: Oh I I [need to fly to America],

S65:   [films or]

S64: but (…) I don't have money, I just (1.875) <IR><SPD><CIP1>

S65: You don't need to be in America to feel English. There are so many materials on the Internet. (1.515)

S64: Yeah.

S65: Every thing you like (…), er you can pick everything you like to (…) practice, to (…) intimate, to (…) speak. <SUB><SPD>CIP3>

S64: (1.471) Yeah. Would you like to be the companion of my study?

S65: I'd like to.

S64: To [practice English?

S65:   [I'd, I'd like to. <RT><SPD><IP2>

S64: Yeah. Let's (…), why not (…) <DL> make a plan now (…) from tomorrow? (…) We can (…) practice English for (…) every day for en for (…) [at least one hour] a day?

S65:　　　　　　　　　[It's a good idea.] (1.717) Sounds good.

S64: (2.698) See you [tomorrow. @@@<LF><SPD><IP3>

S65:　　　　　　　　[OK.] @@@ <LF><SPD><IP3> That's a deal. Ok?

S64: See you tomorrow.

S65: See you tomorrow. Bye!

S64: Bye!

节选四：

G3-3F-SS-6	（三年级-三人讨论-同学之间-6）
Time duration: 6′54″	（时长：6 分 54 秒）
S69: Female	（第 69 个学生，女性）
S70: Female	（第 70 个学生，女性）
S71: Female	（第 71 个学生，女性）

S69: In the past days, en we (…) have experienced er (…) en (…) some bad days with er (…) foggy.

S70: Yeah, it's very terrible. What a terrible (…), the most terrible thing <SUB><SPD><CIP1> is that we should run the 800m that day.

S69: That let me er feel very er upset.

S71: And <FP2><SPD><CM1> we we can't see our money in our wallet.

S70: So what?

S69: Money? That is your eye problem.

S70: En <FP1><SPD><CM2> on the last week, on the last week Sunday morning I got up at 7, 7 a.m. to go to the class. And <FP2><SPD><CM1> I can hardly see the, the, the er the roommate, the roommate with me. She is only 2 meters 2 meters with me. But I can't see her.

S69: Er, <FP1><SPD><CM1> last week, when I planned to go shopping with a happy mood but when I got out of our er … dormitory, I can't see anything! En I thought that our … er the building before us disappeared. @@@@ So …, I returned to my dormitory and …

S70: continued sleeping? <IR><SPD><IP3>

S69: I gave up going shipping outside.

S71: Really?

S69: The weather's so terrible (2.929) that I … we always wore …, in

Chinese, "口罩".

S70: Oh, many people wore that thing.

S69: Yeah. Your wore?

S70: No no no, I'm not.

S71: You are so strong.

S70: No, no no, because I'm …

S69: <u><IR><SPD><CM1></u> My grandmother send a message to me, er … said that "You must stay in dormitory. Don't go out! You mustn't go out because it'll harm your health".

S70: <u>En, er … <FP1><SPD><CM1/CM2></u>,

S71: <u>And and <FP2><SPD><CM1><RT><SPD><CIP2></u> one of my friends' mother nearly drove her car into water.

S69: It's so terrible!

S71: Because there's a there is a river in front of her. She couldn't see anything.

S69: Oh, that's very terrible and unlucky.

S70: <u>Very terrible. <RT><SPD><IP3></u>

S71: <u>So terrible! <RT><SPD><IP3></u>

S69: We pray for her.

S71: She's ok.

S69: (6.39) What others about? Er what do you think about er this kind of weather?

S70: (2.438) Terrible! <u><RT><SPD><IP1></u>

S69: Er other than terrible. May be er the the reason … [about this …

S70: [So <u><IR/FP2><SPD><CM1/CM2></u> I'm very security about what happened and I have never seen such a big fog day en from I was born. Maybe it's the biggest.

S69: Me too. I have thought that this kind of weather er … too much foggy.

S70: Maybe the industry is developed?

S69: En maybe it is resulted en … it was resulted from … er … pollution, maybe car?

S70: More car.

S69: And burning.

S71: Burning the 秸秆

S70: Maybe the … the I don't know how to spell that. (2.568)

S71: What?

S70: (Hx) I hate City A.

S69: Er last month in City B, the pollution is also severe, er … [serious, serious.

S71: [So … so it's the wind that <IR><SPD><IP3>

S70: blew it here? <IR><SPD><IP3>

S71: Yeah. @@@

S70: Maybe. @@@ So it's it's the problem of City B.

S69: The air pollution in City B maybe affect and come come in City A. And that's so terrible.

S71: I hate it.

S70: And <FP2><SPD><CM2> City A now is like London.

S69: These days the air … cool air comes and it becomes … gradually clear.

S70: It brings more air and I can feel very uncomfortable. And at night at about 10 o'clock that night I went to run the 800m for for the next day's examination. I, I choke and feel very sick after I finished my running.

S69: Oh I remember er … those days I … became sick.

S71: Your stomach.

S69: And my stomach is not very good and I stayed in bed all day. And my roommates made noodles for me. And that made me really grateful.

S70: Really?

S69: Yeah.

S71: But she couldn't eat it.

S70: But you couldn't use electronic.

S69: Electronic?

S70: Because electronic is limited. We can't use the, the, the, the …

S69: That's not the point. <IR><SPD><IP2>

S70: (3.65) So <FP2><SPD><CM1/CIP2/IP1> we all hate the foggy days.

S69: I hope our environment will become better and better … especially in City A. What we lived in … what we are living in.

S71: And it never appeared again.

S70: Yes, ok.